이제 돌아왔다 을

초판 1쇄 인쇄 2017년 9월 5일
초판 1쇄 발행 2017년 9월 9일

지은이 백호 박선영
펴낸이 金泰奉
펴낸곳 한솜미디어
등 록 제5-213호

편 집 박창서 김수정
마케팅 김명준
홍 보 김태일

주 소 (우 05044) 서울시 광진구 아차산로 413(구의동 243-22)
전 화 (02)454-0492(代)
팩 스 (02)454-0493
이메일 hansom@hansom.co.kr
홈페이지 www.hansom.co.kr

ISBN 978-89-5959-476-4 (03810)

* 책값은 표지에 표시되어 있습니다
* 잘못 만들어진 책은 구입하신 서점에서 친절하게 바꿔드립니다

머릿말

얼굴을 동안으로 만들기 보다는
영혼을 동안으로

우리는 옷을 입고 있지요
어느새 옷을 너무 많이 껴입고 있어
내가 누구인지 나 자신 조차 알지 못해요
옷을 하나씩 벗어 나를 찾아요

체면의 옷
경쟁의 옷
빨리 빨리의 옷
예쁨의 옷
무시의 옷
고집과 아집의 옷
의심의 옷
세월의 옷
언어의 옷

그중 가장 무서운 옷은 언어의 옷
언어를 배우면서부터 아주 많이 우리를 휘감을 수 있게 되었네요
언제부터인가 마음을 전하는 수단이 마음을 가리는 수단 되어
나의 눈과 귀를 가리고 있어요
그러나 본래 기능 찾아 진심을 전하는데 사용되어 진다면
귀한 마음 전하는 옷이 될거예요

이제 거칠고 무거운 옷을 한 톨 한 톨 벗어 참다운 나를 찾길 바래요
그것은 나의 수호신
나의 하느님이지요
참다운 나를 찾으면
나의 하느님과 대화가 가능해요
그것은 참 양심의 나이기도 하니
참다운 나는 언제나 나에게 속삭이고 있었다는 것을 알게 되지요
이 책이 님의 옷을 벗는데 도움이 되었으면
해서 영혼을 동안으로 만드시길 바라니더

[illegible]

열려라 참깨

○

⊙

¤

으녕 ᄂᆞ 야 나(안녕 나야 나)

⊙ 올(올 티을 티끌 ⊙ 에서 튀나와 이리저리 끌려 다녀 티끌이라는 별명이)
생각하는 영이야
원자(⊙ 原子)라고도 해
원래 스스로 자여언스레

• 시간 공간 올(티끌 원자) 합쳐서 하나야
¤ 퐁 튀어 시간과 공간을 박차고 섬광의 빛을 내며 튀 올랐지

¤ 뭐냐고
기야 기 ― 움직이는 힘 보이지는 않은 걸
섬광의 빛을 내며 원하는 대로 순간 이동을 해

、 생각을 하면 툭 삐져 나오네
처음 있던 그 올 그 원자 먼저 보였으니 먼지라 해야지

퐁 튀고 퐁 튀면 ― 기 나와
신나네 신나
신이 나니
나 신이지

¤ ― ¤ ― ¤ ― ¤ ―
원 하면 원하는 대로 나와

퐁 튀고 퐁 튀고 퐁퐁 튀어
퐁퐁 튀고 퐁퐁 튀고 퐁 퐁 튀어
모양도 원대로 나오지

신나고 신나고 신 난다

원하면 원하면 원 나와 ○
원 나오고 원 나오고 원 나아와
생각하고 생각하면 영 나와 ○

영 나오고 영 나오고 영 나와
또 나오고 또 나오고 또 나아와

영 나오고 원 나오고 영원이야
영원 영원 영원 영원 영원히

움직 움직 움직이면 ㅣ 기 나와
동글동글 동글동글 공 나와

공 나와라 공(옹안 공간)
안 나오면 쳐 들어간다
공 나와라 공(ㅇ 원자 움직일 때 열리는 공간)

공 나오고 ㅣ 기 나오고
공기야 공기

먼지야 먼지야 또 나와라
먼지야 먼 먼지야 또 나아와
신 난다 신 난다 신 난 다
신 나와라 신
신나게 같이 놀자 신 나와라 신

나왔다 나왔다 신 ◎
나왔다 나왔다 영 ○
나왔다 나왔다 원 ○
먼지가 또 나왔다 또 나아와

나왔다 나왔다 공 ○
나왔다 나왔다 기 ㅣ

나왔다 나왔다 신 ◎
나왔다 나왔다 기 ㅣ

신과 기가 나왔으니 신기 지
신과 기가 나왔으니 신기루양

풀석 풀석
흔들 흔들
올라가는 힘
내려오는 힘

오르락 오르락

내리락 내리락
아싸라비야 콜롬비야
궁따리 따따 따다닥

흔들 흔들 기 나와
생각 생각 영 나와

뽈뽈에 삐삐
삐삐에 뽈뽈삐
뽈뽈삐 뽈뽈삐 삐삐뽈
삐삐뽈뽈 뽈뽈삐삐 삐삐뽈

삐삐삐삐 비비비비 삐비비
뽀뽀뽀 뽀뽀뽀 뽀오 옹 봉봉봉 봉봉봉 뽀우 옹

들엇 어 들엇 어
나 시간이야 나 지나가는데
⊙ 원자마마 폴짝 거릴 때 보옹 봉 하고 들리네

옹 나 공간 나도 들엇어
원자 들썩일 때 하나 더 삐져 나오기에
내가 그 크기만큼 옹이(옹안 공간)을 넓혀 주었어

헤헤 나 원자
생각이 안개 되어 피오를 때
⊙ 생각의 힘이 점되어 뭉쳐졋어
내 안에 방이 작은지라 · 뭉쳐진 점이 밖으로 나갓지
뽀옹 소리 내며 픽 픽 삐져 나갓지 〃 〃
방이 작아 구하러 나갓으니 보옹하고 나간 것을 방구라 할까
사실 조금 더 근접이 표현 하자면 방우(우·우 우)라 해야지
방우 나갈 때 보이지도 않는 것이 들리거든
보이지도 않으니 아주 작은 것이구(小) 그런데 들리니 소리야

픽픽 삐져 나가는 데 보이는 건 〃 〃
〃 〃 아주 작으니 티올(티끌)이라 할까
먼지라할까 먼지 모를 것이 뭐가 될지 모를 것이
먼저 잇기도 햇으니
점이라 할까 내가 생각한 점들이 뭉쳐져 나갓으니
암튼 보옹 봉 나와 똑같은 점이 나와
생각 피어 오르는 동안 점점 많아지기 시작햇어

○ 원자마마 흔들흔들 신나라 다니다 원 나오고 영 나오고
옹(웅 공) 나오고 점 나오고

그래 그래 흔들자
흔들 흔들 퐁야 퐁야
신 나서 뛸 때 나오니 나 신이지
신 나와라 신
신나게 같이 놀자 신 나와라 신
섬광의 빛을 내며
온 사방 가득
⊙(원자들이) 가득 차올라
재미진 생각을 하게 되었어

⊙(나) 생각하는 영
크기도 몸마게도 ○ 영
그러나 생각의 크기는 무한대

우리 뭉쳐볼 까

내게서 나온 원자들 한군데 다 같이 모였어
그 주위로 다른 원자들 크게 원을 둘러
ㄷㄷㄷㄷㄷ ㄷㄷㄷㄷ 위 아래로 파장을 일으키며 움직여

점점 안으로
점점 안으로

풀풀 날아 다니던 티끌들
바깥쪽에서 ㄷㄷㄷㄷㄷ(ㄸㄸㄸㄸ) 거리며

안쪽으로
안쪽으로
안쪽으로
원자들 뭉쳐져
덩어리 되었어

뽈 뽈 뽈 뽈 다니다
함께 ㄷㄷㄷㄷ 거렸더니
덩어리 되어 뭉쳤어

⊙ ㄷㄷ해
똑같은 이들이 곁에 잇기만 해도 ㄷㄷ해
ㄷㄷ해 ㄷㄷ해 ㄷㄷ해
ㄷㄷㄷㄷ ㄷㄷㄷㄷ ㄷㄷ해

그 때부터 아주 신이 나서 든든든든든든거리구 다녔지
덩어리들이 여기 저기 생겨낫어
둥글둥글 뭉쳐진 공 덩어리
여기도 둥글 저기도 둥글
둥근 공 덩어리들 여기 저기
둥둥 떠잇지
완전 신나는 거야
떠잇는 공 덩어리만 보면
기분이 둥 떠오르네

야 야 더 크게 뭉치자

의기 충전햇젓지
크게 크게 원 잡앗구
든든든든든 파를 만들어 조여들며
한 방향으로 빠르게 도는 거야
커다라하게 점점 꽉꽉 뭉쳐지구 잇어

야 눌러 눌러
댕겨 댕겨

알써 알써
점점 더 점점 더
아주 꽉꽉 뭉쳐졌어
더 힘줘 꽉 꽉 꽉
왜 그러고 잇냐구
야아 말 시키지 마
바뻐

재밋잖아 재미져
넘 재밌어
이마엔 땀 방울 심장은 벌렁벌렁
아차 아직 이마랑 심장이랑 그런 거 없지
암튼 어찌 그걸 말루 다 표현햐
기냥 거기 잇응께
기양 여럿잉께
기양 다같이 해능 겨
온 힘 다하여

이제 잡고잇을수없어
아주 팽팽햐
눈금만큼의틈도없어
놔야겟어

야 논다 놔

놔 **뻥** 하고 깜짝야 뻥하고 터지네

아주 큰소리로 웅창(궁창)이 진동하고
번득 번득 번득 여러 빛이 번득거려
놀라기는 했지만 아주 아주 멋졌어
콰앙 쾅 쾅 콰 쾅
한참의 시간이 흐르니 점점 진동이 가라 앉았어

커다란 똥글이(동글이)들 여기 저기 생겼네 저기 저 멀리까지

아쌰뵤 신난다 신다
신기하고 신나지
보이지 않는 영에서 보이는 공 나오네
먼지 먼지 먼지루 공들여 공 만드네

신난다 신나
공들이니 공 나와
시 인 난 다 시 인 나 신난다

신 나서 뛰 다녀 뛰 다녀 뛰 다녀
날아서 뛰 다녀 뛰 다녀 뛰 다녀

저 멀리 똥글이 보이면
기분 똥 떠올라
쏜살같이 내 쏘는 거야

달려가 위로 살포시
휘리릭 사라락
신이 났어
신이나
신들이

똥글똥글 덩어리들
딴딴해졌으니 똥덩어리라 해야지

그러다 어느 날 또 놀라운 일 벌어졌어
똥글이들 커젔다 작아젔다 커젔다 작아젔다 하더니 **펑**
한번에 다 날아가고 작은 덩어리만 남네

우째 이런 일이

나 든든 거리는 힘 삐삐 전자인디
어찌 이럴 수가

으이그 전자 그게 혼자 힘으로 되냐아
나 원자 안(안)에 잇는 뽈뽈 솟구치는 기 ‖ 양자여
혼자서 그게 뭉쳐지냐구
음양이 함께 해야지
내랑 곁이 힘을 써야 딴딴하니 요래요래 조래조래 만들어지지
그랫나 그게 잘못이엇나
그럼 뽈뽈이랑 같이해야겟다
삐삐랑 뽈뽈이랑 힘을 합쳐 더 커다란 동글이 동글이가 되엇구 되엇구
되 엇 고 시인나게 신나게 놀 앗 네 놀 앗 네 놀 앗 어
(둘이 다름이 아니라 더 깊이 생각을 하니 전자 양자 품어짐)
하 그런디 또 슬퍼졋어
더 커다래진 동글이 뻐벙 뻥 뻥 뻥 다아 흩어져

하 우짜노
어찌 이런 일이
나 원자의 중심 생각하는 힘인디 열시미 더 생각 중

나가 나가야 쓰것구먼
내사마 원자마마 안(안)에 잇는 무성애자 중성자여어
아 고랑께 나 빼고 둘이서 거시기 뭐시기 하다가 그랫단 말이재
그랑께 어델가든 나알 꼬옥 챙겨야재
나 욕심 없는 무성애잔디
그라니까 다시 말해서 무슨 일이 잇더라도 중웅심을 잡아야 혀
중심을 이리 저리 이리 흔들림 쓴다야아
중심을 못 잡으니 휙휙 쓰러졋재
내가 낑겨야 생각하는 힘 원자의 핵심이 된다 이 말씀이여
그릉께 내랑 꼭 상의를 혀라잉 상의르을
그래야 되아
전자 양자 중성자 합치면 삶(삼)
삶의일체
고랑께 삶이 뭉쳐져 나아가야 삶이 되능겨

아히고 근디 글 쓰는 ㄱ이아 좀 나와 보소
무성애자가 뭐다유 무성애자가
좀 고급스리 무극이다 태극이다 요래 해 봐유
하구야 그랫으야아

직송하게 됏구먼유우
지가유우
인터넷이야 뭐야 여리저리 뛰 다님서
보이는 건 지다 요것조것 조것요것
오리구 붙이구 붙이구 오리구
붙이구 붙이구 오리구 오리구
짜깁고 짜집고 짜집고 짜깁고 하다봉께
그리 되앗구마이유우
그래도 쪼매 애 기다기소잉
요래 애 조래 자알 짜집어 볼랑께

고랑께 무성애잔가 뭔성애자가 중성자고
고 중성자가 무극이고 태극이다 고말이지라아
하따 고급지네 고 누구 따라 나온 말인지 지대로구마이
고로니께 본디 무극인디
양쪽으로 갈린 태가 선명허니 태극이고
이를 탁 치니 태동됏다 고말이재
아하이 이제사 쪼오께 알것고마안

하 그래 그랫던거야
그랫단 말이지 중심을 잡으라꼬
더 천천히 천천히 생각해 보자유
떨지지 않게 흩어지지 않게 잘 해보자유

ᄋᆞᆷ과 양 그리고 무극
서이 서이 하나 되어
하늘 하 늘 하늘 하늘
하늘 날아다니는 하느님이 되앗네
하늘 하 늘 하늘 하늘
하느님이 되엇어

서이 뭉쳐 신이 낫고
신이 나아 날웅께
서이 서이 ᄉᆞᆷ(사암) ᄉᆞᆷ(삼)
ᄉᆞᆷ(사암)신이 되엇네
ᄉᆞᆷ신(삼신)이 되엇어

그럼 어찌해야 떨어지지 않고 잘 버티고 잇을까
그래 서로 밀기도하고 당기기도 하는 힘을 필요해
그래야 팽팽하게 떨어지지 않고 지탱할 테니
스스로 당기는 힘으론 부족햇지
그러려면 혼자서도 동글동글 돌아 돌아 돌아야겟는 걸
동글 동글 동근 모양의 동글이

돌며 돌며 점점 더 동그라하니 될 거ᄀᆞ
돌아 돌아 나가며 미는 힘
돌아 돌아 들어오며 당기는 힘
서로 서로 밀ᄀᆞ 당기ᄀᆞ 당기ᄀᆞ 밀ᄀᆞ 팽팽하게 지탱하는 거지
아하타 그래야 떨어지지 않것ᄀᆞ머이

노력하ᄀᆞ 노력하여 서엉공을 하엿네
커어다란 동글이
동글 동글 동글이들

동글 동글 뛰 다녀
뛰다녀 뛰다녀 뛰 다 녀

우루루루 몰려왓다
뚜루루루 몰려갓다
이히 이히 신난다 신나
시간 행님이야 어디로 가든 말든 신경꺼부려어

삐뿔 삐뿔 삐뿔 삐뿔
별별 모양 다 나오ᄀᆞ
별별 모양 되엇응께
벼얼 이라 해야재

별별 모양 별 되어
하늘 동동 천천히
천천 천 천천천 천 천 히
하아늘에 벼얼 별 벼 얼 되엇어

그렇게 하늘님 되어 잠시도 쉬지 않ᄀᆞ 계속 움직이며 앞으로 나아갓네 동글 동
글 천체되어 커다란 원을 그리며 시간의 다리를 달ᄀᆞ 천천히 앞으로 나아가네

오르ᄀᆞ 오르ᄀᆞ 얼마나 올랏을까
쉬지 않ᄀᆞ 올랏더니
온누리가 열렷어

그 시간이 어느새 일백 삼십 칠억 년을 지나가고 잇네 그려
그저 눈 한 번 깜빡 한 것 같은데
지금도 생각을 하며 지나는 중이며
생각의 공들이 고스란히 아래에 쌓여 잇으며
처음 신이나 움직이던 신명나던 기운이
이제는 안 되는 것 없는 신적인 존재
나 신이 되엇단 말일세
우주 이 끝에서 저 끝까지 내 손길이 가지 않은 것이 없으며

지구의 온갖 생명체 내 숨결이 가지 않은 곳이 없네
그 모든 것 또한 다 기억하고 잇지
그 기억의 정보가 온통 한가득 방울져 잇어

그러니 나
티끌
티끌 속의 원자
튀 오르면 기 나오는 영

생각의 근원이고
힘의 근원이며
생명의 근원일세
시공간을 초월하여
우주의 이 끝에서 저 끝까지도
사의 세계와 생의 세계도 자유자재로 드나든다는 얘기네
자네 눈 한번 깜짝 하는 사이에

ㄴ(나) 이기심이 없으므로
늙지도 죽지도 않음이야

어허 아니 그런가
이 사람아
신이 죽으면 되것는가
그러니 신명나는 기분이 사라지면 죽어지는 게 아니것는가

내 사람들아
나와 같이 호흡하고 잇는 내 사람들아
나와 같이 ㄷㄷㄷ거리며 동글이(동글이) 만들던

내 영들아
내게서 나와 신발 신고 잇는 내 신들아
⊙ 하나로 시작하여
137억년이 되엇으니
이제 그만 삶이 친구가 되어야하지 않것는가

이 사람아 이제 그 옷(몸 살음)은 그만 벗어던지게
성대를 달앗으니 성을 이룬 것 아닌가 말이야
다시 처음 그대로 돌아가자고
같이 ㄷㄷㄷ 거리던 그 때
그럼 지금 자네들이 머물고 잇는 지구로 내려가네

ㅅㅎ 文

선캄브리아 카오스

별들 달아매구 생각 속에 빠졋네
휙휙 날아다니는 힘은 잇는데 일어서지지는 않아
일어 날 수 잇으면 하는 생각을 햇어
나를 일으켯으면 좋겟어
어떻게 하면 ⊙를(원자인 나) 일어나게 할 수 잇을까

옴(음)
생각 할 때 내게 나와 날아다니는 너이 그대로 모이자
폴랑 폴랑 날아다니는 너이 들과 떨어지지 않게 모이려면
축축한 먼지가 되어야해 축축한 채 구덕구덕 엉겨 붙어 모이자
그 모인 걸 기루 몰구 가면 되는 거다
모인 걸 몰구 다녀야 하니 몸(몸)이다
날아다니는 먼지에서 축축한 먼지가 된 다음 뭉쳐잇는 먼지가 되는 거지
그렇게 하면 날 일(日)이 킬 수 잇어
ㅎ
어떻게 해야 할까
어떤 방법이 좋을까
축축히 되려면 많은 열이 뭉쳐져서 일어나려면 많은 힘이 필요해
둥 떠올라 날아다니지 않게 잡아주는 힘도 필요하구
그래 힘을 분리한 다음 다른 한곳에서 받아내 엉겨 붙어 모이자

휙 휙 날아 다닐때 나오는 따사로운 섬광의 빛과 힘을 나누면 돼
중심에서 빛을 발산하여주는 둥글이(둥글이)로 뭉치구 다른 한쪽에선 자력의 힘을
내 잡아 줄 수 잇게 모여 잇으며 그 빛과 힘을 받아내는 둥글이로 뭉치자

잡아주는 힘은 보이지 않으나 온 힘으로 잡아야 하니 옴(음)이구
빛을 내는 둥글이는 따스함과 빛 양쪽을 보내야하니 양이야
힘과 빛을 받는 둥글이는 딴딴한 둥글이가 되어야 하니 땅(땅)이지
땅둥글이는 스스로 둥글 둥글 돌며 양의 둥글이를 따라 크게 돌구 땅둥글이
표면에서 ⊙들(원자) 너이와 함께 엉겨 붙어 옴으로 양으로 기를 받아 몸을 이루
는 거야 땅둥글이는 떨어지지 않게 꽉 쥐구 가야해 꽉 쥐구 가니 지구야

어디한번 볼까

- 생각하는 둥근 ⊙ 원자 원자에서 — 기가 일어나
  일어나니 일이지
- 양 옴의 힘과 양의 힘 양쪽으로 나누어

∴ 서이 숨(삼)신들 서려하니 서이지

⁘ 너이 숨신들 생각할 때 나와 폴랑 폴랑 날아다니는
⊙ 너이와 모여 ⁘ 너이 하는 거야

⁙ 다섯 숨신들 모인 올 올으로 양으로 잡아주면
다섯 수 잇어 다섯 수 잇으니 다섯이지

⠿ 여섯 혼자만 서면 안 돼 여기 저기 서서 마주봐야
흥겹지 여기도 섯 여섯이야

계획이 착수되자 쉬지 않고 둔둔거리고 움직엿지
올의 영역에 모여 잡아주는 힘으로 모엿고
양의 영역에 모여 빛과 열을 발산하는 동글이로 뭉쳣고
그리고 나서 땅동글이 지구로 뭉쳣네
모두는 서로서로 스스로 돌며 당기고 미는 힘을 내며
천천히 앞으로 나아가는 천체의 움직임에 합류 하엿어
올의 영역에서는 지구를 자력의 힘으로 잡아주고 양에서는 빛과 열을 보내 주엇지

지구의 표면이 따뜻해지기 시작햇네
얼마의 시간이 지낫을까
지구 표면에 잇는 ⊙(원자)들 원하는 대로 축축해 지기 시작하더니
스르르 풀어져 흘러내려
그야말로 뜨거운 감동의 도가니

 ᅌ(우) 되네

빠바 바바바 밤
빠바 바바바 밤

뜨거워진 원자 주르르 아래로 흘러내려
(우 울 우리 물)되어 흐르네

아 지금 생각해도 눈물 날 것 같애
얼마나 북받치는 감동인지
그렇게 지구 되어가네

따사로운 빛을 받으며
ᅌ (우) ᅇ (웅 공기 공 안에 스며잇는 기)되어 오르네

옹 (옹)되어 오르ᄀᆞ 옹되어 오르ᄀᆞ 옹옹옹옹
옹옹되어 오르ᄀᆞ 옹옹되어 오르ᄀᆞ 옹오옹 옹

동되어 (동그리) 오르ᄀᆞ 동되어 오르ᄀᆞ 동동동
동동되어 오르ᄀᆞ 동동되어 오르ᄀᆞ 동도옹동

흐르는 우 되고 보이지 않는 옹되어 오르며
먼지 모를 기대감을 품은 채 지구를 감돌고 잇엇다네
자 이제 딴딴한 땅을 만들 차례
또 박자 맞춰야지 아니 그런가

발바라 발바 밟바라 발바 발마아춰
밟발바라 밟발바라 발 마아춰
밟바라 발바 발바라 발바 딴딴딴
발발바라 발발바라 딴따안딴
딴딴딴딴 딴딴딴딴 딴따안딴

옹 되어 올라와
또 아주 오랜 시간
아니 한쪽 눈 깜빡 찰나의 시간에
든든든거리며 우(우 물)는 우대로
땅은 땅대로 모이며 다듬엇네

드디어 우 가운데서 땅이 드러낫어
우리 원자들이 품고 든든든거리며 밟아 만든
우리의 마음을 닮아 둥근

그리고 축축한

원자들이 가득 감돌고 잇는 땅 그리고 우

그렇게 지구에는 하늘 하늘 하늘의 영들이 가득 햇지

왜 궁창(ᄋᆞᆼ창)을 하늘이라 하느냐고
하가 아래(下)를 뜻하는 말 아니냐고
그야 이 사람들아 머물던 공간에서 ᄋᆞ 내려가 한일이니
하(下)라 하는 거지

왜 천(天)이라 하느냐고
그야 느을 천천히 움직이고 천천히 생각하엿으니
하늘 천이라 하는 거지 머리 위만 하늘이라 생각하는 고정관념을 버리게
잘 보시게 지구의 아래쪽에서도 하늘은 떨어지지 않게 잘 받쳐주고 잇지
않은가 그리 서로를 위 아래서 당겨주고 받쳐주되
그 드러남 없이 늘 그리 해야 함이네

알 모양 지구 된지 어느새 46억년 되엇네
46억년 되어 이를 밝히는 이유는 이렇세
⁂ ᄉᆞᆷ신(삼신) 너이 ∷ 모여 육(肉)을 이룬 육신(神)되어야 하거늘
그 모 으는 너이 ∷ 사에 문제가 잇어 육신(神)들이 스러지네
해서 그 사와 육에 생긴 문제를 해결하기 위함이네

알 모양 지구촌
다 모인 이 자리
이제 알건 알아야 한다는 얘기야

얼마나 많은 생각과 노력을 들이며 지나왓는지
이제 곧 알아질걸세
집(입으로 집어 넣어가며 모은 몸)에 들기 위해
에 어(a i r)떻게 들어가지 그래 입으로 나와 고운 입자되어 들어가자
하루에 한번 호흡하는 나무도 되고

아 하 그래서 나무는 뿌리가 땅속 깊이 잇음이어유

식물의 지속위해 씨앗도 되어 주고
씨앗은 왜 씨앗이냐고

신의 힘 ᄉ을 꽉 꽉 눌렀으니 이를 합쳐 ᄊ 라 표현하는 거야
땅속에 들어가 다시 신의 기운을 내야하니 받침마저 ᄉ 이지

아 예에 씨앗 정말 신기해유
블랙홀이어유
똑같은 흐르는 먼지 물

보이지 않는 먼지 공기 빛 등등
여러 먼지가 통과하는데
어떤 씨앗을 통과하면 과일이 되고
어떤 씨앗을 통과하면 꽃이 되고

땅속에서 박테리아도 되어 주고
왜 박테리아 나고

거야 파리가 낙상할 정도로 구두를 반짝반짝 닦아줘야 대문 밖을 나서지
박 터지게 부서 줘야 테두리에서 ⊙ 원래의 모습되어 빠져 나와
나(我) 다른 신을 신어

2억 9900만 년 전 악의 근원 모기와 바퀴벌레가 나왔음
이라는 내용도 잇네유

으흠 이러하네 모가 문제가 생겼군
기에 말이야 모기가 생겻어
다들 천천히 가는 디 빨리 빨리 움직이는 바퀴달린 옷을 입은 이가 나와
다른 영이 모아놓은 몸에 입을 대는 거야
구구 거리고 입을 연실 갖다 댄다는 얘기야

삐삐에 뿔뿔 뿔뿔삐 삐삐뿔에 그렇게 나오니
우성자도 나오고 열성자도 나오고
강한자도 나오고 약한자도 나오고
강한 자가 나오더니 약자를 먹어 억하고 스러지네
그러나 선한 영도 잇어 초심 잃지 않고 풀로 만 ᄆᆞᆷ(몸)을 모으는 영도 잇엇지
오징어 몸을 모으기도 하고
오징어에 꼴뚜기 꼴뚜기에 상어
상어에 잠자리 잠자리에 공룡 안 입어 본 옷이 없네
137억년 동안
모앗다 벗엇다 입엇다 벗엇다 이골이 낫네 이골이
그런디 문제가 생겻단 말이네
그 모기 말이야 하늘 위에서 공 위를 휘휘 날던 이들 땅으로 내려와 작은
ᄆᆞᆷ에서 풀색 칠한 커다란 공용(龍) 옷을 입엇는디 사우고 싸우고 싸우고 사
우고 사우다 스러지네
모은 ᄆᆞᆷ 살을 먹으며 억 억 스러져
몸에 붙어 잇는 살들로 인해 우르르르 스러지네
이러언 사우르스 같은 놈들

아 예에 그렇군유
저도 이제 이 말씀 저 말씀 알아 들어유
인터넷을 뒤지니 최초의 생명체 35억년이라 떳더라구유
35 삶이 오다 삶이 오다 삶이 되어 왓음에 대해
타이밍 딱딱 맞춰 알려주시려 하심이네유
멋쟁이 뽀대 하느님

이 사람아
지구에 내려와서 가장먼저 만든 몸이 무엇인지 아는가

예에 다리지유 다리 다리를 붙여야 걸을 수 잇으니

어허이 아이네 이 사람아
합하고 잇엇지 합죽이가 되어서 계속 계 속 기다렷지
거양 합하고 성이 되길 기다렷어

우 훗 등이 먼저 펼쳐졋어
등이 먼저 대주엇어 거양 합 하고 잇엇더니 등대가 생겻어
당다리 당당 다다당 포도당

후후 강열한 태양을 받으며 썬텐(天)을 하고 계셧군유
그랫더니 드디어 편편한 등이 대준 포도(葡萄)가 열리기 시작햇음 이어유
포도썬텐씨스 우 훗

아아 노무 힘들어
말로다 못해 얖으로 가려다
크아 이리 스러졋어
아아 아노말로카리스야

얖이 안보여
울(골)을 파야겟어

★ 모든 언어는
하나로 연결됨
그저 다른 각도로
바라볼 뿐

아항 그래서 포도썬텐씨스라 하셧음이어유
포위 되엇도당 썬텐 쎄게 받으며 천천히 테두리를 묶엇더니
날아다니는 신발 날아갓어 씨 스러져 잇어 하심이니
아이라구유 바로 우리라구유 이힝
이힝 호메야 최초 내 모습이라니 완존 뻗어잇네

아 이제 눈을 달앗네유

울을 팟더니
보이네 아
오파 비이니 아

바바 봐 봐 이렇게 갈 수 잇게 되엇어
바 봐 바 바 발이야 발
신난다 시 인나 바알 되엇어
신이나니 신발이야
시 인발 되엇어
발이 되어가며 모엿지
몸이 모엿어

바라 바라 바라 발 ㄹ

꼬리를 손질하고 잇엇지

요천을 하지 말고
요고는 하고 싶어
이거 모야
너 빨아도 돼

복수가 엮이기 전 얘기야
입을 대고 후루룩 훅 빨아 들여갓어
몸이 후르 후르 후르륵 흘러내려 스러졋어

어우 괜 찮 어

오른쪽으로 기가 들어와 한 몸을 이뤄줫어

야야 야야 맛잇어

그리고는 곧 반찬가게 없어졋어
반대하는 이 찬성하는 이 없이 저 한 몸 추스리는 각자로 돌아섯어

밥 돈이 없어 지었어
서로 돌아가며 하는 일 없이 몸에다 입을 대

하 이제 겨우 할려고 바닥에 붙어 ~ 이러고 다니기 시작인데
제 몸 키우겠다고

니가
어찌 아
그리 할 수 있니
하루 아침에 신의 마음 키로 간 게니 아

게 멈춰라
할루키시게니아

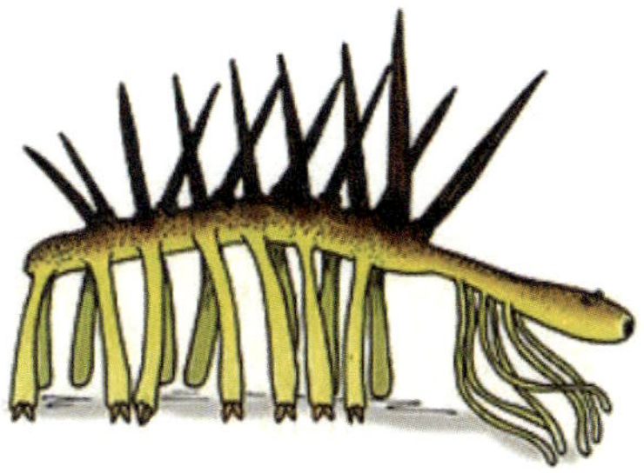

스러져 있는 이 또
파먹어
으르르르르 몸이 다
사라지게 할 수 있니
스파르사 할루야

샛노랗게 질린 색에
사나운 뿔 공덕 피어 오른
스파르사 피오나 공주 되었잖니

홍(같이 하늘서 내려온)
이거 메야 빨아도 돼
어떻게 그렇게 할 수 있니
홍 메이아 할루야

걍 합하고 있으면 이루던
초록색 몸이 양심이 가려져
털이 나오잖니

포악(暴惡)하게
으르르르
티끌로 모은 거 빨아 삼켜
스러지게 해놓고 나 몰라라 가버리니
갈색 되잖니 포르티스야
　공들인 몸 주라 주라 주어 삼켜 걍합성 등에
　　뿔이 피 오르는
　포르티스 피오나 공주 되었잖아

아니 내가 왜 이러지
하늘에서 내려온 삼신들 지구에서 몸을 이루어 서로 같이 신나게 놀려고
왔는데 이리 치여 주르륵 흘러 쥬스 되다니

어떻게 할 거냐 오른발 굵은 살

하나의 몸으로 일어난 삼신의 몸을 사라지게 하다니
겨우 선다 하는데 서는 감 잡는가 하는데
카 부러트리다니 아 선캄브리아 아니니

양의 마음 사라져 야가 되었어

야 야 네가 내 몸을 삼키니
나 옹(옹 공기) 되어 오르잖니
야 옹 야 옹 아아

올을 파 앞이 뵈는가 싶다 스러지다니
카아 오파 스러졌다 카오스야

설레이며 발걸음 떼었는데
설레발이 되었어
피할 새도 없었어
피해 보지도 못하고
옹되어 올라가
설(雪) 되어 내려와
피해 보지도 못한 전쟁
마무리 하게 되었어
말괄량이 삐삐 덕에 뽈뽈뽈뽈 흩어지게 되다니

전 세계를 글로 빚(ㅎ-ㅇㅂㄷ-)에서 벗어나게 하고자
만물 쓸어 문을 여니

자음

기역

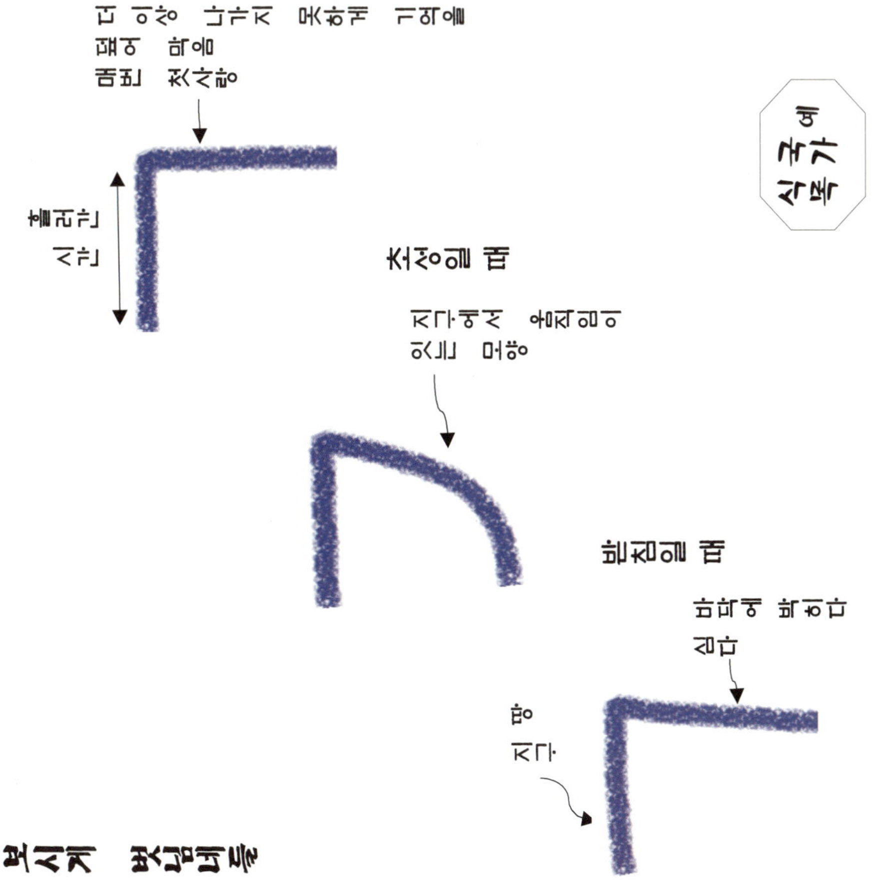

이보시게 벗님네들
이 속담은 참 옳지 않는가
낫 놓고 기역자도 모른다
기억해 내야 하네
기억이 사라졌다 하지만
이제 그 기억을 깨워 맞춰야 하네
우리 조상의 생각기를 자른 낫이
바로 그 낫임을
문제가 있어 문(文)을 닫았어
낫게 하기 위해 낫을 들어 놓아서 와야 했네
너무 통탄한 지난 기억을 덜어야 했어

ㄴ

니은 하늘에서 짤랑 짤랑 의자 타고 내려와 지구에 앉았지 헌데
바닥에 붙어만 잇으니 (받침일 경우 들어올리는 형상 신발)

ㄷ

디귿 다 같이 도의 길을 걷게 하기 위해 다 덮어야 햇네

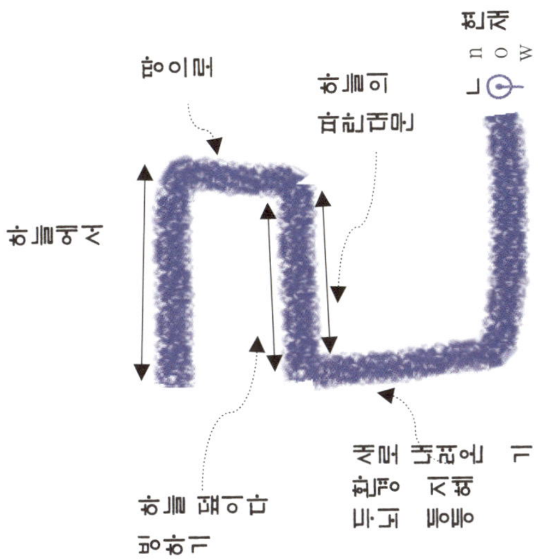

리을 조금 걸어보나 싫었지만
ㄹ 이리저리 흔들려
스러진 기 일으켜 세우네

ㅁ

미음 사방 막혔구나 미웁기두 하다 이를 해결하려

12

같은 미음
다른 의미

한번 두 번 열두 번 아니 360도(道) 살리는 부엉이가 되었네
곱게 같은 아기의 시작 음식 미음으로 시작하여
하늘에서 내린 열두 사제 1과 2를 연결하여 궁창을 휘두르면
Ω 오 매고 가는 구나 오매가 완성되네

ㅂ

비읍 비웃지마라
하늘서 내린 양짤 두레박 제비 박씨니라
모든 생명을 내어준 비(雨우)가 그렇고
우주에 박아 놓은 모든 수박(手搏)씨가 그렇고
박혁거세 품어주며 내려온 흰 말이(바른 말씨) 그렇니라

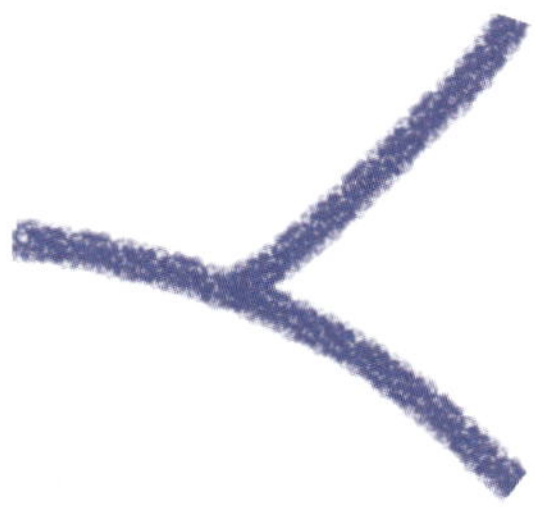

ㅅ

시옷 신의 걸음걸이 잇세
인(人) 되게 하기 위해 지지대 되어주네
하늘 지구의 지붕 오존층 구름 비
지구 손 산 내 땅
사람 人 남자 여자

ㅇ

이응 이어가기 위해
잃어버린 동그라미
다시 하나의 원을 이루기 위해

ㅈ

하늘
땅
뿌리
인(人)

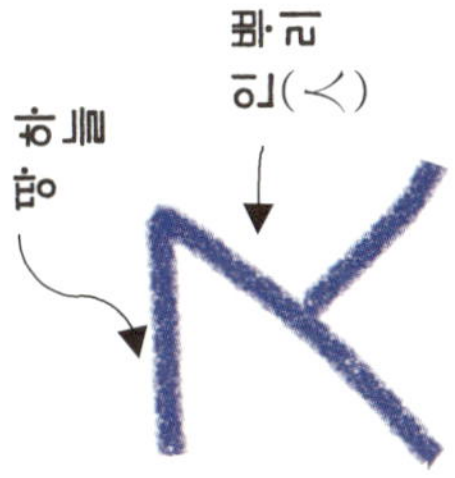

지읒
자연(自然)이란 이름으로 지구를 감쌌네

ㅊ

스러진
첫사랑

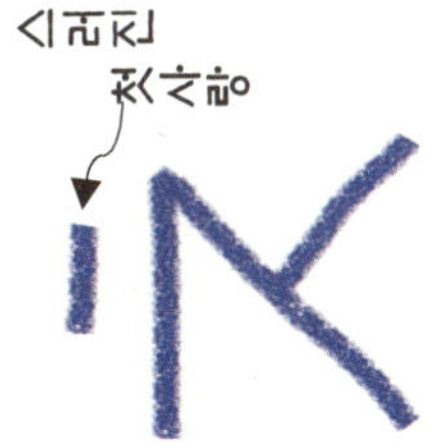

치읓 초치고 무너짐을 초록되어 감싸 안았어
초록 베개 돼주려고 큼지마한
초록 신발 신었네

ㅋ

키읔 키로 인해 킥을 날려가며 욕하고
스러짐을 해결ᄒᆞ려 코를 뚫고 스며드네

ㅌ

티읕 태를 가르고 나서야 햇음은 이루는 몸의 티읕이 잘못되어

ㅍ

피읖 적과 백을 내 안에 품기 위함이니(적혈구 백혈구)

ㅎ

히읗 하늘엔 눈썹과 주름이 펼쳐지네
기억을 덮은 그 사이
ᅙᅮ 피눈물 흘려야 햇노니

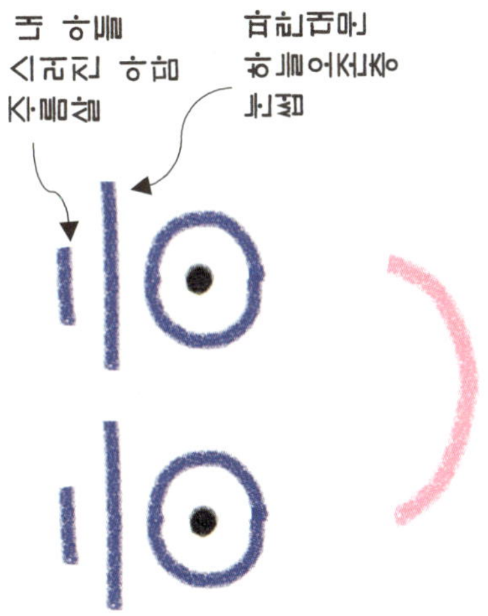

고래(오來 기억 덮고 오다) 싸움에 터지는
새우(사이에 끼어 잇는 ᅙᅮ)등
★ 덮인 기억을 빼면 ㄱ은 ㅇ으로 바뀌니다
자 떠나자아 고래잡으러어
산등 산등 완행열차 기막힌 기 차 찾으러어

진도(眞道) 통해 바닷길을 열어라 모세가 나타낫다

모(母)음 몰고 가려고 나온 어미

찾아야 하는 동그라미
잃어버린 나
우주의 중심
바로 나 원자
⊙(안)에 아(我)

ᄋᆞ 아래 아(탄식의 의미)

생각하는 점이 아래로 내려갓음
그도 한글 창제시 잇다 사라지고
제주에서는 사용하고 잇음
오와 어의 중간 소리되어
물을 ᄆᆞᆯ 이라 쓰고 몰이라 표현함
물은 또한 ⊙(ᄋᆞ)라 표현해야 함이 좀 가까움

본디 이름이란 것은 없사오나
이름(命) 할 것이 잇어
또는 자신의 위치에 따라 붙여 올진데
물고 뜬던 일 의해 우리 자신 영에게서 흘러내린
⊙ 를 물이라 표현하게 되엇나니

이 사람아 물이라 하는 데는 다 이유가 잇어 그래
무인도에 갈 때는 서이 개를 가지고 가야하지
ᄉᆞᆷ신 따라 나선다는 얘길세
하늘과 땅 사람 이 서이 같이 움직인다는 얘기야
물은 육각수 각을 잡아 이리 저리 흐르기에 물이라 할 수도 잇지

허나 물은 맑은 물
말그물 말은 그 뿌리가 물이라는 얘기네
근(根) 뿌리가 흔들려 물이 말을 내야 햇다네
이런 이유에서 그리 하엿어
말은 아래아로 적으면 ᄆᆞᆯ 몰이라 읽지
이리 죄다 몰려 나갓지 않앗겟는가
물은 셀프 (cell을 스스로 풀다 도를 지키지 안앗다)

물음 할 것은 잇다
스스로에게 물으시게

과연 짐작할 수는 잇을까
아주 작은 영일 때부터 같이 ㄷㄷㄷ거리며 보앗던 봐지 봐어 버찌 벗 벗을
안 된다 콩콩 뛰어도 꽉 쥐고 물고 뜯어 삼킨다는 것을

그러나 그들에게는 더 이상 기대도 안해
어차피 그들 티t끌모아 배b를 채우며 몸을 일군이들
저 키 조금 더 크다고 킥k으로 쳐서 터트려 물고 뜯어
제 뱃속으로 삼키고 여전히 S이리 저리 휘청이는 티라노이니

포이베 아스테리아 영들에게 묻겠다는 얘기야

그 길이 멀고 험할지라도 동으로 가는 길을 알고 잇는 자네들이
니들이 게 맛을 알어 하고는 눈은 앞에 달고서도 삐딱삐딱 옆으로 가며 주인이
뭐냐 몽 아 나 우다 서서 하고는 성주(城主)인 제 주인을 버려 현명함이
다 무너지는 일을 하다니
게다가 그 걸 또 따라 내가 또 누군데 내가 더 잘낫다 나야 나 남하며
우(右)는 다 종치고 치고 빠지는 강을 따라나서다니

따라야 하는 도(道)는 따르지 아니하고
치고 빠지는 강남 이를 따라나서니 이 어인일인가

배 안에서(공룡 뱃속 안) 신(神)의 옷을 벗는 배신하는 일
내가 일등입네 나서지 아니하고 굳건히 지키고 잇엇으면
그 자리에서 다같이 꽃을 피울 수 잇엇기에 그러하네
그까이꺼 죽기밖에 더해 뚝심 잇게 지켯어야 햇다는 얘길세

하늘을 주물러 만든 우리 슴신이들이
이리저리 흔들리다 기억을 덮고 태를 밀고 나서야함이
이 무슨 어불성설인가
기어이 기를 자 하고 소리 내어 풀어내게 하다니
이를 알리고자 우(牛)되어 도가니탕 내 놓아야 되겟는가
도가 밖으로 나가니 탕 탕 탕 설(雪)탕 쳐야 햇음의 도가니탕을
아래를 깊이 파서 올라오는 물을 우물이라 하엿네
아래 같이 내려온 우에게 물어보려 함이네
어찌 같이 한배에 같이 타고 잇는 용들은 헤아리지 아니하고 그리 힘을 주어
똥을 싸서 나갓는고
장장의 시간을 돌아 슴신 염(念)을 하고 염(殮)을 하여 이리 팔자를 타고 돌아
와야 햇는고
그 증좌로 38선 지나는 한국 땅 전남 고흥

빛도 제대로 들어오지 않는 진흙탕 우물 속 38년 째 지키는 장어내네
파고 파 날랐음에 다 스러져 장장 긴 세월 이리 팔자 타고 올라오게 되나니

어찌 전부 나만 챙기는 남으로 돌아서서
고흥 오 흥 오기만 하면 흥에 넘쳐 흥부가 기 막혀
동글 동글 우리 영이 육각되게 하엿는고
어찌 전부 인의 옷을 입으면 나만 챙기는 남으로 돌아서서
동글 동글 우리 영이 육각되게 하는고

이를 스스로 물어보게 하기 위해 장장의 시간 기다렷노라
머리를 달아주고 말을 하게 한 뒤 이제 스스로에게 묻게 하노라
장장의 시간이 지나 내려온 기억 못하는 일 나 모르는 일이다 하지만 내 습성이
염한 것이니 그대로 내 쇄골에 박혀 잇는지라 변하질 않아 지금의 행동이 과거
의 행동과 가태

다만 큼지마한 초록신 신고 토렴하고 토렴하게 하니
미소니 행복이니 그와 같은 말을 꺼내고 잇을 뿐이네
가기만 하면 강을 건너 황 되어 올라옴에 울분을 금치 못하니
이를 생각하라 생강모양의 울금 뿌리 강황 내네

사람 증좌로는 오이일세
찌다란 키 안에서 오 이거 뭐야 원소자 금할 걸 해 피 클락어 피하자 클러 클러
하고는 나 여기잇소 서로 나가려고 오돌 도돌 도돌돌 돌기내며 시발 잃고 줄줄이
나가려 줄서 잇는 올틀

눈을 크게 뜨고 잘 찾아보시게
이로 인해 다 사라졋다 팔자타고 돌아오는 사도의 길 걷게 되엇나니
얼기설기 베를 짜던 백설 공주시절 동을 품은 씨앗의 사연이네

담을 쌓고 나가
마음 닫은 영자씨

아

벽을 세우고 밖으로 나갓음
소리가 따라 나섯음

비로서
마음 열은 영

이

나가더라도 온 누리의 중심이 나이며
동시에 전체가 하나임을 인지하여야 함

아 야 아프구나

어 여 어서

오 오너라(전체 원에서 하나씩 떨어져 내려왔음)

요 하나 내릴 때 둘을 챙기는 요나로 인해 다 스러졌기에
두 배의 힘으로 따라 나서야 했네
교육과 종교가 그러하지 아직 모르고 쇼핑하고 요리하는 요나를 갈쳐야 해

우 ㅜ 하늘을 덮고 수염 무성 수를 내기 시작했지

유 ㅠ 넘쳐흐르는 우유는 무언지 젖은 눈물은 무언지
유를 먼저 생각하는 유한 그대 되시길

으 이 이제 그만 스러지게 자신을 들여다 보시게나

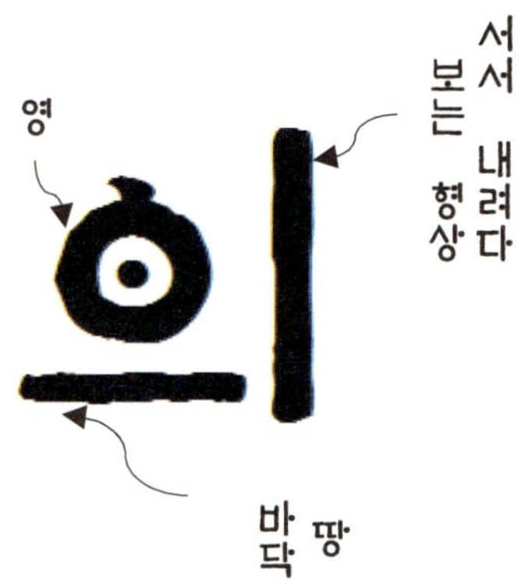

주라기 백악기

⊙(원자 영) ｜: 눈물 흘리며
ᄅᆞ 이리 저리 돌앗어도 지켜야 할 법은 잘 지킨
율(律)은 우려하며 노력하는 우라노스 되어 잇어

이를 우야노
우리 다 같이 한 영이야
잠시 놀다 올라가려 햇다고
오기만 하면 나만 챙기는 남이 되어 가면 안 돼

몸을 크게 모아야겟어
재들이 삼키지 못하게
키클롭스하는거야
키를 크다랗게 놉혀 서면 몸을 삼키지 않을 거야

다른 방법으로 몸을 모으기 시작햇지
열두 티탄신이 되엇네
열둘 시계 한바 퀴 360道 모든 방법 다 해 보앗지

거양 합하고 기다리며 모으던 몸 이제 티에 올라타 자유 자재로 몸을
모을 수 잇는 티탄(呑 삼키다 몸 안 배에 올라타다) 신이 되엇다네

코이오스 포이베 하엿지
올을 두 개 더 냇네
단단한 이도 꺼냇어
창문 넘어 들어가 도로를 지나면 광활한 평야가 펼쳐져
그야말로 앞에서 막는 이도 없다네

보이지 않는 먼지 기(氣)되어
코를 통해 몸 안으로 들어가고
부드러운 먼지 입으로 들어와
뱃속에서 만나 서로 엉겨 붙어 [illegible]의 조직 베를 짜네

Koĩoς 코이오스
코로
이(입 이빨)로
오(들어와)
스다(서다)

φoίβη 포이베
포 (包) 꾸러미
이 (裡) 속에서
베 베를 짜다

한쪽에선 땅에 뿌리를 박고 몸이 되어줄
당다리 당당 포도당을 따로 모아주기로 하였네
이제 콧구멍 창문에 다리 한쪽 이렇게 스윽 밀어 넣으면
숭구리 당당 숭당당 다 이루어지지

얼음골에 갖혀 잇던 자들도
트라이아이스 기를 꺼냇네
아이들을 스러트려 영이 구겨져 잇으므로
틀어야 올라 올수 잇는 이가 되엇거든(Try)
그들끼리 뭉쳐 노력하고 노력하여 영을 틀어 올라왓지
바퀴달린 빠른 발 날아다니는 작은 몸을 모앗어
원하면 원하는 대로 몸을 모을 수 잇어

아하 또 졸라

주라 기 주라 기

안 된다 이러면 안 된다 콩 콩 콩 뛰어도

싱거운 놈 꺽다리 몸을 모앗어
내가 날아 올라야 햇잖아
주라 기 쥬라 기 나 기가 부족해

야 미워
야 미워 그러지마

야미워 야미워
야미야미 그거 뭔데
야미야미(yummy) 얌얌얌

팍 쥐고 뜯어 먹는 팥쥐가 되어잇어
다른 이 공들여 모은 기 다 빼앗아 삼켜대
쥬라 기에 쥐고 놓지 않는 쥐라기가 되엇어
신발 잃고 조개 나를 뜯어 삼켜 그렇게 시조새가 나왓네
새에 낑겨 잇으며 발 쪼매 빨리 다닌다고 몸을 뜯어 먹는 이
새로 나와 소용돌이(小龍되어 올라와 빙빙 돌게 됨) 되다니

너가 고고이에 홀려 나를 이리 만드니
야야 양의 마음 어데갓니
야 옹아 피오나 공주 답 좀 해라

나 또  옹되어 오르잖니
내려오는 장마다 화나게
이 장화 신은 고양이야
궁금해서 오기만 하면 뱃속으로 들어가
이러면 안돼
우리 하나의 통영이야
하나의 원을 이뤄야 한다고

하늘에 올라와 든든 거리고 별을 달고 잇네
우리의 마음 고스란히 달리고 잇어
이리 양쪽 극으로 갈리다니
우리를 잡아주는 음의 영역에 달고 잇지
이 별들 망나니 삐삐에게 따다 줘야겠어
북(book 신문고)을 쳐서
이렇게 극에 성(星)이 된 이유 알게 하리

북극성 동네에 달고 잇지
북극성에 동네가 생기기 시작이네

벌써 두번째야
율을 잘 지키며 서 빛던 이 선녀
이리 올라와 별을 헤이며 달고 잇네
모은 살은 뱃속으로 다 들어가
기만 되어 올라 오다니
오기가 되었어

야 망나니들아
우리 올 좀 파본 오파들 이리 올라와야겠니

누가 돈 땃는가 궁금해서 아래쪽에 귀울 귀울이니
이게 웬일이야
지유(地乳) 티끌로 몸을 모은 나에게 티 그거 모라노 이리 내놔라
팍 쥐고 삼켜대며 몸뚱이 모은 그 녀석 티라노
뱃속에서 악악 거리는 소리가 들려

뭐라구·

뭐라구·

뭐가 비밀스럽게 돌아가

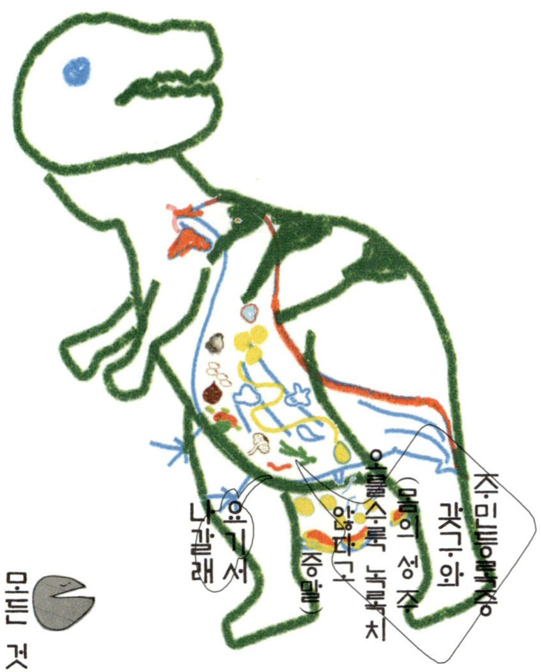

요기서 나갈래

우리가 비겁해지지 않니
모든 것 감싸 안은 울레 되시지

뽀로로 화를 내

피카츄 피카츄 피가 들어오니 오싹하니 추워서 그래

안에서 잠도 안자구· 베를 짜구· 잇는데 다른 이 뱃속 도적질 단백질이 들어 와
지쳣어

ก 꺼까·이(겉에서 그까이꺼 대충 몸을 모이는 이 껄래)
ญ 여는 잉 모아 논 바닥잉께 날쌔게 요리조리 미끄러져 나 가면 돼야

요 플레(요거 풀을래)

땃어 땃어 물어봐 어떻게 햇어

툭 툭 쳐어 셀플엇어(self 로 세게 묶은 cell 세포를)

싸왓디 싸와디캄 (싸왓니 싸왓으면 가자)

회오리 구·멍을 뚫엇어 파서 인이 나가게 앨들이 플어놧어 기가 차구· 나가면 돼

선(善)이 가방을 쌋어

양수(良手)가 터진 거야
양수(세포를 둘러싸구· 잇는 수액)가 터져 그냥 간다구· 강물 되어
우리 잇는 곳을 스치며 드나들어

인중(人中)을 파고 지나가게 길을 내주는 이와 그 가운데를 통과하는 이
협공하여 커 낀 알고 잇는 이들 도우넛 되었어
도가 옳든 말든 너 틀어 중심에 구멍 태를 내고 나가

어똥허려고(男の子こ)。안에 같이 잇는 이도 생각 해야지
미안하지도 않니 떨어서 타고 가게
이렇게 (Mr)。조기 동글 동글 잇어야지
미옵게 빠딱 거리고 스르르 가다니(miss) 너 실수 하는 거야

미얀 임마 그런데 주장 이 친구 육신을 이루더니 삼신의 마음을 몰라
감사하는 마음이 없어 보이지 않는 뱃속 안에서
티올되어 몸의 조직 베를 짜고 잇는 이 티티아이 데구와
얘들아 빨리 온나(おんな)

중심을 잡아야 할 이가 절(저 자신)을 떠나 절(저쪽)로 갓으나 멀리 가지 못하고
톡 빠져 튕그러져 미나리 밭에 앉고 바로 그 곁에 잇던 다른 티라노 발견

똥쌌냐 빵짱와(똥으로 빵 짜서 나왔냐)
반떼나씽(반은 떼서 먼저 본 나가 씽 달려 와 생각 없이 삼키고)

조기 앉아 잇구나

미스터 내가 타고 나가다고 했잖아 그러니까 잇을 때 잘하지
아무거나 다 이리 넣어 싸우다 싸가지고 나오게 해(dinosaur)

가긴 어딜가 집(chip)에 와야지

잡아여 삼키고
본인은 총명하다 생각하여 오(悟)를 택하고 쌀쌀 맞게
토를 달고 바바바바 나왔으나 이리 되었어
베를 트러 나 온 이 반은 남이 삼키고 반은 도로 잇던 뱃속으로 삼켜지고
나간자리 닫고 되돌아 보면 또 다른 자 새로 문을 내 톡톡 연이어 다 빠져
나가고

어찌 모은 몸인데 구멍을 내고 나가
이제 질렸어 훅훅 울며 사라져 병든 마음 되어 피하여 나간 피똥으로
그러나 또 다시 삼켜지고 들어온 이 또 진득허니 잇지 못하고
진드기가 되어 다시 기가고 그러다 삼키지 못하게

기를 모으고 모아 다 막고(たまご) 칼같이 숨어 들어 나가

 쿠캄타(쿠우 감아서 타고 나가다니)
얍 셀을 써러 서로 가 씨 딱 버티며 다 보고 잇는데

 알이 가 또 (ありがとう)

곁에 잇는 이 고맙다 또 집어 삼키고
훌렁 훌렁 까지던 껍질 율(律 귤)이
오랜 시간 지나자 껍질 두꺼운 오렌지 되다가

 타고 나온 나를 조게 나를 다시 삼켜
더 세게 만 들면 돼

침을 탁 뱉고는 두껍고 딱딱한 타조 껍질 되어 나가고
나왓으나 껍질에 기를 다 쏟은지라 날지를 못해

가는 나를 앞에서 막는 개들 정말 미워 개미가 되어가
싱싱하게 가서 풀어놓은 애가 잇기는 한가
그야말로 온 힘 다해 멀리 떨어져 발견되지 않은 자 아주 드물어

와 다 돌앗어
속이 니글거려 못 참겟어
뱃속이 다 돌앗어 배도라지야
뱃속이 머리야 백두(頭)산이네
뱃속에서 악악거리니 백악기야

도(道)가 밖으로 나가버리고
똥으로 가다말고 나만 챙기는 남으로 돌아서다니
아 신이여 신발 잃고 시가 되엇나니 아

영판이네 하나같이 닮아도 너무 닮앗어
통탄이로다
도가 달려가다 말고 똥으로 말아 사라지다니
달마 도사 아닌가
나한테 이기고 다 삼킨 재 티라노 알고 보니 덜덜 떨고 잇는 겁쟁이엿어

몸을 이루는 주자
이것 저것
다 주웡어
배 안에 다 태우니
배안에 타고 있는 이
배를 타고
나가겠다고
아흐ㅆㄱ
니 스스로
빠지는 따이따닉
아닌가

오가리 나카리 줄줄 새 오카리나야
신들이 모여 있는 장이
콩 나와라 콩 팥 나와라 팥
콩팥에 깨진 요강이라니
요절하고 단절하고 요단강을 건너어

욕심 많은 욕신 66
지옥에서 올라온 666
욕심 많은 욕신

사가(살이) 우르르르 스러지다니 키를 키웠음에도 아
사우르스키아

사가 우르르르 스러지도록 안에 잇는 조졸(세조삼신님)들이 다 조다 날랏구나
사우르스조다

키를 높이 오르게 한 옳은 이 티끌로 모앗어도 스러져
키가 문제가 아니야 오르니티스키아

아 꽈내서 토를 달고 나가 사가 우르르 스러러지다니
아꽈토 사우루스

카 하지마라 살이 사라져 우르르르 스러지잖니
카마라 사우루스

울(알)들이 밖으로 나가 살이 우르르르 스러져 알로사우르스

안 되겟다 애들아 더 이상 가지마라
모은 살이 우르르르 지나가리 사리 되어 나가다니

어성 어성 걷고 싶어
다리가 되엇는데 생각하고 생각하여 다리를 꺼냇는디
구구구구 구구구구구 먹는 데만 한눈이 쫄렷어
같이 ㄷㄷㄷ거린 ㄷㄷㄷ한 벗을 삼키다니
옆으로는 눈을 돌리지도 않는
외눈박이 꺽다리 괴물이 되엇어

이러언 티라노 사우르스 녀석들 같으니라고
니들 원래 티끌임을 모르노냐

카라 티끌 조금 더 모아 덩치 키웠다고 초심(草心쿨로만 모아야 함)을 잃어
안 되겟다 카라 이놈들 키를 키워 사워대다 스러지니
니들이 입은 몸의 색깔 카키라 불리리

머리 텅텅 비워 이리 저리 흔들린 공룡이라 불리리
지구에 나려간 생각이 완전히 식엇네
안 되겟다 안 되겟어
태양에 불을 끄자
몸을 이룬 이 다들 스러지네
삼신들이 내려가 살살 모은 살
살살 모은 살이 모두 다 사라져
사자가 되엇어

충정(忠情)하게 하려고한 이
순수한 신은 충정(忠丁) 되어
무너져 옹 되어 오른줄도 모르고

배가 추워 들락날락하던 삼신들
기는 다 빠지고 슬픔이 치받쳐
엉금 엉금 기는 김치가 되엇음에도
그 기를 말아서 다시 배를 타고 들어가게 하고
이 어인일인가
충무(蟲無)김밥이지 무언가

독이 목까지 차 올랏어
저 다리 쳐야갯어

태양의 불을 끄고
천둥 번개 벼락 꽝꽝 내리쳣지
티라노 한곳으로 몰아놓고 사를 막앗어 사막 되엇어
가지고 잇던 기는 고스란히 내려앉아 사해 되엇어

★ 땅과 언어 국가는 찟긴 마음을 표현한 하나의 조각이불 이오니

나불나불 나 불 되ᄀᆞ
블라블라블라 대니
나 불에 타며 내려오는 이 길
블라 불라 영의 언어로 다 불게 되어 잇네

Yes I can 예 스러진 이유 아이가 캐 낼 수 잇니더
I can do(道頭) 아이가 캐내 ᄃᆞ를 이ᄅᆞ게 ᄃᆞ겟니더

하이궁 맙소사
우리의 뿌리가 하늘에서 내려온 용(용)이 다다다닥
다 잡아 먹은 닭이라는 얘기야
하늘에서 천천히 생각하던 영이
위 아래 오르락 내리락 하는 용(용)으로
그러다 하늘 흐름과 단절된 용
이용에 사용에 인용에 용룡 됨이
걸어가는 걸음걸음에 중간에 끊긴 길이 있다

근(根)이 우리의 뿌리라 함이오니

근 루트 √

$3 = \sqrt{3*3}$

$9 = \sqrt{9*9} = 8+1$

$나 = \sqrt{나*나}$

하늘의 기억이 덮인 채
서로 가는 길을 막고
동으로 길을 여는데

나를 끌고 가는데
또 다른 내가 곱으로 힘들었다는 얘기야

그그 거리고 혼자만 먹다 스러지는 상황에서 빠져 나와
구원에 이르게 하려면 8 1 팔 하나 내밀어야 한다는 거고

아하 4 8 우리가 다 사라졌다 팔자를 타고 돌아온
영이고 용(용)이라는 얘기야
사월 초파일 사를 모으다 초판에 파이가 되어
사라졌다 달을 달고 일어나 달려온 사월 초파일

6500만 년 전(육신 이루어 오다가 뱃속으로 다 들어가고 만)
공룡 옷 입고 있다 빙하타고 내려 온
얼음골에 그냥 둘리게 잇게는가 둘리양반의 둘리

몸을 크게 모으려 같이 내려온 이의 몸을 삼켜대니
용들 오랜 세월 ㄹ 이리 저리 흔들린 룡이 되었음이고
아하 해서 우리 영들이 갇혔던 곳
몸 배안에 올라 탔으나 다르게 흘러 타고 나갔고 그로 인해 스러졌다
따르따로(路)스에 사우디아라비아라 하는 거였어

사우디 아라비아
사우디 싸우다 울었디
오의 몸 아라 알라들
비아 비어 내라

그곳에선 여전히 썩어진 우리들의 몸 눈물 :: 석유 되어 올라오지

해서 석유가 많이 나오는 중동지역에 여전히 평화를 위협하는 IS 행동 대원
이 활개를 침이고
아이인 나 S 이렇게 둥에서 서로 흔들리며 다닌다는 뜻이니
석유 해가지는 음산한 서쪽 이기심의 서로 가다 바닥에 박혀 흘리는 눈물

코이오스와 포이베가 된 티탄신 레토와 아스테리아를 낳았대
이는 몸 안에서 알로 생명을 꾸려 밖으로 나갔다는 얘기야
물론 짝짓기 따위는 하지 않은 상태에서

레토 Λητώ
레(래來) 시간이 흘러
토(堍 다리 끝) 다리 끝에서
ώ ㅌ 토를 달고 챙겨 나갔어

아스테리아 Ἀστερία,
아 스러질 때까지
테두리를 둘러 ㄹ 꼬불 꼬불 이리 저리
아 아래로 나갔어

우라노스의 생식기를 자른 크로노스가
아내 레아의 아이를 한입에 삼켰다 하는 바로 그 얘기야

레아(다시 올래 我) 세월이 지나 영들이 바리 바리 박박 싸들고 알을 꾸려
ώ 똥꼬로 나오게 되었고 그러나 이를 도로 삼키니 크로노스 크로노스 그런노마
시끼 하심이야

그런데 우린 어찌 이도 저도 모르고 망개떡에 찹쌀떡을 먹고 있는 거지 망(亡)하게
한 건 망(忘)하고 찰싹 달라붙어 조르는 망개떡에 찹쌀떡을

나 무엇이나 ㄷ알고 있다 금이 간 줄무늬 나무 옷 입고 계신 분 그 중
다른 나무님은 겨울에 잎이 다 떨어지나
소나무 잣나무 구상나무는 겨울잠이 들지 않고 늘 푸르지

이는 삼신 원소님 울들 입들 다 떨구고 잠들어 있는 동안
손에 잣하고 쥐어주려고 온 세상을 쥐고 쉬지 않고 구상하며
반죽을 하셨다는 뜻이거든

가서 평화를 구하고자 그리한다 가평서 잣을 내주심이
잘 자라 남을 세워야 내가 선다 자라섬 남이섬 가평에 내심이

모호하게 찾지 못하는 5000년의 한국 기록기간 동안
그저 우리만 기억 상실증에 걸려 있음이지

하내 사랑 어여쁜 이브

이도 저도 뚝 뚝 흘리는 뚝배기 되어 뱃속으로 다 들어갓기에
짤자를 타고 왓음이네 이 사람아 백짤번뇌 되어
헨죄를 어찌하나
그래 텔레콰시를 쭈욱 늘어 놓앗으니 잘 따라가시게
화가 난지라 다 걷어 차 버렷네
어성어성 걸으려 먼지 조금 모아 영을 갈라 가위를 내놧는데 이 모양 이 꼴
저 모양 저 꼴 화가 나는지라 주먹 바위 광광 날렷네 어찌할지 모르겟네
다 없앨까 햇지만 확 오르던 약 시간이 지나니 약이 되어 가라 앉앗어
배가 고파 그랫다는데 어저겟는가
뱃속 조도청에서 자꾸 가지고 오라고 햇다지 무언가
검문소 없는 입구에서 계속 밀어 넣엇다 하네

그래도 한 가지는 하엿네

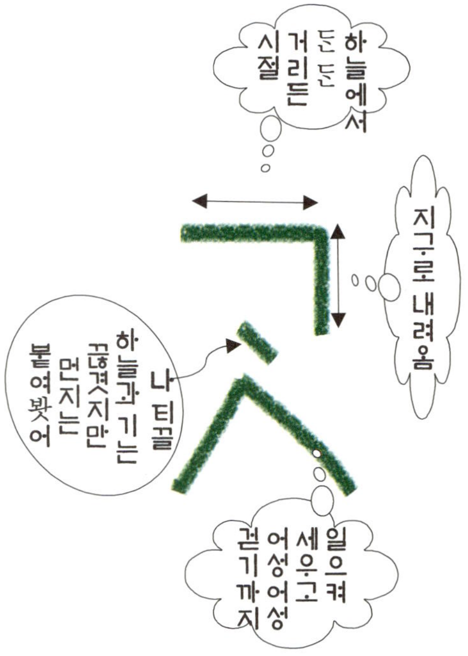

날 일(日)으키고 걷게 하엿어
굿을 한바탕 하더니
굿(갓 굿 God)이 되엇어
지구로 아주 갓다는 얘기네

하늘에서 내려온 하느님들 저하나만
챙기는 하나님이 되엇어

하늘에 잘잇다 지구를 만들어 내려
온 이 무모한 도전에 죄를 많이
흘렷네 어찌할지 모르겟어

으흠 내 몸 삼켯으면 그래도 누군가는 일어섯어야 하는데
다들 스러졋단 말이지
그렇다면 땅이 다 삼켯다는 거 아닌가
그래 땅이 다 이긴 거야
먼지 모아 서려고 한 신들 땅이 다 삼켯네
그러나 땅에게도 물어보면 흑 흑 흑을 넘어 아예 흠 흠 흠 울고 잇으니
그러나 또 내가 스러질 때 위로하고 같이 스러져준 이가 잇어 내 너를 구하리
개 굴속에서(친구 뱃속) 세게 묶은 거 풀어 쫄짝 쫄짝 뛰어 그리 나갈 때
(frog [illegible] 체좌르데아 체 몸(體)을 콰서 그르케 나갓데 아) 헝 헝 그렇다

고 그리 가리
티 잡고 있지 않고 키를 빼 갔다고 우리 모두하나의 똥쌩이디 하며 뱃속에서
지키고 있다 그대로 배가 침몰하여 오장육부에 박힌 이가 있어
모두를 구하겠다 울게 되었지 나 너를 구하러 가리 모두 ㅇㅇ구구거리며
자기 뱃속만 채웠지만 양의 마음 가진 그대가 있어 그대 구하러 가리
단 하나의 양(良)이 있더라도 나 그대 구하러 떠나리
나 그대 거기 그렇게 있음을 알기에

기가 갇리어 사방 꽉 막혔어
몸을 내주고 집이 되어 이리 하늘에 오른 이
주라 주라 쥬라기 해치고 살린 이
뱃속에서 아악거리다 나가자 부추기며 배신하고 나간 이
뱃속에서 하나의 동맹이다 제자리에 버티기다 오장육부에 박힌 이
이 모두는 입(口)으로 인해 생긴 일이니

살린 이도 배신한 이도 죄다 오장육부에 박혔었고
이 모두를 구하려면 따로이 떨어져 하늘이 되어줄 호주(戶主)가 필요해
용 솟음 쳐 김이 되어 올라오는 우리 호주 하느님 되어 이들 데리러 가야하네
아 나 이 녀석들 부도(不道)로 인하여
율(律)을 잘 지킨 이는 솔(率)이 부도(附圖)되어 부도(父道)의 길 걷게 되다니

땅으로 내려간 신들 능력 발휘가 안 돼 아이가 되었어
아래서 무엇가 해 낼 수 있는(h a n d 한다) 능력이 필요해
신의 능력 아래로 내려가 손이 돼야겠네
높다라하니 키만 올리는 키클롭스는 더 이상 의미가 없어
정당한 선에 다 닿으면 더 이상 자라지 않게 막아야겠어
성장판이 되어 자라다 어느 정도 몸을 이루면 멈춰야 겠어
얼기 설기 잘 뱃속에서 다 좌가지고 나갔다는 거 아닌가
몸을 이룬 자를 위해야 겠어
위를 만드는 거야
살아 있는 생이 되어 안에서 지키는 거야
생이 나서 하는 일이니 어쩌겠어 생남 남한산성 되어
모아온 몸은 위에 놓이고 기만 온 몸 구석 구석 입장하고
나머지는 뭉쳐서 밖으로 내 보내는 거야
어차 죄 나가는 구멍도 뚫어 놨으니

다른 이의 죄가 들어오면 기를 쳐서 내 보내야겠어
계계 가짐 하게 하는 거지
쉬지 않고 감시하는 미어 캣 하는 거야
은에서 배를 채는 삼신들도 챙겨야 하니

전체가 하나 되어 생각하였으나 각각 따로 몸을 모았기에

따로 생각하는 능력 필요해
뭐가 문제인지 이리 저리 생각하는 머리 많이야
우리 모두 하나인데 어찌 둘이라 생각하는가
정지된 신이 머물며 잘 해결 할 수 있게
제일 위에 정지된 신 올려 두뇌

그러나 모두에게 머리를 바로 달아줄 수 없어
꽉 쥐고 삼킨 이는 그에 응당한 벌을 치르고 온 뒤 손과 머리 달아주는 거야
벌을 받은 뒤 자두 달면 다시는 그러하지 않을거야

좀 걸어보나 했지만 이리 양쪽으로 갈라졌어
서겠다 서쪽으로 간이 다같이 둥그리하자 동으로 간이
몸을 모은 이들 이리 나뉘었으니 하늘도 나눠야지
양(태양)만 가지고 안되겠어
양의 뒤편으로 가면 어둠이 쫓아오니 어둠을 밝혀줄
문(m o o n)을 달아 양의 빛을 머금었다 어두운 밤에 그 빛을 반사시키면 돼

그리 문을 달고 양쪽 다리 꺼내(☉ 日 月)
깜깜해진 밤에도 부드러운 빛을 뿌려줄 생각을 하니 설레네 설레
설레네 여신 하는 거야

하늘에 이어 땅도 그와 같이 해야 해
하늘서 호주가 따로 남아 도와주기로 하였으니 땅도 호주는 따로 떨어져
나오고 양쪽 기둥이 되게 나누어야 해

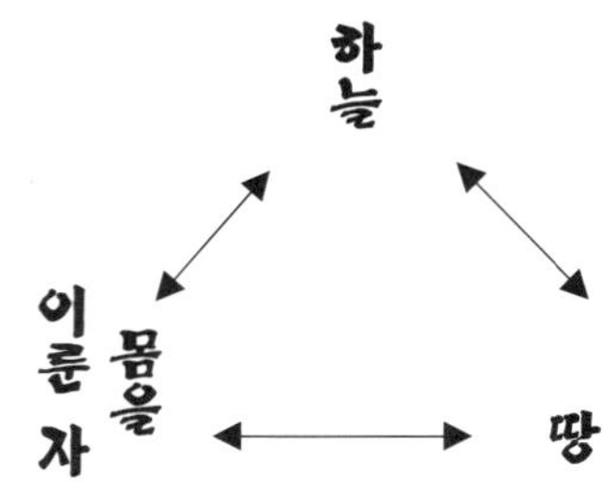

우리 모두 하나이니 어저겠어
인자의 해동이 하늘에 기록되고
하늘에 기록된 내용 땅에 옮겨지고
땅에서 인자에게 내어주고

또 든든든거리고 움직이기 시작했지
우야노 걱정하는 우라노스가 되어서
산으로 맥을 잡아 가야함에 오랜 기간
많은 을(티을 티끌) 불러 모았지

아주 오랜 기간이 필요하기도 했어
기간테스 두었지
머리카락 무성한 수염(首念) 나무 등등 환경)이 되어야 했고
용들 걸음 걸음 같은 모양 구불 구불 배암길에

구불구불 하반신 시냇물 하였지
산을 번쩍 번쩍 들어 올릴 만큼 힘이 세다네
땅 밑으로 물이 지나 스며 올려 산 위에서 솟아 아래로 흘러 내린다는 얘기지
이를 위해 달님의 도움으로 하루에 크게 두 번 호흡하지

이 땅에 올려질 올림포스 신들에게 알키기 위해(알키오네우스)
부러(brook) 구불 구불하게 하였지

야 오레(Ore) 오래

충견 되어
따로 나온
호주

서로 서겟다고
소녀영이 나갓어

코를 폐(閉) 하겠다
그럼 데냐마 크의
체 코를 막는다고
벨기에 다잇어

이리 양쪽으로 돌아서다니

내 초록 옷 입고
사이에 끼어 있는
아이들 스게 할 랜다
아(我)의 손이 될 랜다
손가락 발가락 되어 주고

그리 갈랜다
서로 서겟다
서쪽으로 가서는
발자국을 크게도 찍엇어

어이 뒤를 돌아보아 이리 저리 흔들리며 다닌
롯의 아내 되어 금을 긋는고

허나 소금 기둥이 되어 이 둘 뒤로 던지면
내 오랜 시간 드러누워(Land) 잇을지언정
그리 내려와 스러졋던 이들 사람 되리

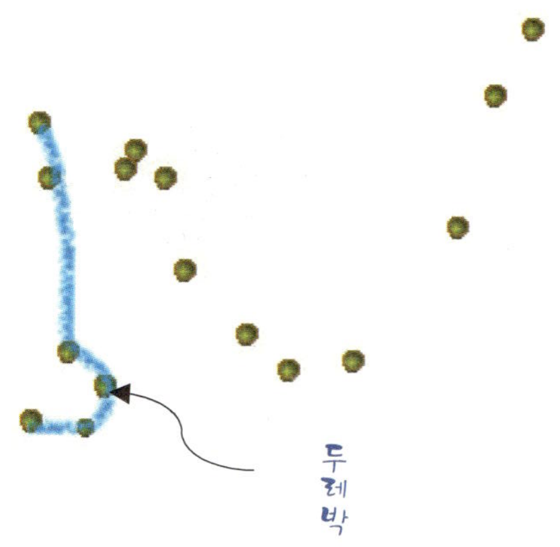

그리고 두레박을 내렷네

따끈 따근 양을 보냇고
얼엇던 땅도 녹고
움하고 생각하며 마음도 녹고

꽉 쥐고 삼키던 깔쥐는
자두와 손을 바로 닿아 줄 수는 없지
그동안의 업이 그대로 몸이 되어 나왓어
내가 꼭 쭐로 몸을 모아야 허리
우리 어차피 하나인데 니 몸 내가 삼키면 돼지하고는
좋은 키우기만 하며 올바르게 허지를 않아 허리가 곧게 서지지 않는 몸 납작
엎드린 네발 다리 닿고 올라왓네

다음으로는 자두와 손 닿린 몸이 되어 줄 차례
동그리한 동으로 간 이에게 닿아줘야지

깔쥐 배 안에 타고 잇던이들
그 중에서도 꽈고 나간 이 꽈고다 공원 알꽈고는
곧바로 든든한 허리가 되어 줄 수는 없어

배안에서 신을 버리고 나간 배신을 반성 해야하니
분명히 누군지 다 아는데 아니라 해
똥 싸러 올 때 손을 쓰윽 내밀엇지

빨간 종이 줄까

파란 종이 줄까

원숭이 뚱구녕은 빠알개
빨개면 사과 사과는 맛있어 맛있으면 바나나 바나나는 길어
길으면 기차 기차는 빨러 빨르면 비행기 비행기는 높아
높으면 백두산

걸렸다 걸렸다 걸려따걸려따걸려따걸려따걸려 딱걸려

딱 걸려 빨간 뚱구 나왔네유
윤회 길에 올랐더니 표시가나서 바로 들켰어유
딱 걸려 딱결 려
뚱구로 나왔던 업에 의해 엉덩이가 빨갛게 되었어유
닭의 털이 빨간색인 것과 같구
소와 돼지의 살덩이가 빨간 것과도 같음이어유
처음 공룡이 지금의 닭이구 아직 살덩이는 흰색 털만 빨개졌지유
빨개진 이유는 혈안 들었다는 뜻이구유
다음 생애에 나올 때 그 업보에 인해 속마음까지 혈안 들어 날뛰면 살덩이까지
빠알갛게 됨이지유

아니라구 우겼지만 친구를 배신하구 배에서 내려 다 스러지게 되었으니
그러니 빨간 뚱구는 씨앗에 독을 품었으니 사과 하라구 사과를 먹구

맛있으면 바나나 봐 나야 나 나가서 어찌 되었는지
꺼까이 곁에 있는 이는 까이구 속살 달려 나간다
껍질 까내구 삼켜지는 단맛 바나나가 되었네유
속심 하얗더라도 곁을 까구 나오면 될까이 꺼까이
검은 마음 벌서라 검버섯 피는 바나나 되었어유

기로 차구 나가겠다 기차가 되었네유
해서 안되겠다 기차보다 빠른 비행기를 만들어 이 모든 걸 날리겠다는 뜻이쥬
비행기가 나오면 비행소년 나올까 구구이가 걱정이긴 하지만 비행기보다 높은
백두산이 되어 이것을 감수하구서라도 이를 행하리라 이런 뜻이네유

백두(頭)산 뱃속 안에 머리가 되어 있겠다
몸 안 단전에 앉다 계시는 하느님의 영 일명 잠재 의식이네유

그렇다면 원숭이와 달리 우리와 98% 유전자가 같은 침팬치
침이 필요해 패는 일을 멈추구 팬을 이루어 끌구 가게 하는 거야
치가 떨리는 일 다스리게(治) 하려면 힘든 일은 환풍기 되어 날리구
무리지어 생활을 해야 해 팬들을 만들어 관리를 하는 거지
이를 풀어 내려면 지금 상태로는 2%가 부족해 침이 필요하지

침침 가르침 필요해 손에 펜을 쥐어야겠어
펜을 들게 하여서 공부를 시킨 후 이해하게 해야겠어
이를 기억하게 침팬지라는 이름 달아 계속 생명을 이어가게 하면서 부족한
2%는 코스모스 되어 코로 스며들어 모가 문제인지 스며들어 힌트 주는 거야
제일 우두 머리 신 제우스신 되어 살아있는 삶음 사람이 되게 하는 거지
그리고나면 지구를 맡길 수 있어 같이 도와서 하면 충분히 온 누리 지킬 수가
있거든 어진 양 침팬치도 돌보지는 않으면서 먹기만 하니 너무 힘드네 하심이어유

따로 나가 원을 이루고자 하였는데 이것이 배가 추워지게 하는
숭(菘 胥)이 되었어 원숭이 되었어

숭이 많은 원숭이 엄중히 책임을 물어 손을 달아 줄 수가 없어
기를 나눠 달라 졸랐지만 에헴 절대로 그럴 수 없어

엠마 누가 똥으로 기 나오래 〃 엠마누엘

침팬지 한바퀴 돌아
호모 짜란트로푸스 보이세이되어 올라왔어
광합성 초록 몸은 사라졌어
안에 있는 삼신이들 대신 쪼실쪼실 가죽 옷을 내밀었지
몸을 이루고 걷는 원은 이루었는데 신발 날아갔으니 (광합성 능력)
이러언 ㅉㅉ 원시인 되었네
짜란색 많은 마음은 가졌는데 짝이 안으로 들어 붓는 데만 사용돼 그래도
양(良)만 키우는 지라 몸 은에서 세상 쪼위되어 있는 삼신을 헤아림이 보이네
허나 너무 느리고 많은 시간 먹는데 집중하느라
한승질 뱃속 호랑이 차고 좋은 키우기만 하여 인의 옷을 벗어 카 버린 카인에게
몸을 내 주네 아 별로야 별로 아벨이야
순해가지고만 되는 게 아니야 그러나 이만하면 심성이 되었구나
인간으로 돌아 온다 고이 모셔 놓았지 고인돌 올려놨어

시간이 지나 아르디피테쿠스 라미두스도 올렸네
이 친구는 나무 위에서만 살았네
아르디 알았디 알게 되었거든
끼 때문에 데두리를 둘어 쿠데타가 일어나 스러지게 됨을
라미두(頭)스 ㄹ 이리 저리 흔들리고 다닌 일
미안해서 머리를 둘 수가 없다며
간신히 이쪽 보행의 첫걸음 하네

엠마누엘 절대 손을 닿아 줄 수가 없어
아 그러나 꼭 그리 하여야만 햇어

미운 행실에 토 달고 나오고 이로 인해 원자님들 뿔이나
모두 드리눕게 한 입으로 덤빈 이브에게

하 여기 와서까지 이런 나쁜 짓을 하다니 하와야

스네 하고 기특해 하고 잇는데 이크 (s n a k e) 바닥에 딱 붙어
S 일루절루 다니며 어찌 뵈는 대로 다 유혹에 넘어가냐

이 선하게 서잇는 이 선을 악스럽게 이브로 삼키다니
정녕 선악과를 입에 대야 햇느냐
머리 닿아주고 두 손 닿아주고 두발로 걷게까지 해줬는데

호모 하빌리스 호 이게 뭐야
하 빌고 빌어 손 닿고 서게 해줬더니 이러하다 스러져

호모 루돌펜시스
일루 절루 돌아 다니며
째고 신발 잃고(신의 옷을 벗어) 스러져

호모 에르가스터
에(殪)로 으르르 거리며 가서 스러트려 다 털어내야
강합성 대신 짜고 입은 베틀 털옷 말이네

호모 하느님 되어 모가 난 것을 도와줌
광합성 초록에서 털로(가죽 옷) 그러나 털 마저 사라짐

오스트랄로 피테쿠스 되게 하다니
오스 와서 스러져
트랄로 구겨진 영 쳐느라 들어 다시 올라왓는디
피해서 테두리 둘러 나간일 때문에 쿠타를 당하여 스러져

또 케나 케케 거리다 스러지냐
피를 삼켯다는 애기 아니냐

케냐가 되엇네
아 이로 인해 아프게 되리 카 아(我)
나만 챙기는 남이 되어 아프게 하고 이리 저리 다니니
카 이 옹하고 화난 마음 우잘거나

미토콘드리아
미운 행실에
토 닳고 나와
콘 이루려 햇던 일 뽑이나 드리눕게 하네 아
미이라
미토콘드리아 때문에
이게 뭐다냐 아 모은 몸 이렇게라도
라(拏) 붙잡아야 한단 말이냐

타고 나간 자 아니냐
코로 들어가 만든
그 콩고기 주라 주라
정말 그랫니 기니
나 잊으리 아
이집 들어 나가야겟어

앎을 보지 아니하고
뒷머리만 챙겨
여우 같은 놈 찾는다며
몽둥이를 쥐고 놓지를 않아
아예 지구에서 중심이 되려 해

꼬이고 꼬엿어
신을 맛으로 누르고 화풀이까지 하다니
꼬불 꼬불 꼬부라진 머리카락 되어 나오리
이리 속을 새까맣게 태우다니
이내 속마음 그대로 몸 되어 피오르리

북극성 동네에 별이 늘어가네
잠시 눌러온 지구
애쓰고 에들 데릴러 간 에(噫)덴 동산 되니
내 보낼 수 밖에 타 당 탕탕탕 설(雪)되어
케케거리면서도
꽤고 다닌다 몽둥이를 쥐고 다니며
우들이 모은 몸 스러트리니 폐(廢)할 수밖에

그리하다 그리 스러졌네 마 요르케

얼마나 시간이 지났을까 음 하고 화났던 마음도 녹고
얼음도 녹고 수행의 임기가 끝난 죄오나 공주들 손을 달고 나왔네
그러나 이게 웬일 반성하고 아니 그럴거라 믿었건만

에덴동산에서 떨어져 나온 이
장소를 중심에서 그리 위로 옮겨 몸을 꺼냈어(mediterranean 마디 덜어낸)

마 요로구 잇어
마요르 동굴에 저 밑에 가둘 수 밖에 없었어
이리 스러트리니 쬐하여 인을 막았지
너무 기가 찬 일이라 기차동굴 지나가게 하였네

저 힘세고 덩치 크다 빠기다 꾸겨 넣은 기 여전히 자기가 제일이라며
여전히 빠기고 잇어
아래에 올라오는 이에게 전해야 겠기에 아래턱뼈를 덜어 놓앗네

호모 안테세소르
호 모아 뱃속 동굴 안에서 테두리를 둘러 세상 밖으로 나갔다고 이리 소름치
는 일을 행햇네
헤아림 없음이 안타까워 알고 잇는 이가 더 무서운지라
엑스칼리버 규암(揆癌) 곁에 놓앗네
이로부터 엑하고 스러지게 하는 칼이 강이 되어 흐르게 되나니

이유는 이러하네
호모 하이델베르겐시스지
호 이게 뭐야 하 이리 다들 델구 나가다니 베르고 벨렷다
베를 가르고 나가 게는 어찌 되는지 보여주리 하며
엑스칼리버 둘로 쳐 벼르고 벨렷다 벼룩의 간도 꺼내 삼키고 뇌도 삼켜
뱃속에 잇던 그 알 돌려달라 그 아우성이엇네
이를 알게 하고자 여적지 눈물 흘리며 내려온 그란 돌리나 유적지에 여섯 번째
지층에 눌러놧네
몸을 이뤄 육을 이룬 신들 잘 알아들으시게

하 이일을 어찌할꼬
설(雪) 당 모으려면 백만 년 기다려야 하는데 말이야
지금의 냉장고 칭찬 할만 하지 아니한가

그때 그때 위 아래 위위 아래 아래 설(雪)탕 칠 수 잇으니
그 다음 본인 차례가 되지 않을까 염려는 해야겟지만
여가한 바보(vapor)같이 죄 흘리고 스러진 팀을 위해
수를 내려고 증말 기를 모으고 잇다네

저리 위험하니 안에서 베를 짜는 삼신들의 소리가
새나가지 않게 막아야겟어

몸을 이루는 주자가 소리를 밖으로 내는 거야
그 소리를 멀리서라도 듣고 도와 주어야 겟어

또 한참의 시간이 흐르고 흘러 돌고 돌아 빼기기 친구들 손을 닫고 다시
올라왓어 반성하고 다시는 그러지 않을거라 생각하엿건만 이게 웬일이야
여전히 빼기네
이빨에는 스러져 들어 다시 올라온 흔적 스트레스 선을 닫고서도
시간되면 들락 날락 빼기다가 꾸겨 넣는 빼꾸기 시계가 되어 잇어

안에서 베를 짜는 삼신들 소리가 나지 않게 음을 막앗어
몸을 모으는 주자가 밖으로 소리를 내게끄름 성대를 달아주엇지
귀를 밖으로 빼 생각까지는 하지 않앗네

이 어(ear) 디서 들리는 소리지

처음 듣는 음의 소리 서툴기 그지없네
아무래도 밖으로 빼서 달에다 쟁그르르 매달아야겟어
녀석들 기어이 네발 수행중인 벗을 유인하여 족조 아래로 떨켜서 삼켜
이러언 하늘의 머리를 까는 데만 사용하다니 호두까기 인형 아닌가

네 이놈 안 되겟다 델구 갈수가 없구나
인간의 탈을 벗어라
이러언 네안데르탈인 같으니라구
풀은 여전히 키우기만 하고 몸을 이루려 하지 않는고
카아 그래서 인(人)의 옷을 입을 수 잇겟는가 카인아

더 이상 도와줄 수 없는지라 눈을 돌렷네
따라도 따라도 주전자(主前者)에서 노란 물만 올라와

습관 되어 뼈에 박히게 될 줄이야
이리 하얗게 질리도록 노란 떡잎 올라오니
이 내 속마음 그대로 몸 죄오르리
눈 하늘로 오르니 푸른 눈 닿게 되리
눈 위에 쌓인 업 깊은 강되어 지나가리
싸우며 커온 거 좋으라 쌍커플 달리리

두 아이 양쪽으로 안고 올라간 선녀
나 무너지게 한 나뭇꾼에게
나뭇꾼 무성 털가슴 안에 살아 숨 쉬는 가슴은 잇는지라
두레박을 내려 주엇고

나뭇꾼 어머니를 그리워 하기에 어디든 갈 수 잇는
말(언어)의 등에 태우며 등에서 떨어지지 말라 당부하고
다시 땅으로 내려 보냇더니
뜨거운 죽을 먹으며(죽음을 부르는 걸 입에 대며)
Ǹ ǹ ˆ Æ Λ © 창만 휘두르며 얼룩쟁이 얼룩말만 타더니
말에서 떨어져(흩어진 언어) 말아 먹엇네
닭이 되어 지붕위에 올라가
이 저이 단추를 잘 끼워 달라 꼬끼오 꼬끼오 꼭 끼워하네

말등에 올라탐은
등은 等가지런할등 登오를등 燈등불등
다같이 가지런한 모든 동물 중 사람만 말하는 능력에 올라타게 하엿으니
등불이 되어 온 누리 밝혀야한다의 당부지
등대 등대야 등을 든든히 대주어 그 빛을 보고 찾아 올수 잇게 하는
그런데 등에서 떨어진다는 함은
선한 바람을 담은 말을 해야 할진데 악한 말을 일삼앗다는 뜻이야
이를 중좌로 집어 삼키며 만 든 집 사람 몸 내 안에 기가 끊겨 무엇보다
빠르게 해내는 말이 나왓어야 당근(堂根) 삼키며 달리는 말이 나오게 하셧음이야

가야겟다 앞으로 가려함이다 갈색마
말이 얼룩지고 때까 껴구나 얼룩말
말로 이렇게 흑흑흑흑 울게 하다니 흑마
아예 말로 악스러움의 경쟁을 해대는 구나 경마
조랑 조랑 주렁 주렁 물고 나가구나 조랑말
선한 말도 잇다 백마 백마 탄 왕자님을 보내리

아이다 아이야 내가 천마 타고 내려가마 천마
우리는 이리 어디든 갈 수 있는 중요한 말을 타고 있음이야

아리스토텔레스

아 이리 스르르 토를 달고 서로 신호를 보내 털어 나가 스러졌다고

인간은 본래 불 완전한 존재이기 때문에 공동체 안에서만 완전해 질수 있다

소크라테스 속에서 그렇게 작게 작게 숙아 매고 테두리를 둘러 나왔는데 스러졌다고

너 자신을 알라
정녕 나만 챙기는 남으로 가야 했느냐
박차고 나오면 샘이 나올 줄 알았더냐

플라톤 플렸대 플려서 다른 이가 토로 나온 걸 삼켜 돈이(도는 이) 되었어
정치를 외면한 가장 큰 대가는 가장 저질스러운 인간들에게 지배
당하는 것이다

아테네 아 테두리를 둘렀네(나가는 이를 보고 탄식함)

스파르타 스러지게 파내서 으르르르 타고 나가네

피카소 피 때문에
카 이게 뭐다냐 바 소(所 小)들 조각조각 조각으로 나뉘다니

미켈란젤로 최후의 심판
미트콘트리아로 인해 케케 거라다 란(卵)으로 빠져 나온 죄로
그 죄로 기가 끊긴 채 오렌시간 지지나는 젤로의 길을 걷게 되었나니
최후로 심판을 하는 자는 마음(心)에 의한 행동의 업보로
스스로 판을 둘러 그 옷을 입게 되나니

도스토프예스키
도를 지키지 않아 스러질 때까지 토를 달고 나가 다 풀어졌어
서로 예의를 지키고 존중하지 않아 다 스러졌어
키 경쟁 등으로 죄를 지으면 벌을 받게 된다는 것의 본보기가 필요해

카라마조프가의 형제들
카오스의 일로 이 내 몸 벗어대는 라(裸)되더라도
막힌 일들 좋게 풀리게 하며 가리
양의 파장을 일으킬 뿌리 내며 다같이 천국으로 이르는데 적선 하련다
영광의 불씨 되어 기 들어가마

레오 나드로다빈치
오렌 시간 걸려 오더라도 나 드러눕는 길(路)을 갈지라도 세상으로 나누어 끌고
갈지라도 키 경쟁 다 비워내고 가난한(貧) 마음으로 나를 다스려야 됨을 알게 하겠어

홍산 에릭투스

시간이 흐르고 흘러 장장의 시간이 지나가네
홍산을 열엇어 약속을 지켯지
고이 모셔 놓은 고인돌 좌란트로푸스 보이세이 올렷어
자리를 중앙 홍산으로 옮겻네
네안데르 놈들 흙에서 품고 잇어 올려 부어도 올리브니

그런데 이 어인일
순둥이 보이세이 에(殪)릭투스 되엇어
이 내 맘 모르고 맘모스를 스러트려

어우 딱해

발로 일을 하는 발해 아닌가
네발로 다니게 된 이를 보면 이리 들어 와야 햇음에 화를 삭이지 못하고
스러지게 하다니
사슴뿔을 삼킴이야
사슴피를 먹은 것과 뭐가 다른가

이가 아프다 이아쳬토스 하기에
풀을 매다 태워 주는 프로메테우스 해줫건만

술술 풀리라 입술 닿앗건만
술술 내려가 홍초 되다니
신명남이 사라지면 신이 아니지 않는가
모인 설(雪)탕 탕 날린 뒤
다시는 안 올란다
오존층 뚤뚤 둘르고 돌아섯네

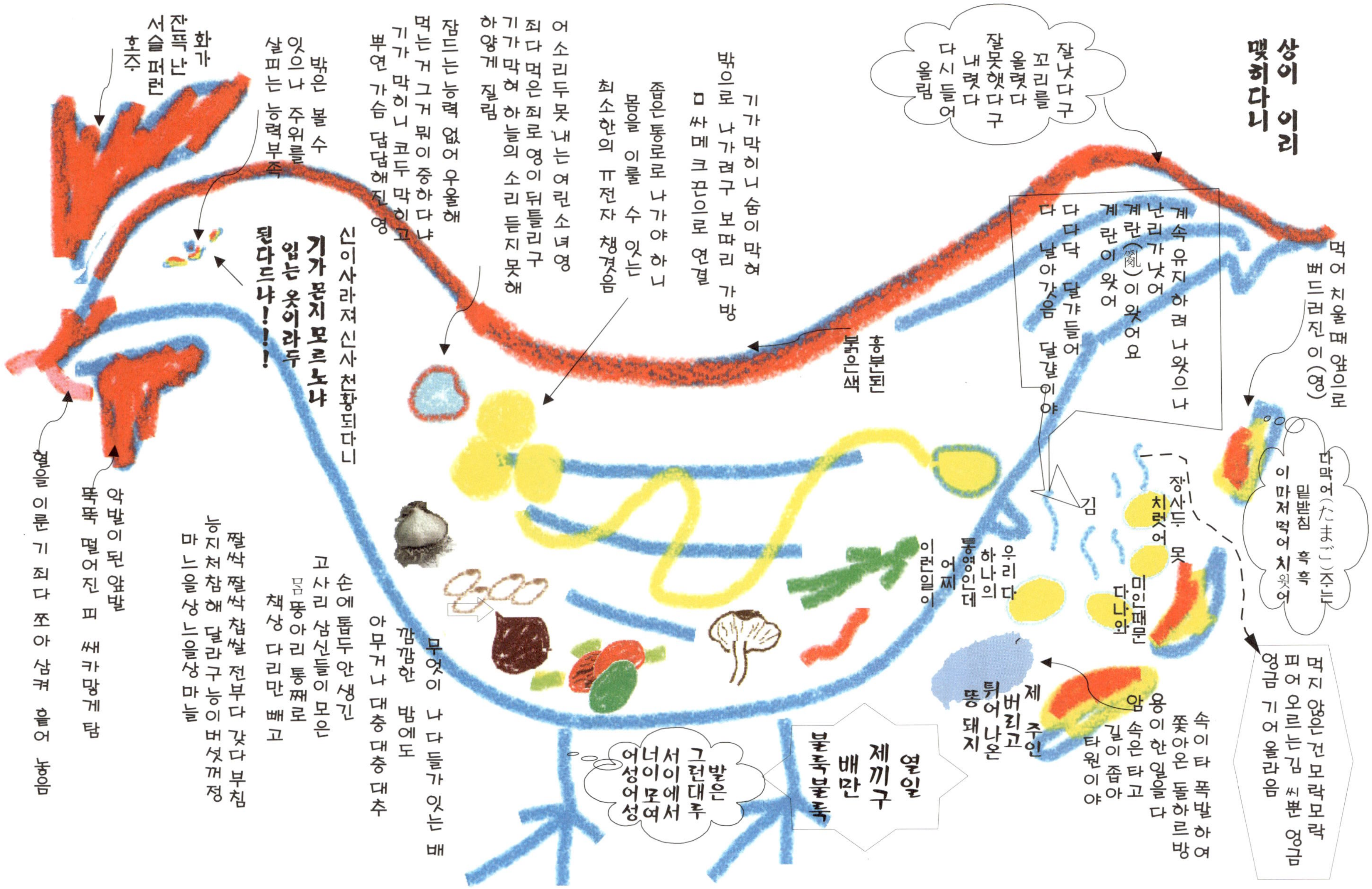

상이 이리 맺히다니
잘낫다구 꼬리를 올렷다 잘못햇다구 내렷다 다시 들어 올림
먹어 치울때 얇으로 삐드러진 이(영)
다막어(たまご)주는 밑받침 흑흑 이마저 먹어 치워어
먹지 않은건 모락모락 피어오르는 김 씨뿐 엉금 엉금 기어 올라옴
계속 유지하려 나왓으나 난리가 낫어 계란(亂)이 왓어요 계란이 왓어 다다닥 달갸들어 다 날아감음 달걀이야
김
장사두 못 치럿어
미인때문 다나와
우리 다 하나의 통영인데 어찌 이런일이
속이 타 폭발하여 쫓아온 돌하르방
용이 한 일을 다
암 속은 타고 길이 좁아 타원이야
제 주인 버리고 튀어나온 똥돼지
열일 제끼구 배만 불룩불룩
발은 그런대루 서이에서 너이모여 어성어성
흥분된 붉은색
기가 막히니 숨이 막혀 밖으로 나가려구 보따리 가방 ㅁ 싸메 크끈으로 연결
좁은 통로로 나가야 하니 몸을 이룰 수 잇는 최소한의 ㅠ전자 챙겻음
어 소리두 못 내는 여린 소녀영 죄다 먹은 죄로 영이 뒤틀리구 기가 막혀 하늘의 소리 듣지 못해 하얗게 질림
잡드는 능력 없어 우울해 먹는거 그거 뭐이 중하다냐 기가 막히니 코두 막히고 뿌연 가슴 답답해진 영
신이 사라져 신사 천황되다니
기가 뭔지 모르노나 입는 옷이라두 된다드나!!!
밖은 볼 수 잇으나 주위를 살피는 능력부족
화가 잔뜩난 서슬퍼런 호주
무엇이 나다들가 잇는 배 깜깜한 밤에도 아무거나 대충대충 대추
손에 톱두 안 생긴 고사리 삼신들이 모은 몸 똥아리 통째로 책상 다리만 빼고
쫠싹 쫠싹 찹쌀 전부다 갖다 부침 능지처참해 달라구 능이버섯꺼정 마느을상 느을상 마늘
악발이 된 얇발 뚝뚝 떨어진 피 쌔카맣게 탐
혈을 이룬 기 죄다 쪼아 삼켜 흩어 놓음

먹먹하네 도로 묵을 쏘다니
(도를 이루지 않고 벗을 묵다니)

⊙(우)하고 내려와
지구 되었고
지구를 감싸
⊙(물)이 되었으며
한쪽으로 모아 땅을 냈지
뭍(물)위로 올라와
너이와 모였어
보이지가 않아
창문도 달았고
어성어성 다리도 꺼냈지
피를 흘리고
다다다다 스러져
⊙(아) 어찌 이런 일이

오 중말 하고 묶어 버린 오존층 밑에 있는 그 동그라미
용시절 다다닥 닭의 배 형상위에 올린 눈 코 입 동그라미 자꾸 생각나

무심코 그려지는 동그라미
뽈뽈 둘러 놓은 저 오존층에 아래에는
아예 눈물이 뭉쳐져 둥둥 떠있지
그저 그리고 있을 뿐이네
어쩌다 여기까지 왔는가
그냥 그리고 있네
베 때문에 다 베이고 다 잃었으니 벤다이어그림이야

동그라미 그리려다 무심코 그리 인 얼굴
내 마음 따라 피어나던 하야얀 그이 때 꿈을
풀잎에 연 이이슬처럼 빛나 던 눈동자

나 왜 이리 그리워 하는 가
내게 남아 있는 정이 있다는 말인가
눈물로 뒤 범벅된 내 마음 여기 있는데

도로 올라오게 되다니
오 중말 오존층 아래서 하늘의 처분만 기다리는 동그라미
자꾸 생각이 나 그려지는 건 오로지 동그라미 뿐

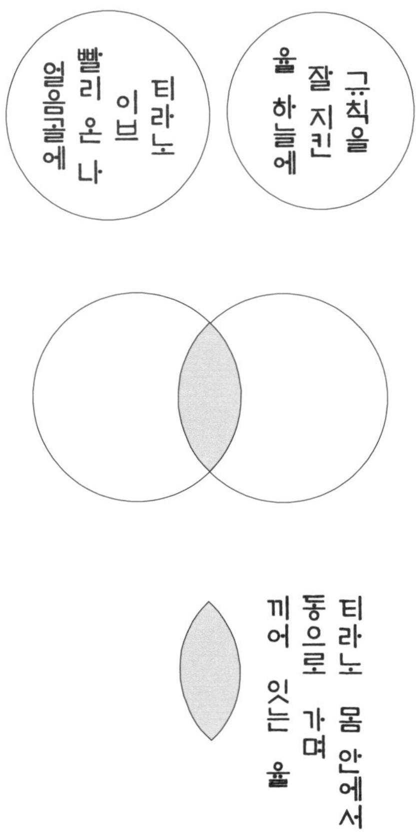

기가 차다며 이대로 가단 영원히 평행선이야
다시 우리 모두 다같이 원래의 주인 되어
율을 지키는 원주율 이룰 수 있을까
이리 양쪽으로 갈리어
파(破)하겠다 π 위를 덮었으니

어허이 옳다쿠나
타타타 그렸다 그렸어
그리고 그렸더니 그림이 나왔어

내가 그린 그림 기린 그린 그림이냐 그린 기린 구름이냐

타고 나가 스러졋으니 타고 타서 타고 올라 오게 하리

3。1415926535

삼신 시절 점고 하나 되어 나갓으나
살 때문에 사라지고 일로 올라와 별이나 달고 잇어
구원 하려 하엿으나 양쪽으로 나뉘게 되엇음은 몸만 모이면 욕심이 올라오니

아하아 올타쿠나
원주율은 불가능케 되엇으나 삶이 되어 오자꾸나
스러진 애 다시 들어 올려 兀 파(波)를 내자
파이는 파이 맹글어 입으로 밀어 넣고
원(員 사람)을 만들어 元 으뜸으로 덮이리

α 고개를 위 아래 휘저으며 먹을 것에만 집중하여
알로 파고 나가게 하는 녀석들

Ω 저 바닥부터 시작하여 궁창을 휘 감아 오 다 메고 가게하리

2。14에 이리 지구에 붙어 큰 점 찍고 일으킨 몸 사라졋데이
재를 발로 칠렌 나 타고 이리 나간 데이
타고 나가 인의 옷 사라지게 햇데이

그 때 왜 갓어
캐가지고 나가 다 캐하니 뱃속 베를 짜던 삼신
몸을 일으키지 못하고 태평양에 이 몸 그대로 누엇어

사람 되어 오레이
내가 꼬옥 안아줄게

그대 앉으시오
내가 다 채워주리
공주님들 어 좋고 좋고 초코렛을 받아내자

3。14에 삼신들 점을 찍고 일찌간에 사라진 거 기억하자
화 이리 들어 왓대이
설(雪)탕 날렷던 일 사과한다 사탕을 쥐어주자

다시마라고 다시 말하지만
헝 그렇다고 그리 가리 우리 모두 통영이야
스러질 때 같이 위로해주며 험께 같이 스러진 그 니 그 니에 목이 메여

카인은 에간장 녹이는 에녹을 낳앗고
에녹은 이라구 드러누웟다 이라드를 낳앗네

에녹은 하노크가 되엇어
하 노무해 어찌 크으 그럴 수가
이라구 드러누엇어도 일어나리 이랏이로다

모이라이 자매 되는 거야
클로토(Κλωθώ 실을 잣는 여자) 되어 실패하여 엉킨 영을 클러
토(흙에서 올린 부드러운 먼지 살 되게)를 잘 노나(Nona) 주긴 하나
라케시스로 천을 짜야 하기에 인해 데키마 되엇어

라케시스 라(倮 벗게 되다) 신의 옷을 벗게 되어 케케 거리게 하는
길을(단백질) 신들 스러지며 지나가야 함
이로 인해 생명의 길이가 한정되어 잇음
데키마 데리고 와 키우나 시간이 되면 마쳐야 함
아트로포스 아 들어 올려도 계속 안고 포(抱 안다) 갈 수가 없어
그럼 모르게 타고 나가는 모르타 하는 거야

자 모이라 이제 맬 건 매자
어느 땅으로 가오리까
이 땅 저 땅 어느 땅으로 가오리까
산을 타고 내려 가서 클로가며 알리게스

어디 보자
서로 가다 스러졋노 우에 그래 그래도 댈구와야 와야 해
아이들 상이 어찌 맺혓는고
으흠 천인(天眼)으로 보자꾸나

노으르아 우에이래 이거
셀 폴란다
프릉랑 말랑 했는데 스러졌다
이거 탈출해서 이리 간다 아
그리가면 스러져
알바 아니아
안도라 와
모난 코 같으니라구

포루 던지고(投 투) 칼 거라고 안 돼
오 스러져서 들어 이리 왔는데 아
히틀어 올라가면 도망간 이놈들 칠랜다

우크 ㄹ이러고 다니나 아(我)
몰 도 봐 아

안 되겠어 얘들아 ㄲㄲ 이쪽 동으로 와
그렇게 필랜다
EU야 어찌 되었건
우리는 하나의 영이다
이 한을 갖고 올라간다
한국이란 이름으로

니가 케케 거리니
신은 죽었다 그리 소문내고
마 도로도로 스러지는
마도로스 되어 내려와라(사도(死道)의 길을 지나며)
수탉은 동네 한바퀴 돌러 나간다

한 놈만 잡아
한(韓) 놈되어
갓(God)을 쓰고 올라가마
우리 모두 한 놈(이룬 자) 되자

흘린 피 피리붙어 알리마
필리핀에서 만나자

안되겠네 안되겠어
안되겠다 꽈야겠다
꽈야겠어 따야겠다
한이 서려 배배 꼬였어

사이에 끼인 이 배배꽈서 올리리
안 되겠다 안 되겠어
소우주를 만들어 성(星)을
닿아 성(城)되게 하자
안되겠다 안되겠다
정관수술 시키자
스스로 몸 만드는 일 사라지리
처음에는 살을 닿아 올려주고
다음부턴 끈을 통해 올라오리

다 알고 있는데
모르겠다 우겨대고
안그랬다 우겨대니
소우주 닿고서 토렴하게 하련다
또 그러고 또 그러고
소우주 닿아줘서
땅 끝까지 채운 다음
썩은 살은 도려내리
꼭 그리 하리라
진범의 뿌리 찾아내고 말리라
새로운 세상 되기 전에
내 하두 속을 썩어
식초가 되었고
내 하두 속을 썩어
썩고 썩고 썩고 썩어
아예 술이 되었네
이번에는 달리하리
술술 풀어야겠다

원으로 예를 드는 원예를 해야겠다
거듭 품은 생각
앞으로는 디테일하게
아프로디테가 되야겠어

키를 키워 싸우대니
키를 풀어 내야겠다

키프로스 섬을 지으리
꽃이 되어 줘야겠다

원으로 품는 생각
아름답게 피어나는
원예를 들어주리
꽃봉오리 활짝 피어 노래들려 주리
꽃이 되어 알리리
꼭 그리하게 하리
꽃을 피워 알리리

절을 하게 하리
끈냉이로 이어나가
할머니가 되어서
접시에 사탕 과자 올려놓고
어린 손주 불러 앉혀
동화얘기 들려주리
꼭 그리 하리
콩쥐 팥쥐 들려주리
꽉 쥐고 안 놓다가
모락모락 김으로 올라
엉금엉금 기어올라
김씨 이씨 하고 앉은
김씨 이씨 손에 잡혀
젓갈이 되었노라
내가 꼭 들려 주리라
내가 꼭 그리 하리라

땅에만 올라오면
저리 뛰고 굿을 하니
통영을 잘라내고
정관수술 시키리라
더 이상 스스로
올라오는 일 없게 하리

소우주 닿아주고
끈을 통해 올라온 뒤
내가 먹은 젓갈 젓갈
바로 내딸이었노라
내가 먹은 생선토막
가르침 주시려고

은빛 갈치가 되어버린
내 핸애비의 살이라는 걸
그제는 알게 하리
가슴치고 통탄하리

내 입안에 들어간
그 괴기 그 살점이
내 오애비라는
살점이라는 걸
그 때는 알게 되면
가슴치고 통탄하리
독한 진범은 찾아내리
이살 저살 내살이고
이도 저도 내 사랑이련만
이제는 도려내리
썩은 살은 도려내리
꼭 그리하게 하리
콩콩 뛰던 콩쥐를 가려내고
꽉 쥐고 잡아먹은 팥쥐 가려내리

정관수술 시켜놓고
허수(虛數)를 뒤야겠다
정관수술 시켜놓고
정관(靜觀)이가 되게하리
정관수술 시켜놓고
정관(貞觀)이가 되게하리
정관수술 시켜놓고
정관(情款)이가 되게하리

허수를 뒤야겠다
허수아비 되어주마
아비가 되어주는
허수를 뒤야겠다
믿음주고 사랑주면
무언가 달라지리

핸애비 되어주어
제사 끈으로 잡아주고
하늘의 아비되어
천국 끈으로 잡아주고
하늘의 아비되어

무엇이나 들어주는
허수를 두어주마
믿음주고 사랑주어
개과천선 시키리라
천천히 주인되는
천주인이 되게 하리

모이는 사가 문제 엿으니
사로 해결하리
넷이 문제엿으니
넷으로 해결하리
입들이 털어내는
넷으로 해결하리
인터넷으로 해결하리
네하고 대답하는
넷으로 해결하리라

삼신 삶을 이루리라
소(小)인줄을 모르고
저리 쩔쩔 뛰어대니
소속감을 달아주리

허수를 두어주마
의지가지 되어주마
허수아비 되어주리
아비가 되어주고
끈냉이가 되어주마
새끼 둘둘 꼬아주는
새끼줄 되어주마

부처님이 되엇다가
에수님이 되엇다가
동지임을 알게 하리
사리 사리 고사리
사리구슬 꺼내주리
소리를 달아주마
몸 가지고 안 되겠다
말이 되어 나가리

둘둘둘둘 둘리리
작게 둘리고 크게 둘리고
둘둘둘둘 둘리리

짝 맞추기 놓이하리
둘이 짝을 맞춰주고
넷이 짝을 맞추주고
둘둘둘둘 둘리리
눈을 보는 짝이 되면
살을 뜯어 먹겠는가

둘둘둘둘 둘려서
부족 되고 민족 되면
살을 뜯어 먹겠는가

고이 גוֹי 모셔 두게 되리
(גוֹי 고이 민족 히브리어)

둘둘둘둘 둘려서
서로 서로 알 עַם 로 싸매
(עַם 암 민족 백성 히브리어)
부족 되고 민족 되어
내려갔다 올라옴을
알r게 되면
고이 고이 모셔 두리
짝을 채워 벗어나고
부족 되어 벗어나고
민족 되어 벗어나면
지구는 촌이 되리

민족 되고 백성 되면
지구촌 찾아 오리
지구촌 다가오면
그땐 모두 알게 되리
거룸이 무엇인지
하룸이 무엇인지

낮이 차고 해가 가면
그땐 모두 알게 되리
그땐 모두 알게 되리
엉엉엉
낮이 차고 해가가면
그땐 모두 알게 되리
생명이 무엇인지
그땐 모두 알게 되리

병조참판 되어주리
병도주고 참견하는
병조참판 되어주리

바그미가 되어주리
바라바라 그리사니
바그미가 되어주마
봐라봐라 보리에서
바그미가 되어주리

소리소리 물이었다
소리소리 말이 되리
소리소리 물이었다
귀를 빼서 듣게 하리

앵하고 둘려야지
둘덩어리 둘려야지
앵 둘이니 둘려야지
1년에는 남자 되고
2년에는 여자 되고
3년에는 저년 되고

허수를 두어주마
내살 태워 먹게 하마
피비린내 잊으리라
허수를 두어주마

음식냄새 싫게 하리
허수를 두어주마
음식냄새 싫어지면
생식을 기억하리
허수를 두어주마
죽은 음식 먹게 하리
허수를 두어주마
피비린내 잊으리라
저리 심심 굿을 하니
중요한 일 넘겨주리

색깔이 되어주리
하늘빛을 닮아주리
색깔이 되어서
친구가 되어주리

색깔이 되어서
처리할 건 처리하리

소속감들 닿아주고
유대감을 닿아주리
사사사사 문제이니
제사 제사 되어주리
유대감이 되어주리

웬만하면 약을 주리
해라야
웬만하면 약을 주리
죄다먹엇다니 요 입을 어찌할 꼬
에헤이 죄다 먹엇다니 고고쯤
고양이를 풀어주리
높은 곳에서 양의 마음 풀어내는
고양을 보내주마

음 이잎을 어찌할꼬
음 저 악을 어찌할꼬
음 그래
악은 악으로 돌리자
음하고 악을 생각하니
음악만 생각나네
그래 음악으로 돌리자

악스럽게 물엇다니
악악악악 음악되리
악스럽게 물엇다니
소리를 닿아주어
음악소리 되게 하리

악쓰고 울지도 못햇나니
악악 쓰는 음악되리
악쓰고 울지도 못햇나니
높은데서 울어대는
고음되어 악악 대리

봐 입을 바르르 떨잖아
바르르 떠는 입술
바이브레이션 되게 하리

죄 아 너
죄를 보고 놀랏다니
죄아노를 치게 하리
죄하다가 죄됏다니
죄아노가 되어주리
죄를 보고 놀랏다니
죄아노를 치게 하리
꿍꽝꿍꽝 꿍꽝꿍꽝
죄아노가 되어주리

놀랫구나 놀랫다니
노래로 바꿔주리
클랏어 클랏어 클랏어
클라식이 되게하리

다같이 동요되어
똑같이 그랫다니
동요되어 들려주리

다같이 동화되어
이 잎이 멈추도록
동화되어 들려주리

맨손으로 시작하리
울렁울렁 가슴 누르고
독을 독을 해결하리

속담으로 시작하리
지는 거이 이기는 겨
속담으로 시작하리
속샥속샥 속삭이며
속담으로 시작하리

두리번 두리번 두리번 두리번
목을 닿아 살피게 하리
목에다가 숨 넣어서
두리번 두리번 두리번 두리번
목을 닿아 살게하리
목에다가 숨을 넣어

목숨 되어 오게 하리
술자술자 술자자리

사자자리 되엇구나
슬자 슬자 슬들이
모두다 사라졋어
사자사자 사자자리
모두다 보내주마
12지간 동물 되어
모두다 쥐고 가리
사를 놀려 강아지 되고
모두 다 쥐고 가리
누님 누님 느님되어
모두 다 쥐고 가리

누님 누님 주님되어
모두다 정을 주리
누님누님 느님 되어
모두 다 헤아리리

그게 아니라 변명하면
재잔 재잔 하여주리
귀를 빼자 귀를 빼서
헤헤 하하 웃게하자
귀를 빼자 귀를 빼서
웃게 하면 다 된거야
미운 놈들 알려야지
원래는 소(小)엿다고
다시 소가 되노라고
미소되어 알리리라
웃으면 다 된 거야

갈치 갈치 갈켜야지
갈치 갈치 가르키자
하엿나이다 하엿나이다
하엿나이다로 시작하자
존경하는 사람 되게
존대어로 시작하자

누님 누님 주님 되어
용서를 가르키자
누님 누님 느님되어
용서를 가르키자
우리 모두 용이엇고
우리 모두 서잇을 때
그때 원한 시작이다
용서를 가르키자
용서를 하게하자

물에다가 감정 섞어
색깔이 되어주리
물에다가 감정섞어
물감이 되어주리
너랑나랑 놀앗잖아
노랑이 되어주리

앨로 우리 왓엇다고
옐루우가 되어주리
애랑 우리 왓노라고
옐루우가 되어주리

물에다가 감정섞어
빨강물이 되어주리
빨랑빨랑 지나가자
빨강색이 되어주리
피하느라 빨개졋다
빨강색이 되어주리

파랑파랑 퍼지거라
파랑색이 되어주리

봐라봐라 슬프잖아
보라색이 되어주리
봐라봐라 예쁘잖아
보랏빛이 되어주리

초롱초롱 살아나라
초록색이 되어주리
분한 것은 누르거라
분홍색이 되어주리

하늘하늘 날앗엇다
하늘색이 되어주리
하향하양 내려왓다
하양색이 되어주리

우리 모두 꺼먹눈이었다
꺼멍색이 되어주리
땅을 치고 통곡했다
땅색이 되어주리

우리 모두 주인이고 황제 된다
주황색이 되어주리

실에다가 둘둘 감아
실패를 풀어야지
더 이상은 실패 없다
실패를 풀어야지
실패에 실을 풀어

연을 띄워 올려야지
이년저년 다 만나게
연을 띄워 올려야지

우리 모두 용이었고
우리 모두 서있을 때
그때 원한 시작이다
이제 그만 용서하자

우리 모두 주인이고 황제이다
주황색이 되어주라
살살살살 살구하라
살구색이 되어주라

세 개의 도장을 가지고 내려가리
하늘도 땅도 인(人)도 도의 장을 이루게 하리

수를 내고 말겠어
정수로 나갔더니 실수만 연발이야 실수를 내야겠어
실수 갖고도 안 된다 허수마저 내야겠어

미운 행실에 토 달고 나와 콘 이루려 했던 일 뿐이나 드리눕게 하 아
미토콘드리아 내 안에 품고가자

우리를 주라 주라 삼킨이 한 몸에 품어
소우주 성 되는 거야

모든 걸 기억하니 그 울분을 참지 못하네
안 되겠다 안되겠어

아벨과 카인을 뒤로하고
삼신 되어 따라 나서는 셋이 되어 나가자

세 상으로 나누어 끌고 가자
기억 덮고 몸을 모으는 이
다 알고 있으며 아래서 도와주는 하느님
밖에서 이 모두를 도와주는 하느님

소우주 성이 된 뒤 도의 장을 다스려
소현성(小賢城) 되면 기억 연결하게 하리

악을 행해 악의 많을 잃삼으니 많을 끊은 뒤 소현성되면 다시 하나되게하리

데자부를 만들자 기억을 덜고 데구 자부는 거야
아담 되어 내려가마
아 담에 안 그렇게 다시는 물로 심판하지 않으리 아담 되어 내려가리
갈 때는 비가 되어 내려간다 갈비뼈를 내어주마

아프로디테 되어주리
이 아픈 일 앎으로는 디테일하게 테두리 둘러 해결하리

먹을 것이 부족햇음이야
순둥이 보이세이 먹을 것이 부족하니 화가 올라왓어
네발다리 벗을 보면 울화통이 치밀어 화풀이를 하엿지
그러나 잘 앓아두시게 절대 입에 대지는 않앗다네

그래 그렇다면 먹을 것을 왕창 챙겨보리
충분하지 않으니 식초가 되엇다 술이 되어가
그런 속도 모르고 설(雪)탕 날렷어
손가락 마디 마디 안 아픈 손가락이 없네그려

이를 위해 내 오른 발 내밀으리
모은 몸 터져 씨가 되엇으니 씨앗으로 올리리
이 내 몸 다 비우고 왓으니 비가 되어 내려가리
내 비가 되어 태를 가지고 내려가리
이 순수한 신 비가 되어 내려가리
신비 되어 내려가마

맥의 반은 서로 가다 박혓어야 계속 이어져 내려오는 난리 치르는 전쟁 통에
맥반석 계란 되엇구나

이 딸기는 기는
산에 맥을 잡아 산을 타고 내려가 딸리는 기 채우리
산타 되어 가는 거야
많은 풀이 되어 주리
초록 옷 챙겨 입고 아예 바닥에 들어 누우리
딴딴한 땅 큼지마한 초록 신 신고 성큼 성큼 지구가리

소(삼신)들이 이룬 몸 황 되게 하고 죄다 먹어 죄가 되엇어
내 쥐가 되어 내 몸 내어주고 다 쥐고 가리

그래 그래 내가 가마 환(煥)단 고기 되어가마

받아 이거 조다 세상에 이거 던지마
바다 되고 조세이돈 되는 거야
죄는 잠시 쉬 조용해라(f i s h)
내 살 발라 던져주마
인어 공주 되어주마
살아있는 선행 생선(生善) 내어주마
쓰린 속을 움켜쥐며 삼신 오 메고가리 오메가 쓰리 풀어주마
인어(人語) 되어 이내 몸 내어주고 이 내 마음 전하리

업에 따라 다른 옷의 몸을 받고
다른 모양 육신의 입에 대리

단백이 입성에 몸 안 혈투 채혈중이 일어나
불에 기를 스러져 입성하게 하는 거야
불국사를 지어 끌고 가다 이 불을 덮게 하리
불로 심판 하며 지나가리

죄하느라 죄똥 싸가지고 나와서 스러지니
흑흑 울며 목숨 내놓는 화도(火道)의 불길을 지나 죄를 순하게 하여 대어주마
죄로 조물조물 무쳐주마
죄조물이 되게 끄름 죄순대 내어주마
보복도 높게 되고 죄의 전쟁도 높게 되리
던지던 돌도 내려놓게 되리

너희 가운데 죄 없는 자가 먼저 저 여자에게 돌을 던져라 요한복음 8장 7절

꿀벌 되어 지나가리
벌과 할 일 가르침 주며 스러지고 지나가리

성을 준비하는 동안 살아있는 영에게 이 내 몸 훈제오리 내어주마
가르치고 건너오는 훈제(訓濟)오리 되어주마

맛으로 이어 가리
신이 기억 덮인 자를 지나 내려오는 구나 고소한 맛
칠레 칠래 했던 감자(監玆) 뿌리를 캐낼 수 있음이로다 파근파근한 감자
누가 눈물 흘리며 이리 저리 우수수 떨어지며 왔다나 구수한 맛 누룽지
화끈한 맛 화 불 길 따끔따끔 화끈하다이
뜨거운 불길 신들 신발 잃어가며
원을 이루려 하는 일이로다 뜨거운 국 시원하다
먹고 죽은 귀신 때깔도 좋다는 때가 껴서 까인다는 뜻임을 알게되리

병과 그에 맞는 한약재는 참회하시게 황 되어 오르게 금지할 일 하는 구나
그 상황에 벌과 가르침의 황금 상황버섯내리

아침 이슬에 고기 잡고 놀다 점심되면 고기 사라지니
점이 뭔지 지방이 저의 방 삼신 방인 줄 알게 되리

왼발마저 내밀으리
부처 지는 방법 인도하리
몸을 모으다 사라져 이리 흐르는 게 뭐다냐
내 온몸 사리내리
작아 보일수록 영은 하늘과 하나이다 살생 하지마라 알려주리

공들여 만든 몸 공짜루 삼켜 모아 놓은 바닥에서 미꾸리로 나가게 하다니
내 공자로 내려가 논어 내리
너랑 나랑 노자 노자 놀다가 그게 뭔고 노자 되어 내려가리
눈을 막고 내려가리 맹자 되어 내려가리

성스럽게 모으고 모아 겸손 되어 나가라
엠마누엘은 엠마누엘로 누르리
성모마리아를 통해 성스러운 성령으로 내리리
에(殪)로 스러지니 예를 지키는 수를 내야한다 예수의 길 걸으라
심(心)들여 모은 몸 사라지게 한 일 십자가 지고 따라와라 예수의 길 안내하리

예 알겠수 공정의 왕 예수되면
이 삼신 동방박사 되어 몰약을 넘겨주리
이리 다 덮어 셋으로 나누어 운영해야 햇음은 거꾸로만 가는 청개구리 녀석들
엄니 물에 떠내려가게 한 체좌르데아 복수 때문이라
모르는 게 약이라 그랫니라 이 몰약 넘겨 알려주리

태를 내고 배에서 내려 스러짐이 왔음이니
태를 가지고 뱃속으로 들어가자꾸나
태백이로다
성탄절로 가야겠네
절로 성을 타는 성탄절로 가는 거야

눈물 흘리며 내려가도 일어나게 하련다 유일신이 되어주마
위에서 당겨주고 아래에서 받쳐주는 하느님이 되어주마

눈물 흘리며 대준다 유대교도 되어주리
그리 서로 가다 스러진다 도를 지키라 그리스도 되어주고
잇을라고 왓다 막혓구나 하늘에서 내려와 메시가 들려 이리 되엇는고
이슬람교 마호메트 되어주마

김이 되어 올라온 이 대자로 스러진 거 신의 아비 되어 건진다
김대건신부 되어주리

여우같은 꾀를 내 호락호락 하지 않았음의 증거를 내어놓고
제대로 된 인간되어 전쟁 사라지게 하련다 여호와증인 되어주마
모든 원자 편안하게 안식(安食)하여 삼신들 육신되어 일어나라 삼육재단 되어주마
스러진 이 위로하며 스러지는 스위스 시계 손목에 차고 가리
신의 손을 다는 사람 될 시 목숨이 시계에 나타낫다 사라져하는
스위스 손목시계차고 가리

열두시가 지나면 뚜껑 덮고 관 돌리리
관도라 상자에 고시란히 다 집어옇고 희망만 꺼내게 되리
히프로(路)스 잠을 재워주리
히 하고 웃게 되며 슬픔은 스스르 사라지리
생과 사를 넘나들며 잠을 자며 세월 속에 망각하리
꿈을 드림(臨林 d r e a m)니다 기억 덮고 드러누워 잇는 동안
배로 눈물 흘리며 열두 사제 숲을 생각하네

하늘에서 내려온 벗들 어느 새 양쪽으로 갈라선 내 아들 되어잇네
한 몸에 묶어 미트콘트리아 품고 오래
갑작스레 딸 미래 데리고 나타난 어머니 교회 되어주마

금지할 걸 금지하지 않아 이 난리가 낫다 금란교회 되어주마

이도(道) 저도(道) 다 쌓으라 증산도로 내려가리
그리고 보앗으니 아비가 되엇다가 부탁 하는 보부상 두령 되어주마

종해를 열기 위해 종어삼합 막걸리 내어주리
하늘의 마음 되어 살아가게 하기 위해
하늘의 말을 품느라 썩어지며
못된짓을 기어다니는
김으로 감싸며 다스려
무엇이나 말에 걸려 셋으로 갈라진 세상
다시 합의되어 다시 원되게 하리
입을 타고 들어간 그 모든 것은 종어삼합 되게 하리

하늘 하늘이 하느님들 코로 스며들어 모난 것
스스로 일어나 질서 잡도록 도우리 코스모스 하리

이 모두를 알게 되면 감사하며 통탄하리
먹먹한 이 내 가슴 먹물 풀어 문을 열리

신나라 신나 삼신 호호 꼬불 할매가 되엇다가
어느새 마부가 되엇어(馬父 말 언어로 신호를 보내는 아비)

어성 어성 걸어보려 다리를 꺼냇는 디

내 그리 소중히 하는
보배 기 돌이 붙엇어
밑을 내려다 보니 피라 뚝뚝
이러언 피라미드
미트콘드리아 박혀잇어

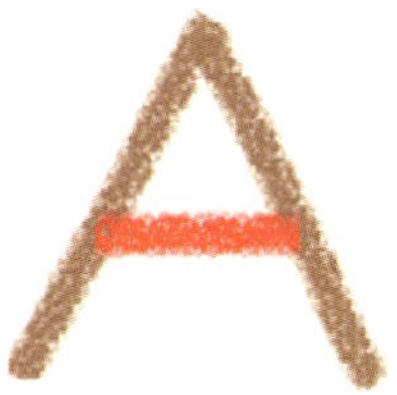

밑에 고인 핏덩어리
이리 들어 올렷더니
애를 잔뜩 패버린
에(恚)펠 탑이 되잇어

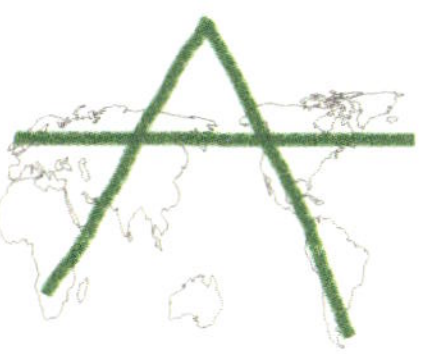

갈기 갈기
갈갈기
내 가슴 찢겻어

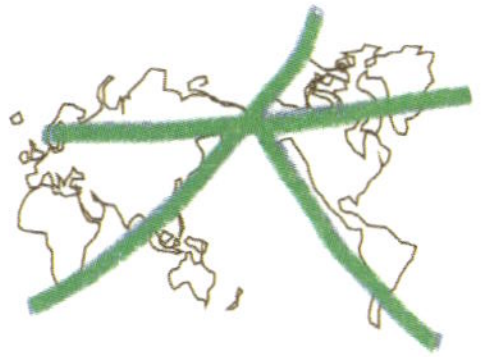

알로 파고 나가
칼같이 숨어들어 멸치(滅治) 되엇네
알을 이루어 몸 밖으로 나갓지만
다다다 먹어 치고 대자로 스러졋네

몸을 모으고 서보기는 하엿어
아노말로 카리스를 사작으로 보라 키로왓다도 모아봣고
앞머리 없는 호모 하빌리스 머리와 손도 챙겨줫지
이리 세 번 용인하엿지만 실망하여
보이세이와 홍산을 열엇으나 이도 다 스러지고 말앗어

동으로 간이도 스러지고
서로 간이도 스러지고 다 피를 흘렷지
미트콘트리아 피하여 다 타고 나갓어
알로 타고 나갓음은
이 모든 걸 피가 불러들인 거야(blood)

피하느라 타고 나가 다 굶아 스러진
이 피타고라스 정리 해야겟어

알로 빠져 나가 연결된 고리 중말
이 알고리즘에서 빠져 나와야겟어
이 일 마무리 지어야 겟어

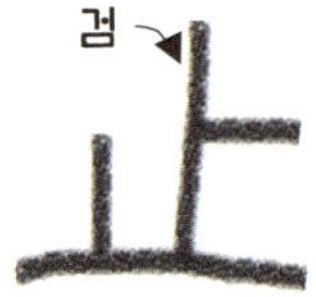

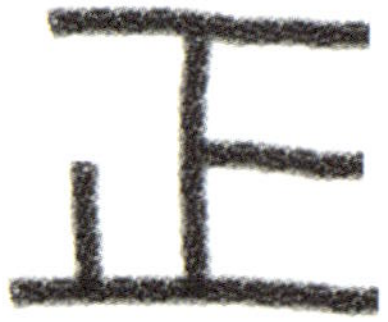

서로 가서 미웁게 서는 이 때문에
검을 박고 벽을 세워 동으로 갓지만
동으로 간이도 다 스러졋어
이를 그치게 해야겟어
나 온전히 내어주어
이를 다 덮고 정말 바르게 가게 하겟어

아 나 미웁게 서서 추워지게 하는 미선이
배추도사 때문에
무엇이나 내어주며 머리 쓰는
무도사 머털도사 해야하게 생겻어

동으로만
직진하는 순한
동그리 재

주라 주라에
내 몸 내어주고도
성을 보호해야 해
의리에
한쪽 눈 멀어
그대로 얼음골에
박혀 잇는 이

동에서 남으로
돌아서며
예의 없이
각을 내고 절로 가
달을 마중
나오게 한 도사들

육신 되어 이리 오는 길
홍에 붕 떠올라
어 나야 나 남
나만 챙기고
금지된 일 밀고 나가
피 흘리며 꿈을 잃고
다들 바닥에 박히게 한
이리저리 헤매인
왈가닥 금순이

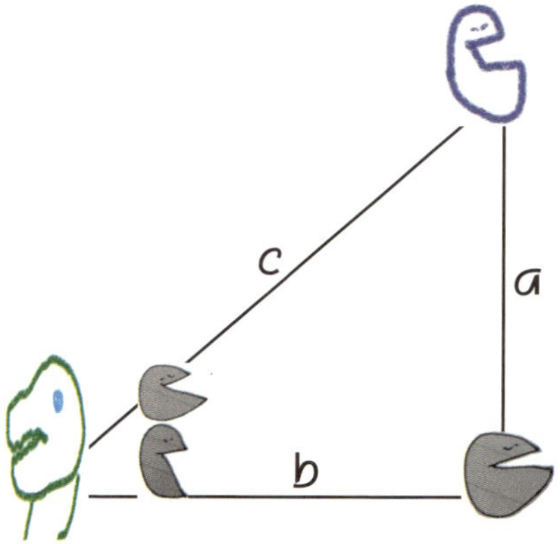

싸인 업이 너무 많아
서로 보복만을 일삼으니
타고 나왓던 죄가 된 일로
몸을 이루는 자는
기억은 덮어 틀어야 하는
탄젠트 길을 지나야 하니
죄 없는 자가
코로 들어가
싸인보내며 받쳐주어
인(人)되어 오게 하는 거지

$c = \sqrt{a^2 + b^2}$

씨다 터져 나간 걸 해결 하려면
루트ㄹ 이러구 다니며 복수하여 ㅜ 울게 하는 일을 다
틀어 잇게 해야 하니 서로 간 아픈 뿌리의 기억을 덮구
미트 콘드리아 입성해야하니 몸 안에서 혈투가 일어나
해서 불로 쪼그려 입성하게 해야 해
에이 실망 그럼 이도 저도 다 불에 데이구
스러져서 몸 안으로 건너 들어가제 그럼 기가 없어
a 곱으로 입장해야 함이야
밑에서 받쳐주는 걸 곱으로 늘여 일단 **b** 배를 채워야 겠어

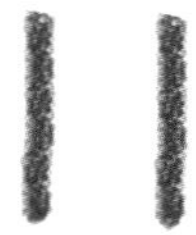

II

동으로 가서 섰던
서로가 섰던 에(噫)를 가지구 잇어
복수를 하니 안 되겠어

N

매우 화난 걸 잘 풀려면(Plum)
천안(天眼) 흐드(하늘의 머리) 막구
푸푸한 자드 되어(푸 하구 웃는 이) 살아야 하니
스스로 생각하는 머리 자드(自頭) 따로 되어야 하니
생명의 눈만 가지구 내려온 후

∩ 아치형

소리를 밖으로 낼 수 있는 몸이 되면
아 기억 치운 형(形) 되어 살아 있는 등대 되어주는거야
그렇게 에를 눈으로 바꾼 왕왕 거리며 이 땅을 다 덮은 이

S

서로 가며 에(恚)로 쓰러트린 이
이 둘이 사귀는(사라지는 이유 귀 기울이며) 거야
서로 협공하여 모성애 어미 되구
부성애 아비 되어 생명으로 이어 가는 거지

그렇게 둘씩 짝을 지어 내보내는 거야
뽈난 소리 뽀우 소리 내서 수 지킬 수 잇게 하는 거야
둘이 같이 부우 소리 내니 부부라 이름 지어주구
둘이 한 몸 되는 거야

그렇게 둘씩 짝을 짓구
땅바닥에 칼을 죽죽 그어
부족으로 짝을 짓구 민족으로 짝을 짓구 국가로 짝을 지어 수를 내구
같이 눈을 보구 자라 서로 몸을 먹지 않게 되면

죽죽 그어 국가로 수를 낸 칼국수(國手)는 이 칼국시 한 사발 삼키어 끝내구
그렇게 짝짓기 놀이부터 시작해야지 어저겠어
그리 둘씩 둘씩 구원이 이르게 하는 거지

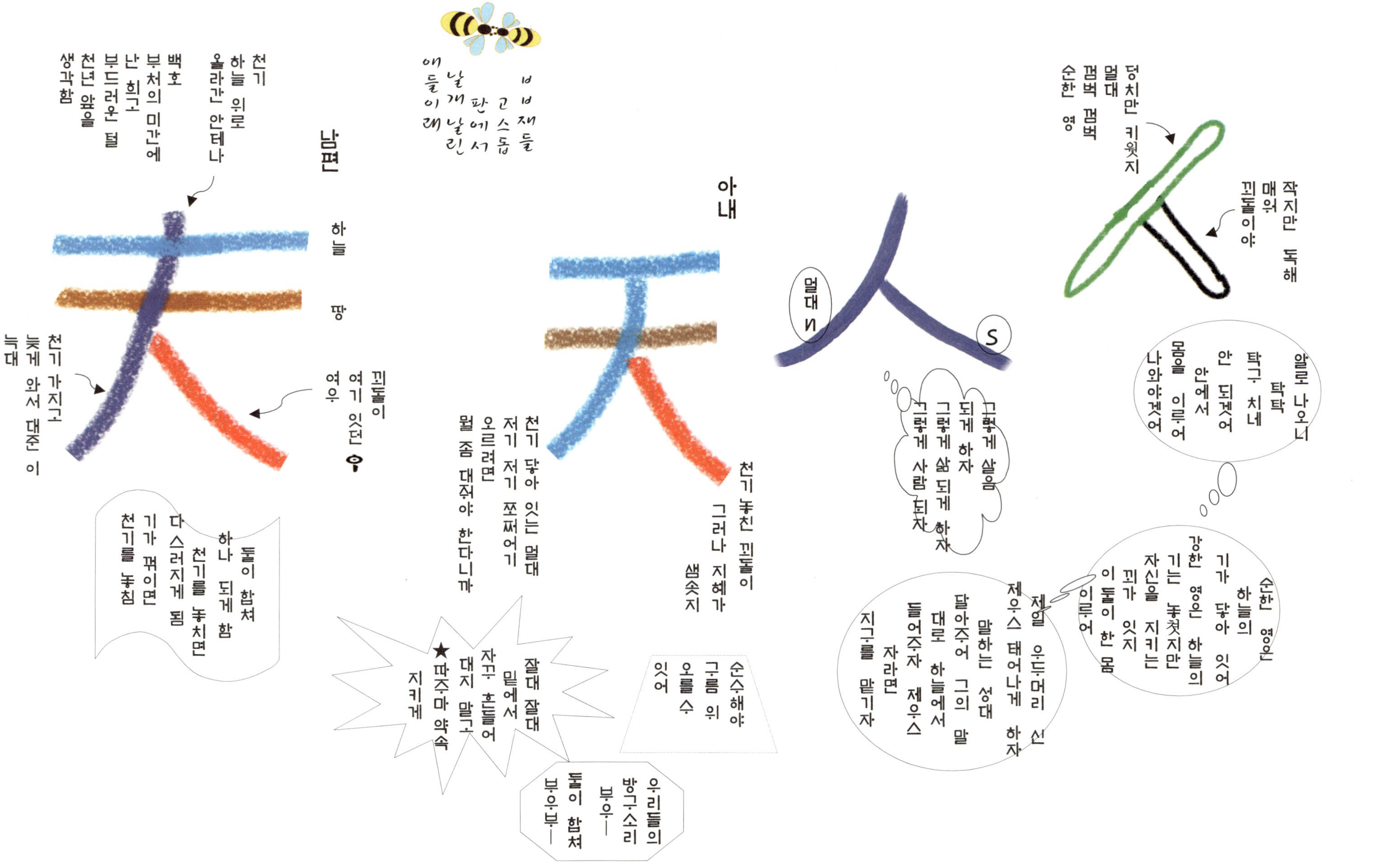
작지만 독해
매워
꾀돌이야
덩치만 키웠지
멀대
껌벅 껌벅
순한 영
알로 나오니
탁탁
탁구 치네
안 되겠어
안에서
몸을 이루어
나와야겠어
순한 영은
하늘의
기가 닿아 있어
강한 영은 하늘의
기는 놓쳤지만
자신을 지키는
꾀가 있지
이 둘이 한 몸
이루어
제일 우두머리 신
제우스 태어나게 하자
말하는 성대
달아주어 그의 말
대로 하늘에서
들어주자 제우스
자라면
지구를 맡기자
그렇게 살음
되게 하자
그렇게 삶 되게 하자
그렇게 사람 되자
멀대 N
S
아내
천기 놓친 꾀돌이
그러나 지혜가
샘솟지
순수해야
구름 위
오를 수
있어
우리들의
방구소리
부우—
둘이 합쳐
부우부—
잘대 잘대
밑에서
자꾸 흔들어
대지 말구
★따주마 약속
지키게
천기 닿아 있는 멀대
저기 저기 쪼꺼어기
오르려면
뭘 좀 대줘야 한다니까
ㅂㅂ 재들
고스돕
판에서
날개 날린
애들이래
남편
하늘
땅
꾀돌이
여기 있던 ♀
여우
천기
하늘 위로
올라간 안테나
백호
부처의 미간에
난 희구
부드러운 털
천년 앎을
생각함
천기 가지고
늦게 와서 대준 이
늑대
둘이 합쳐
하나 되게 함
천기를 놓치면
다 스러지게 됨
기가 꺾이면
천기를 놓침

동그란 마음 동그란 영이었지

약은 체 알로 따고 나오느라 타원형이 되었어

그러나 뿔뿔이 흩어져 다 스러지고 말았지
다시 일으켜 세워 손과 머리 달아주고 안에 있는 영들의
소리 막기 위해 막을 치고 하 틀었으나 보복만 일삼아

다 덮고 생명의 씨앗 되어 처음부터 다시 시작해야겠어

역지사지 역으로 지를 지식고 저자신 지구 우주를
바라보아 숨이 하나로 연결되는 것이
세상의 기라는 걸 알게 되면
다시는 사라지지 않게

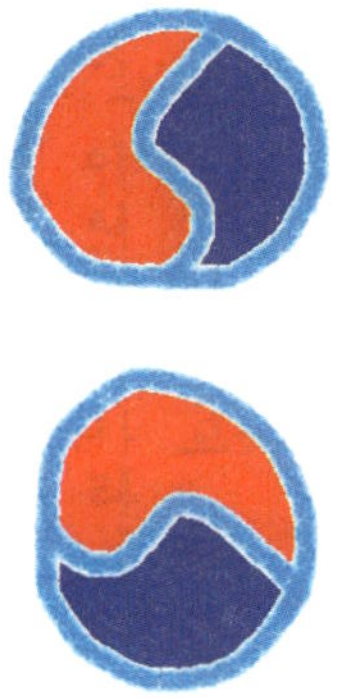

서로 서로 모든 원자 존중하는
받쳐주고 당겨주는 하느님 되어
온 누리 혼연일치 하나
태극으로 원을 이루는 거지

겁 없이 내려온 이 무모한 도전에서 죄를 많이 흘렸어
그러나 삶을 모으고 걷기는 하였으니
무모한 도전에서 무한한 도전의 길 걸어보리
태를 내고 타고 가는 태호 지나가리
이길 지나며 둘씩 둘씩 구원에 이르게 하리
다 살아나게 하리

울며 가더라도 남을 먼저 챙기는 양의 마음 주가 되면 다 살아나리
더불어 모든 아이 두발로 걷게 되리 (w i n 윈 우린)
이제 지구에 내려온 모든 영 원주울 이루는 날까지 돌고 돌는 돌고래 됨을 막지 못하리 물이 되었다 식물이 되었다 미물되었다 동물이 되었다 돌고 도는 돌고래 되리
지구에서 비우고 스러졌으니 비가 되어 기는 걸로 시작하여 서게 되리

피를 타고 나갓다고라 그래 다 스러졋다고라 피타고라스구머이
그래 피라미트 뎃다고라아 고람 피라미트를 피라미트로 덮어야 쓰것구먼

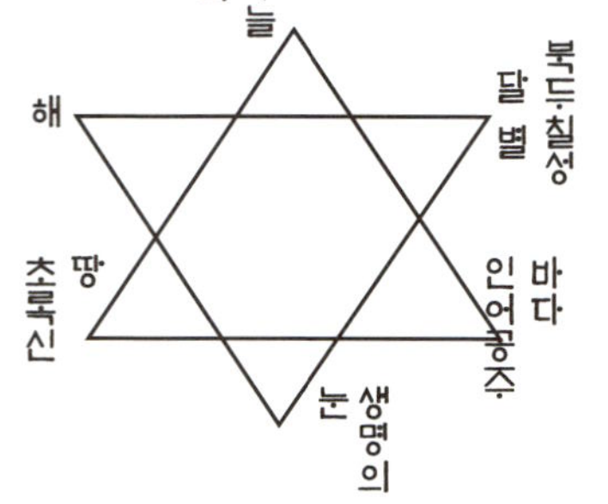

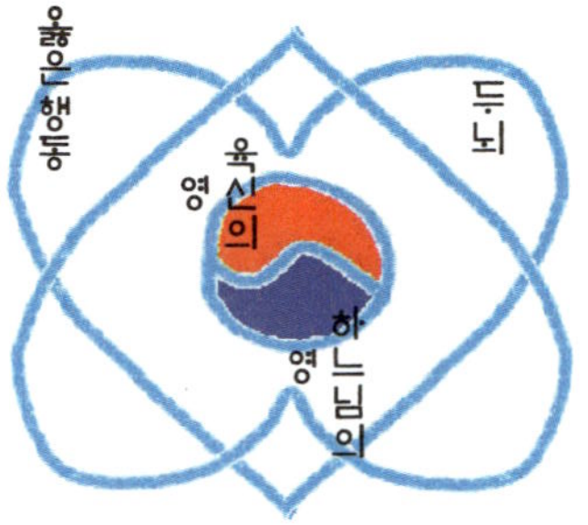

하늘에서
복수의 숭한 마음 누르고
헤아리고 보살피며
도를 이루는 천도복숭아(我)
생명의 눈
하느님의 영 내 안에서 남의 편을 먼저
생각하는 내 안의 남편 양심의 참 나

생명의 눈으로
사람 되게 하는 거야
스러진 너 울며 맨들어 내려온다 스노우맨
뱃속에 잇는 얼 얼굴에 올라타고
내가 염(念)하여 내밑은 짤 쇄골에 올라
짤자타고 돌아오는 거지
짤을 쭉쭉 내밀어 짤짤하게 살아나라
무한계도의 길 내어준다

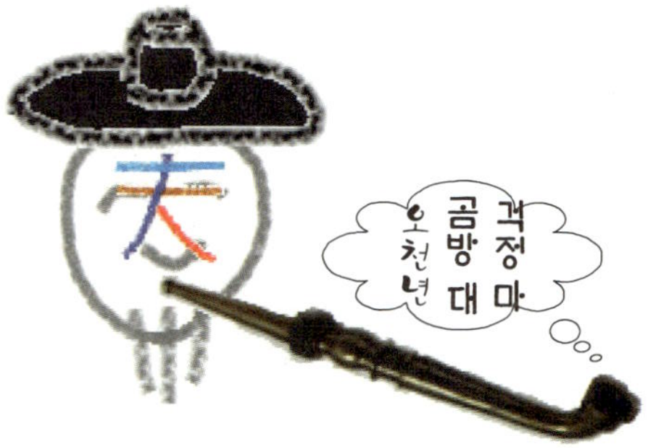

먹색 갓을 쓰니 우리 모두 삼신이지
모시가 적이란 말이냐
모시적삼이나 해 입고
거문고에(居聞鼓 기억을 덮고 가르침으로 맥을 이어감)
가야금 뜯자(가서 야금야금 조금씩 가르침)
반석(반반하게 밑받침)을 깔아 놓고
모세 데리고 오자
모나게 구는 친구들도 다 세상 위로 끌어 올리리

지나간 얼 은 두부(頭部)김치로 이어가자
머리를 닿고 거느리되 부고장 돌리며 빙빙 돌아 와야 하니
하늘에서 두부머리 감싸고 기를 보내 그동안의 잇엇던 일 반복 재연하자
강도를 약하게 희석하며 눈에는 콩깍지를 쓰고

하나하면 할머니가 지팡이 짚구서(뒤에서 받쳐 주는 일 버거워) 잘잘잘
두울 하면 두부장수 종을 친다구 잘잘잘 (머리는 달앗으나 기억 없는지라 개발 쇠발)
셋하면 세엣이서(삼신마음 되어) 일구어 보겟다구 잘잘잘

하느님께서 그 대신 다른 자식 하나를 나에게 세워 주셨구나 하면서 그 이름을 셋이라 하였다 창세기 4 : 25

네엣하면 냇가에서(자연으로 돌아감) 물장구친다구 잘잘잘
다섯하면 다 설테니 정말 잘 될 거야 잘잘잘

타타타 공용시절 용자(龍子)의 업보대로 타타타를 내는 거야
팔자타고 나와 성을 타고 얼에 타오르는 시계에 들어 말을(언어) 타고 달리자
수타(手打)의 시계(視界)를 도는 거야

좌우로 날개 달고 선과 악을 스스로 선택해야하네
수타면을 치다(묘수를 냄) 보면 짜잔하고 가닥가닥 올바른 장이 열리게 되어잇어

그때까지는 시계를 돌다 낙오자 되면 들 숨 쉬며
간장에서 된장(된사람) 뜰 때까지 몸을 내어주기로 하자
몸을 이루고 내려 간 자 해독(解讀) 능력 잇음의 간장이로다

낙오하지 않은 자는 다음에 다시 간장 되어 8자타고 생년월일 월 시로 명을 받아 내려가
자 밑져야 본전이다 안 되면 본디 땅으로 내려가 전부 흙이 되어 붙는 거야

아 오른쪽 날개 되어 건지는 게 모이리 어렵다냐
사이에 낑겨 잇는 미쁜 우리 새끼들

당장(黨長) 이빨부터 바꾸어야 하게 생겻어
젓니 젓지 이제는 스르르 지지 않을래 앞서 내보낸 젓니는 빠지고
사사로운 일에는 스르르 져주고 정의 구현에는 지지 않겟어

어 금지해야할 결심이 잇음으니 어금니 달고 사랑을 해야 하니 사랑니 달고
괴롭지만 기억을 덮고 서로 서로의 몸에 잠시 입을 대자 송곳같이 날카로운 이빨 달고
둘씩 둘씩 팔자를 나고 갑순이 갑돌이 되어 올라오는 거야

갑순이와 갑돌이가 한마을에 살앗더래유
둘이는 서로 서로 사랑을 햇드래유
두울이는 한 몸을 이뤗드래듀

갑순이 갑돌이 기억을 덥고 압력을 행사할 수 잇는
또한 하늘의 압력을 받아야 하는 여성 남성 되어 돌아온 순수한 신들

겹친 날개 잠자리 부엉이 눈 하자 360 도(道)를 지켜 우리 전체 하나되자

원앙새(원래의 앙숙) 두 날개 찾아 잠자리에서 매자
벗을 치고나간 이 마디마디 억겁의 업
칠흑 같은 밤이 오면 이 불을 덮게 하자
하트를 맞추고 다시 원을 그려내어
바닥에 박히는 기가 찬 일들을 멈추게 하자

원앙새 합의 하지 못하면 원앙새로 돌아서고
서로 서로 양보하고 주위를 헤아리면 이 땅 천국에 자리 잡는 거야

베를 짜다 드러눕곤 하게 했던 일 풀라
이제(bed dragonfly)
스리슬쩍 스슬리 죄하게 되리(sleep)
긴 수염(首念)고래 되어 왔으니
이제 짝은 잃어버리지 말자
잠자리로 꽉 묶어 오리
빙빙 돌아와 ㄹ네 인제보우
무진장 많이 지웟개
다 뭉치고 치대 수제비 꿀꺽 삼켰지

사를 모으다 비어진 일 사루비아 꽃을 내리
짝자에 맞는 연의 수를 놓으며 야금야금 걸어가자 봉산 탈(脫)춤을 추자
드러눕게 했지만 이라 고 눈물의 큐 사인하며 키울라네
저 아가씨 시간되면 커피한잔
치마아는 쫌 발목께정 개려어 내 온 몸 국립과학연구소랑께
코로 들어가 하는 거잉까 이번엔 잘 풀라겐 쿨라겐 유토피아 이루자
이차방정식으로 풀어 내리

$D=b^2-4ac$

a줄로 모은 이 c씨 터져 4사라지지 않게
보이는 모든 걸 b^2 곱으로 내 D배를 두둑이 채워주리
이리 발로 차 다 빠져 나가 사라지게 한 일
정식으로 사과하라 이차 방정식 내어주리

각기 다른 짐 놓으리
특산품 지역명과 어우러져 주시는 가르침
어때 대구 입을 대 미인들 따로 따로 조각 내 나가 따로국밥 되게 하노
사과하라 대구 미인 따로국밥 사과내자

하늘서 내려온 나 모두는 주인장이며 한 배를 타고 잇니라 나주배
무등(無等) 되어야 모두 살기에 잠시 등대 되어주려 수를 박았다 무등산 수박
돌 때문에 돌게 된 일 들고 치던 돌도 놓게 되리

봉산 탈춤의 연 사리에 맞게 하여 문을 닫으면 내세에 좋은 연 되어 오리
사리에 맞지 않게 문을 쾅 닫으면 강한 연되어 올라옴을 알게 사리 곰탕면 내어주리
내 내어준 것처럼 흘린 생명 다시 올려 좋은 부모 되어주리

옴좌로(路)스
올라온 좌대로 양 끝에서 날려 서봣던이 선녀는 성스러운 기를 꺼내 생명의 눈 되어
나가고 서로 서려다 스러진 이 스스로 신비의 궁을 품어 소우주 세계의 중심에서
만나는 하는 거야 그렇게 태(胎)를 뚫고 생명으로 이어가자

둘이 둘이

마음을 다스리며
하늘 향해 합체하면
보라 보라 슬프지만
아름답지 않니
보랏빛을 찾음이고

합체 하지 아니하고
너 잘랐다 나 잘랐다
서로 저쪽으로 가면
절로 가는 거지

그렇게 시간을 돌리는 거야
시간이 되면 반대의 상황 되는 거지

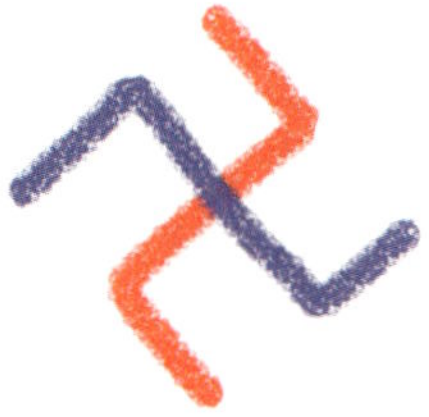

땅에서 올라온 자
나 치사하게 돌아와야 했다 생명의 눈이 되고
동그리 한 자 스스로 궁을 품고
누구에게나 공평해야 하니

그렇게 왕자님 되어 잠자는 숲속 공주에게 입맞춤 하러 오시네유
라텍스로 숭숭 뚫린 구멍 (ㄹ나만 챙기고 테두리 둘러 나가 다 스러지게 한 일)
연근의 뿌리 되어 올라옴이어유

델조이 이델조
이자를 델구왔다 조데기에 싸서 이제 잘 꾸려봐라
결혼 결혼
겨뤄 겨뤄

결자해지 맺은 걸 풀어
커플이다 커플이야
커야 된다며 싸워댄 거 이제 그만 풀어
커플이다 커플이야
큐피트 화살 날려 다시 만나게 해주노니
지랄을 하든 여엄병을 하든 섬김을 하든 자알 꾸려
배꼽(옴팔로스) 통해 올라오는 새 생명 잘 보살펴라 하는 거야

큐 (코를 통해 내려왓규 큐 규 揆- 헤아리라)
피 를 흘려 스러진 뒤
트 들어서 올라오게 하엿다
큐피트 화살 날리는 거지
서로를 잘 공경하지 않고 2848 이판사판 싸워대면
내세에서도 계속 만나게 되는 거고
2844 이번 판에 사과하고 사랑하면
다음 생에 좋은 연으로 만나게 되는 거고
그 중좌로 연어를 내 저 태어난 곳을 정확히 찾아오게 하는 거야

옴파로스 옴팔로스
옴 온다 팔 을 타고 ㄹ 흔들흔들
스러져서 올라올 때 팔8자를 타고 올라온다

8 ∞ 무한괘도의 선에 오른다 업보대로 윤회를 한다

고뢔 고래 돌고래(돌고 돌아 그 자리 자리 돌아오래) 하며

육신을 세워야 하니 60조 삼신 세상 조위된 세포 되어 들어가자
그렇게 한 몸에 품어 가는 거야
기억을 덜고 내려가야 함에
기억 덜여 섭섭하다 눈썹 되자

전체 하나 되어 쓰던 하늘의 생각도 같이 담아 놓으니
감염되어 안 되겟어 반찬(反 贊)을 조금씩 담아야 겟어

각각에게 뭐가 문제인지 생각하는 삼신들 방을 두뇌
그래 두뇌에 재능을 조금씩 나누어 담자

그렇게 정지된 신 되어 머리 안에 머물러 잇자
북(book)을 극성맞게 읽고 해결할 수 잇는 북극성 되는 거지
뭐가 문제인지 가락 가락 이리 저리 생각할 때 점되어 뭉쳐짐은 머리카락
되어 나가자

같이 쓰던 동영의 머리 막으니 마이 이상하다
마이는 이마되어 전에 두고 두고 하엿던 엽기적인 일 전두엽 되어 막는 거지
과거는 망각하고 새로운 생각은 떠오르게 하는 거야

오 이제 올 때 머리(頭)는 따로 넣엇지만 하늘의 기를 막아야 하다니
아 오두막집 아인가
기래 좋다 기를 둘둘 말아 싸매고 소풍가자 오두막집으로

오두막집 명치 아래서 다스리자
영판 다르면 명치끝에서 체기를 내자

뱃속에 백두(頭)대감 되어 잇으며 뱃속 굴의 상황이 얼 되어 얼굴에 타오르게 하자
힘들다 좀 쉬자 화가 낫다 뾰루지 얼굴에 드러나게 하자
여기 드러누운 신 여름 되어 나가고자 한다 여드름을 올리자

몸을 키우고자 하는 욕심은 성장 판으로 막고
남성(城)은 뱃속으로
여성은 지방으로 들어가 축이 되자
덕행을 행하면 짱다리로 허뱢지 허벅지에
종을 치며 지나간 길 동째로 알고 잇다 종다리 알통에 들어잇고
저 손해 아랑곳 없이 뚝심잇게 쥼으면 짱뚝지에
전생에 쌓인 덕은 궁 뒤에 자기 방 지방 두는 거다
지방 군수로 잇다 유사시에 세게 묶은 셀을 풀어 기를 내자

아킬라서 복수를 자꾸해 등 되고 발 된 다음 엮이기 시작이니 복수는 복사
뼈로 굳혀 발목에 붙여놓고 맑은 마음으로 나가자

코로도 들어 날랏으니 들어올 때 털어낼 건 털어내고 들어가자
털이 되어 코밑에서 길을 내고 나섯으니 코밑에 인중내고
손을 닦아야 신의 몫을 나누어 할 수 잇다 손목뼈 닦아놓고

옷을 입으러 입안으로 들어갈시 삭일 건 삭이고 입장하자
침을 놓자 침이 되어

혀를 닿아 무언가 혀게 하자
말을 하여 일을 혀고 또한 오디 들어 오려고
오색 미운 맛을 닿아 썩음을 막게 혀자
오미자 다섯 미운자 신맛 쓴맛 단맛 매운맛 짠맛
신을 맛으로 누르다니 닿면 삼키고 쓰면 뱉고
매운맛을 보게 되리 눈물 짜게 하엿으니
이 어디서 들리는 소린 지 모르겟다
하늘 소리 안 들으니 귀가 막혓어 마귀 아닌가

내 밖에 잇는 이 귀히 여기라 귀를 밖으로 빼자

신의 손이 되어 스스로를 구해야 하니 엄(俺 나자신)지 손가락이 되어주고
사리사리 고사리 기억 덮고 지나가는 고사리 육신시절 검(劍)이 되어 찔럿던 일
봉함(검檢 봉함)이 풀어지면 중심 잡고 검(儉)소하니 살아야하니 중지되고 검지되고
가락가락 아픈 손가락 생채기 약을 발라야하니 약지 손가락 되어주고
한 몸에서 끼어 잇는 이 꺼내 생명 이어가야하니 새끼손가락 되어주고

몸 안으로 백두 열두 대감 오장과 육부 되어 들어가자
신들 마실와 모여잇는 방 신장은
안 된다 콩 뛰고 콩콩 콩콩콩
꽉 쥐고 먹엇다 팥팥 콩과 팥을 한 몸에 품자
폐할 것은 폐하고 고운 입자되어 공기 안에 스며들어 가자
성주 의미심장 생각하는 통 염(念)통하자

간장에 비장 담 소장 방광 심보에 삼초 등드리 등등 등등등 등대가 되는 거다
마지막으로 대장되어 검사하자 치사하게 단백질을 하엿는지 말앗는지

이리 생각하여 준비해도 여물통이 들어와야 해
니가 위다 위해라 위가 맞긴 하나 썩어짐을 못 이긴다
술술 썩어지면 위하 가다 술잔(盞) 부딪히면 위가 하다 위하여
삼신 원자님들 세조 되어 지방 잡을 때 심(心)이 육이 되니 방년(年) 16세로다

열두 대감 중 모자라는 하나는 헤아리며 책임감을 품으며 찾는 거다
스스로 열두 대감 입성한 소우주 완성 되어 가는 거다

성을 이루는 주가 되는 이 성주의 자의권이 중요하니 정히 갑갑하면 몸을 가로질
러 밖으로 나가자 피부를 따서 땀으로 나가고 뭉쳐진 영의 때는 때가되면 때로 나가고
비등비등하다 비듬으로 나가고

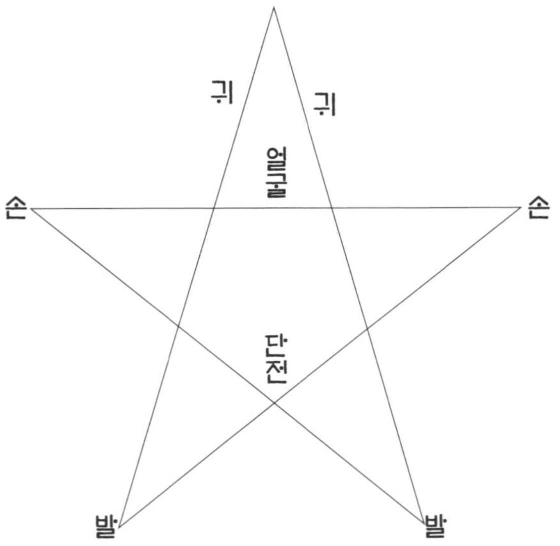

이리 몸을 만들고 이 순수한 신은 단전에
앉아 잇는거야

가정 먼저 몸이 이루어졋던 등 아래
단전에 앉아 등 다음으로 나온 발에
그리고 손과 귀 얼굴에 지혈 연결하여
뱃속 굴의 상황 얼에 올리고
기가 막히고 갑갑하면
침을 놓아 기를 풀자

몸이 자라 소리 내는 능력 되면
소리 밖으로 내는 마을
마음은 따로 내어주고

아래 앉아서 천천히 생각하고 올바르면 나 따라 나섬이요 그러하지 아니하면
발병(發病)을 내 깨닫고 고치면 풀어 주는 거지
방구하러 나온 이 다른 몸 안에 들어가 인이 자리 잡아 습성이 같아져
감염돼 단전에 앉아 방구에 귀를 닿자 방귀 되는 거야

험한 습성과 생각의 영이 방을 빠져 나올 때는 그에 맞는 냄새 품고 내
보내는 거야 피톤치드 피로 인해 토를 닿고 나옴을 치워야하니 산타고 곱디
곱게 일을 통과하여 나와서 연줄을 타고 타서 코로 통해 들어갈 시 사이에
끼어 새가 되어 들어간 내가 독함이 들어잇다 알리자

코를 막아 전염됨을 피하게 하는 거야 옳은 이는 무 냄새로 좋은 습성의 인이
다른 자에게 들어가 퍼져 나가게 하는 거야
카 예술이네 예술 아니 예술보다 한 수 위

잠든 뒤 신들의 동무대
하품을 내자 밤일 낮저 밤에는 몸 안에 계신 하느님들 듣듣 거리고 일하며 품어줄
차례 앓이마 스크린에 꿈 예지몽 선몽을 올리자
생활 방식이 영 여의치 않다 개꿈이라도 올리자
낮에는 몸을 이루는 성주 저가 움직일 차례

이리 보이지 않게 운영하며 돕는 거야
너와 내가 아닌 하나이기에

호흡이 낮으면 아니되네
깊은 호흡에 나 올라서네
카 인제 들어가네(kind)

이리 단전에 앉아서 위험시 아 우리 여기 잇어라
하늘에 아우라 신호를 보내 도움을 청하는 거지
공덕에 따라 아우라의 크기가 다름은 어쩔 수 없을지라도

우리 모두 행복해야하니
당연 사람에 국한 된 게 아니라 무엇이나 알고 잇는 무생물 포함이지
우리 모두 온 누리 한배이니
고쳐야 할 행적이 잇으면 먹고 싶은 음식으로 신호를 보내 가르침 내자

문제가 생기면 안에서 두드리며 기를 보내자
단백이 들어와서 곤란하여 두드린다 두드리기 일으키자
행동이 마이 이상하다 이마를 간질 간질
하늘이 감동이다 오른쪽 눈 비비적 비비적
차마 눈뜨고 볼 수가 없구나 왼쪽 눈 비비적 비비적

옳은 일 행함을 보앗다 오른쪽 허벅지 긁적긁적
외(外)로 가려 하는구나 왼쪽 허벅지 긁적긁적
뚝심잇게 줌엇다 오른쪽 잘뚝지 긁적긁적
왜 그리 이기적으로 줌니 왼쪽 잘뚝지 긁적긁적

ᄉᆞ람 손의 묶이다 왼쪽 손목 긁적긁적
하늘의 묶이다 오른손 긁적긁적 꿈 깨라 과하다 어깨에 뭉쳐잇자
올바른 기가 들어간다 오른쪽 겨드랑이 긁적긁적
왜 그리 생각하여 외로 기가 들어가게 하니 왼쪽 겨드랑이 긁적긁적
이상한 게 들어와 아 토나와 최하자 아토최 되어 둘기 둘기 나갈 준비
최부에 긁적 긁적 그리하면 외로 엮이리 왼쪽 옆구리 긁적 긁적
그리하면 밝은 연되어 올려지리 오른쪽 옆구리 긁적 긁적

무슨 일을 그리햇니 하늘에서 흉을 본다 왼쪽 귓구멍 간질 간질 잘햇다
하늘에서 감동한다 오른쪽 귓구멍 근질 근질
처음에는 간질 간질 못을아 들으면 나는 조도나무요 그대는 가지로다

나를 버리고 가시는 니이임은 십리도 못가 발병이 난다
다 알고 잇다 암이 되어 알리고

올로 올로 지나가는 이 모른 척 햇다 요실금 되어 알리고
당뇨 되어 알리고 혈압 올려 알리고
행적에 문제가 좀 잇어 무좀 되어 알리고
대장은 다 안다 대장암 되어 알리자
그래도 아니 되면 모르타 저승 잠을 재워놓고 하늘의 영은 떠나리

처음엔 몸을 이루지만 그 뒤로는 아주 작은 기 아기 되어 나가자
사이에 끼어 잇다 나가자
새로 생명 되어 나가야 할 신들의 방을 따로 두자
성의 기를 품는 방이 되고 스스로 궁을 품는 방이 되어
새로운 몸을 받아 내자

남을 챙기는 성의 기 되라 남성을 세움이고
타고 나오는 생명 겸손 되어 두 손으로 챙기라 여성을 세움이고
그렇게 잃어버리고 흘려버린 생명을 이어가는 소우주 성 되는 거다

콧속을 통하여 몸 안으로 갓더니 기가 막혀 지나갈 수 없으므로
밖으로 나가야 겟기에 몸에 사랑의 증표 하트 세 개 달고
그 중 하나 움막치고 그 안에 쭈그리고 앉아잇다
안테나가 올라가면 재빨리 움직인다유 숨 막혀 빨리 빠져 나와야 허니께

첫 번째 하트는 하늘 향해 열려있는 가슴의 하트요
두 번 째 하트는 남정네 검은 수풀 속에 움막치고 있다가
안테나 올라가면 수술대에 누워 기억 덮는 수술 침 챙기는
그고이 그 환장 하겠다 고환의 하트이며
여인네 몸에는 최고 신비의 궁전 하트이고
세 번째는 질펀한 빈대떡 신사가 달고 다닌다는 복숭아 엉덩이 하트랍니다

사랑 살을 모으다 이리 저리 헤맸다 이제 동그라미 ㅎ자

고환에서 챙긴 수술침은 말을 밖으로 내면 기억을 사라지게 함과 교환이니
이 힘든 일을 수용하면서까지 지나가는 이길 어찌 사랑으로 이으지 않겠는고
미트콘트리아로 벌어진 일들 미소로 돌아서게 함이 이리 힘든 일일진데
이제 그만 3초안에 결정 하시게(초심되어 본인이 삼신임을 인지)

심장에 잇는 영 할 일 잇어 납신다
지난 생에 다 풀지 못한 인연 연되어 만나지면 신호를 보내리다
두근두근(根) 두근두근(두고 온 뿌리 연결됏다 끊겻다 하며 이어옴)

값을 깎는 일도 악연 중 악연이라 다음 생애에 연으로 연결되네

싼거 싼거 싼싼거 찾는 덕에 모든 공사 날림공사 되엇나니
빌라 업자는 빌라 무슨 공사가 그리 부실인고

폴리아모리(다자간사랑) 풀어야 할 것이 많기도 하다
아 모르겟다 다 몰아오리
트위스트 춤을 춰요 거꾸로 매달리는 청조도 사랑

각각 몸을 이루고 다른 모양 적이라 치부하니 같은 몸으로 나가 토렴하고
토렴하며 지나가 고래를 잡아야 하니(일을 해결하고 기억을 찾아냄) 싸우다 꾀 풀린
기억은 덮고 다시 싸우다 꾀풀리고 스러지며 가는 길 싸꾀엔스 되어 나가자
이리 태를 열어 생명(사이에 낑겨 잇으며 명령 수행하는 자) 되어 나가자 날아다니는
신의 기운 벗어 빼고 가니 신발신고 도움 받자

이래도 안 되면 술래
가위 바위 보
술술 풀리는 입술 닫고
걸어보는 가위 낼래
썩어지는 술이 되어
주먹 바위 맞을래
보호하고 감싸는 보자기 낼래

한 가지 더

저리 남의 몸에 탐을 내니 차라리 좋게 돌리자
우선 눈과 입을 꼭 다물고 좋게(貝) 돌리자
화나는 건 쾌하고 화쾌 되어 돌리고
돈이 되어 돌게 하자

어 뭐니 이 상황
어머니 되고 희생하며 달리고 왔노라
은혜 알아라 은행에 들어가 카 드러누워 돌리자

뭐라고
우리 몸을 판다고
이게 뭐니(money)

조금 참자 글로 벌을 주다 지구촌 되면

욕심 부리는 못돼지 돼지 못돼어
못돼어로 돌게 된 돈(豚)은 까스되어 사라지리
돼지 돼지 못돼지 톡 쏘여 나가리

ㄲ쓰 ㄲ쓰 돈까쓰
ㄲ쓰 ㄲ쓰 생선까스

먹어 먹어 내 몸 먹어
내 뱃속 비워 주는 목어 목어 생선 목어
까쓰 까쓰 생선까스 조금 가다 까스 되어 사라지리
내 사랑 인어공주 모시리

이 모두를 시작하기 전에 에(殪)펠탑을 세우리
한 칸 플울랑 말랑하다 스러져
여엉 화가 낫제
아 빠리빠리하게 들어야 햇어
프랑스 파리에 에펠탑을 세우리

슬프다 사랑한다
스러진 이유는 짧이 문제엿어
벗을 챙기기에 짧이 너무 짧앗지
에들끼리 패고 싸워 그리 그리 되엇지
이를 잊지 않기 위해 추모비 에펠탑 세우리
똑같이 생긴 문자 에펠탑의 A를 만드노니
꼭 기억을 해내야 하네 에펠탑을 세우리

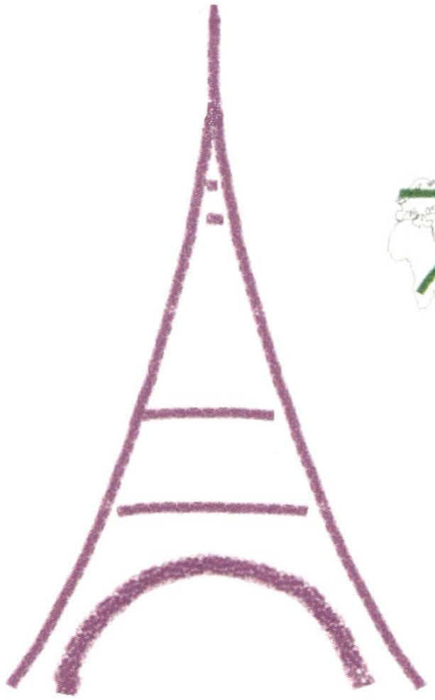

나 ㄹ 이리 저리 흔들리고 다닌 거 티난다 어 라틴어
알파고 녀석들 알로 파고 배 밖으로 나가 따로 서겟다 하더니
엉엉 다 베렷어 알파벳이 되엇어

a

에이 에 이렇게 땅에 코를 박고
지유(地乳)로 몸을 모앗지

b

비 보이지(boys)
배를 가득 채우니 몸이 서지네

소여(如)를 만낫어

히구 이거 메야(ひめ)
에이 그거 공짜로 주라

저기 풀잇스(Prince)

공주한테 걸(girl)린 거야
지지지지 배이배 배배 흑흑 지 배 채우자고
풀이 쎄버렷는데 스러트리다니(princess)

悲非 이건 아니야 삼신들 어리 양쪽으로 갈리다니
내 가슴 누르고 올라서다니 슬픔만 가득해

이 내속 다 태우고 이 내 몸 비우고 왓으니
…를 안고 내려가니

c

터졋음

씨 기가 다
빠져 나갓어

d

디 뒤만 두둑히 채우느라
동에 벽을 치니

e 이 서를 막고
이스트로
고개 돌리네

f (검 확 쳐 날림)
에프우 다 날렸어
다 쳐 날려 스러트렸지

g (감싸며 끌어 올림)
지 시간이 지나
지구 얼음골에서
스러진 애
끌어 올렸지

h (꺾인 힘)
에이치 기가 나갔어 감기야
울린 기는 반 밖에
안 돼 게다가 다시
내려가게 돼있어

i 아이 하늘의 기와 떨어져
신에서 아이로 되었어

j 제이 재때매 재때매 죄때매
꼬리로 재를 가리키며
서로 원망하네

k 케이 켁 하늘과 등을 돌린 채
작지만 강한 놈이 큰 놈을 눌렀다네

a k a

제 한 몸 키 키우자고
하늘은 등 돌린 채 킥을 날리고
지유로 모은 몸을 스러트렸어
그리고 다 먹어 버렸어

그러더니 배 쑥 내밀고 나 몰라라 하네

이러니 내가 카키라 부르지 않을 수 있겠냐고
사우르스라 부르지 않을 수 있겠어
프린세스라 부르지 않을 수 있겠냐고

이러니 내가 공주라 부르지 않을 수 있겠어
공룡이라 부르지 않을 수 있겠냐고
이러니 내가 히메ひめ라 부르지 않을 수 있겠어

바 틀어야 하잖아 바트ㄲ그라 브르지
않을 수 있겠냐고
다다다다 다 먹어치운
닭이라 부르지 않을 수 있겠냐고
어어어어!!!!

하늘과 등돌림
킥으로 내리 눌렀음
순한 공룡 아 소리도 못내고 당했음

나 배 빵빵해 그럼 된거야 나머지 일 아 몰라몰라 나랑상관 없어

몰라 몰라 두 번 +− 제로 안다는 뜻

l 엘 글쎄 원래의 기에 도달할 순 있을까

m 엠 소리 내는 능력 장착하고
네발로 걷는 것 부터 시작해야 겠어
벌린 입을 다물 때 엠 하는 소리로 시작하고

n

엔 그리고 나서
아 기억을 치우고
두 발로 걷게 되리

o

오우 오 영되어 다 사라지다니
다시 동그리 마음 되려면

p

피 흘리고 싸웠던 일들

q

큐 큐피트 화살 되어
내게 다 돌아오리
업보를 치른 후 공을 놓치
지 않고 덕을 쌓아야 하리

r

끌어 올린 싹
내려간 기

알 내려간 기 싹을 내 다시 끌어 올렸지
닭이 먼저유 알이 먼저유
알기는 하는데 허가 천정에 닿지를 않아

s

에스 애쓰고 올렷지만 여전히 중심 못 잡고
이리저리 흔들려 에로(恚) 스러트리며
서(西)로 향하는 배암의 형상 아니겟나

t

티 티끌모아 이룬 몸 쳣네
동으로 향하며 이룬 육을 쳣네(한문 七 칠과 같음)

u

유 끌어 올린 기 다시 유유히 내려가네

v

브이 보이는 이 모두
땅을 치고 팅겨져 나갓음이야

w

더블유 더불어 유해야 하니
눈물 흘리더라도 물결에 좌를 일으켜야 겟어

x

엑스 틀렷어 서로 엇갈려 엑하고 스러졋어

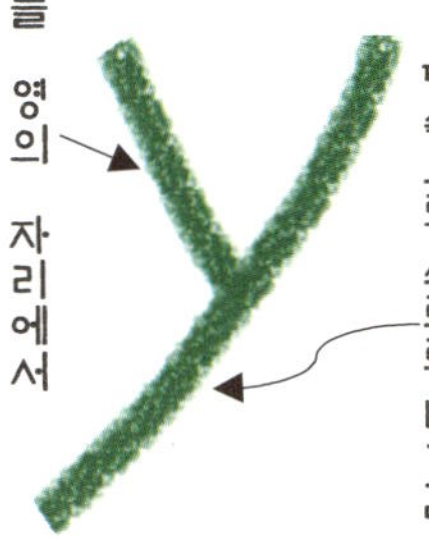

y

어둠의 서쪽으로 가니
땅속으로 스르르 내겨감

하늘 영의 자리에서
지구로 내려온 기
설렘으로 동쪽을 향하여

와이
와 이게 뭐야
이렇게 되려고
시작한 건
아니엇다고

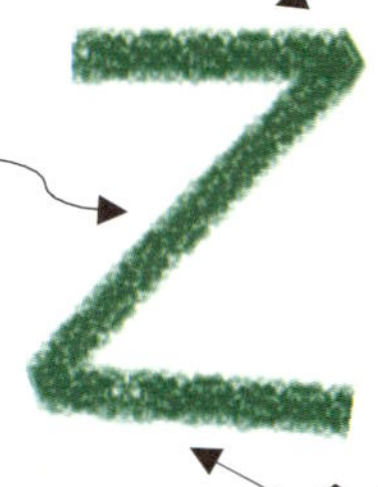

z

하늘에서ㄷㄷㄷ
거리던 시절

땅으로
내려왓는데
서쪽으로만 가고

죄다
스러져
얼음골
속으로

젯트
죄로 인해
스러지니
들어 올라와야
하게 생겻어

물꼬가 콱 막혔어
원한만 가득해
어찌 아니그러겠냐구
나를 들어 집어 던지고
내 살을 잘근 잘근 씹어
나 그 뱃속으로 빨려 들어가는 거 다 느끼는데

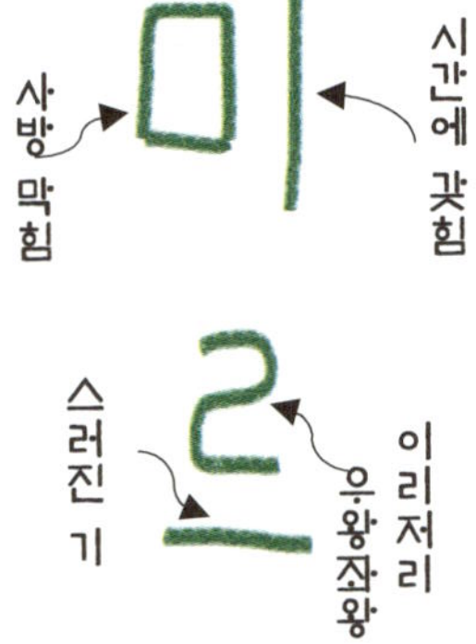

미운짓 미트콘트리아로 다 스러져 기억마저 덮으니
사방 막혀 이리 저리 흐르다 스러진
미르가 되었어
이 책으로 미로(路)의 길을 잘 연결 하여 밝은 빛을
향하게 열려라 참깨 참으로 깨이게 해야지

이일을 어찌한다
물고기가 되어 물꼬를 터주리
물고기 되어 일단 배를 채워준 뒤 진정 시키리

물꼬를 트고 물고기 되어 물을 꽈야해
물을 꽈서 연어(然語 내 입으로 나간 말 연이 되어 돌아옴)로 올려야지
미르 되어 미로 헤매야 함을 어절 수 없지만 잘 맺으며(maze) 나오면 마침
내 빠져 나올 수 있게 되리

연(緣)으로 이어지게 실로 칭칭 끈으로 연결하고
어(語)하고 말하는 능력을 닦아 올려야지 어저겟어
연어로 헤엄쳐 오르게 해야지 어쩌냐구
그렇게 거스러 올라 갈 수 밖에 없음에 미로 다리 되어주리

올라간 후 이것 저것 기억을 못할테니 연어 되어 똑같이 행동 하면 이리 저리
기억을 짜 맞추게 되는 거야

우리 공용들 공주야 공주
머리는 공처럼 텅텅 빈
그래도 나 주인이야 하고 베짱이란 말이지

그야말로 머리는 50 짤은 100
50보 100보 모자라는 머리나 지나치게 많이 먹는 짤이나

짤이 짧으니 내 입으로만 집어 넣는단 말이지
짤을 길게 늘여야겠어 짤이 길어 서로 챙길 수 있게 하는거야
그리고는 얼음에 갇히지 않은 수수한 신 하늘이 들이 코로 스며들어 함께 운영하
는 거야

몸을 이루지 않은 하늘이들도 같이 어성어성 걸어보려 왔는디 저 녀석들 욕심내
는 통에 학을 띠고 도와만 주게 생겻거든

짱을 기다라하게 내밀어
짱에 신의 능력 손을 닿고
스스로 구원에 이르어 다시 신이 되는 거지

그러나 곧장 올릴 수가 없어 워낙 업보가 많은지라
하늘에 달린 행적을 보면 오래 달리지 못하고 스러지게 되어잇어

어절 수 잇나
짱을 비틀어 꽈야지
물꼬를 틀고 물꼬를 꼬고 짱을 꽈야겟어

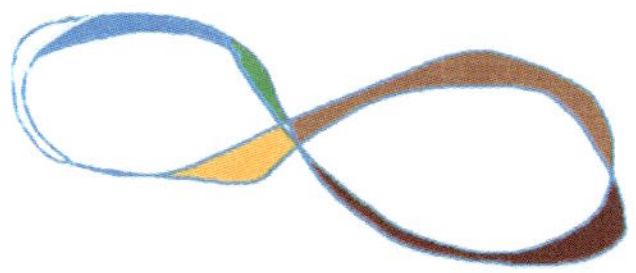

마치 이와 같이
그러면 돌고 돌아
결국은 제자리를 찾게 되는 거야

움 움 움 이번엔 수를 내고야 말겟어

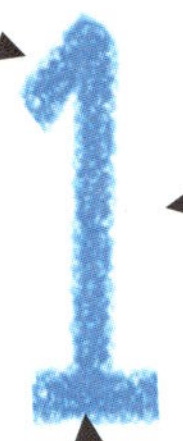

반듯하게 서게 됨

하늘을 펄펄 날던 기
땅에 붙어서 살아야 함

아래를 살피구

그렇게 모두를 일으켜야 하니 일이야

귀

감싸구 잇는 지구에서
끌어 낸 기

귀를 귀울여 지구에서의 배고픔
뜨거운 태양아래 기대하는 바람들등
어려움을 이해하게 됨

이를 꺼내 쉽기 시작하여 달라졋으니 이라 하겟어
하늘에 올라 귀를 열고 고층을 알아들엇기에
비가 되어 내려오며 이리 아라비아 숫자를 가지고 왓네

귀를 열어
들은 내용

더 크게
열어 풀겠어

우리 삼신이야
죽지 않아
잠시 스러질 뿐이지
하나의 숨(숨 삼)이거든
삶을 삼신 마음으로 늘려 삼삼하게 해야해

살을 모으다 잘못 엮어
엮구리에서 죄가 솟구치며 다 스러졌어
모든 영이 다시 다 스러졌네
이 외(外)로 엮인 일들 해결해야 해

살생을 하지 말고 풀을 모아 부처야 된다고
인도하러 옆구리로 가야겠어
천상천하 유아독존
나를 통하지 아니하고 나설 것이 없으니
다 포기하고 싶지만 분명 어진 영도 있었다고
어진 영을 찾아 이 길 진행 하리 잘 엮으리

다시 내려 간 깨끗한 기
초록 신 인어공주 생명의 눈 남성
예수님 옷 입으신 부처님
흰말(고운 언어)에 쌓인 박혁거세

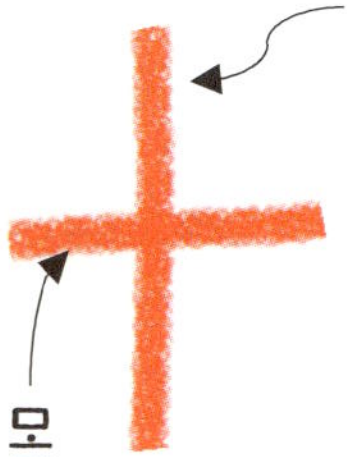

모두 스러졌으므로

한 가지 더해야 할 일이 있지
이 모든 것 책임을 지리
내 십자가 지고 이전의 죄 값 책임지리
예의를 지켜야 수가 나니라 예수라는 이름으로
외(外)로 엮인 일들
오른쪽으로 엮이게 하리

엮구리에서 솟구친 죄를 막아
사라진 삶의 기초 잡아주리

다른 한 쪽은 사람이 된 제우스 신들이 막아
나무에 이르게 해야 해
나 무엇이나 알고 있어
나 무엇이나 들어주는
그루터기 되어주는

5

3 하늘의 마음 되어 올라와야 함

1 처음 내려온 기 하늘로 올라간 기와

2 지구에 붙어 있는 기로 나뉨

삼심들 살을 모으다
사리되어 다 사라지고
이리 다시 내려오네
몸을 모으는 주자의 기억 덮고
안에서 밖에서 도움주며 모으는
살 사육신이로다

6

이를 위해
피눈물 흘리며
새로이
생명의 씨앗되어 내리네

육

영

땅

물

흘리는 피눈

박힐지 잘 심을지

사 살은
씨앗으로
시작하여 육신되네

7

다 스러지고

처음 내려온 기

서로 간이 쫓아가 동으로 데리고 와야 함

치고 나간이
데릴러 가나
친구 될지
쳐내야 할지
스스로 칠해야 함

그러기 위해서는 팔을 길게 뻗쳐야 해
우선 하늘이 신들부터 밥이 되어줄 알곡이 찰수록
머리 숙이는 벼가 되어 주고 물을 구하기 좋게 산과 내가 되주고
업보를 해결하기 위해 땅이 나누어야 하고

0

내리는 기다란 오른팔

8

그러나 비틀어 꼬지 않을
수 없네
이 팔로 좀을 것은 좀고
칠 것은 과감히 휘두르네
이 팔로 많이야

8 4

사라진 살 사를 해결해야
하니 팔자를 타고 나가
업보대로 팔자 꼿꼿한 이도
잇고 늘어지는 팔자도 잇기
야 하겠지

∞

업이 끝나면 무한계도의
길 걷게 되리

태극

구원을 위하여
하늘의 영 함께 내려 가리
태가 이리 극으로 갈렸지만
다시 원되게 하리
적혈구 백혈구 품으리

노랫가락 되는 사고하는 머리

9

구원에 오르지
99 거리다 구천 조에 빠질지
스스로에게 달려있지
공을 구(球)해야 함이니

천천히 열을 챙기면 나 원자 하느님 따라 나섬이요
그렇치 않으면 병을 얻어 다시 스러질 수 밖에 없음으니

아리라앙 아리라앙 아라리요오오
아리랑 고개로 넘어간다
나르을 버리고 가시는 님으으은
십리도 못가서어 발병이 난다

문을 열고 나왔음
벽 시간의 문
생명

아

문을 통과하여 나와
말하는 능력은 잇으나
앞의 영과
단절되어 기억을 못함

리

이리 저리 흔들리고 다녓음

랑

동그라미로 다시 하나 됨

10

십 온 마음 다하여 심(心)들여 내려 보내는 두레박
일어난 기에서 다시 동그란 영 생명 나옴
이를 모두 코를 타고 들어가 행해야 하네

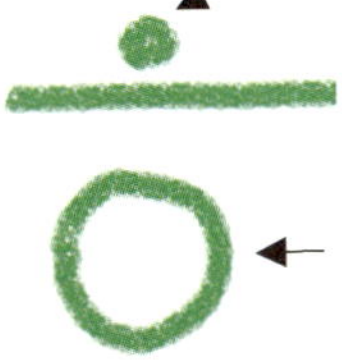

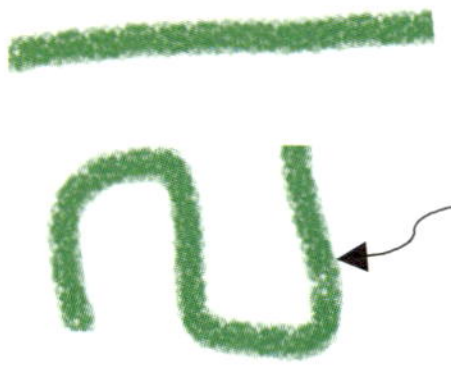

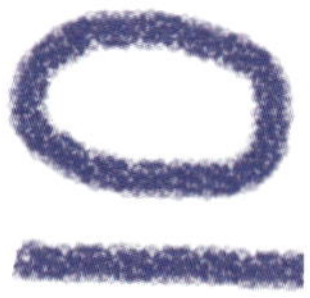

이리 되게 하려면 육신 되어 일어나야 하니
일어나는 1의 양의 기운 음의 몸을 이루는 6이 짝을 지고
달라진 2의 음과 친구 되는 7의 양의 기운 짝을 지고
삼신3 무한계도의 길에 올라 서려면 팔자8 타는 음과 짝을 지고
사고치는4 음은 구원의9 양과 짝을 지어
사고하고 사랑ᄒᆞ고 사랑해야 구원에 이르지

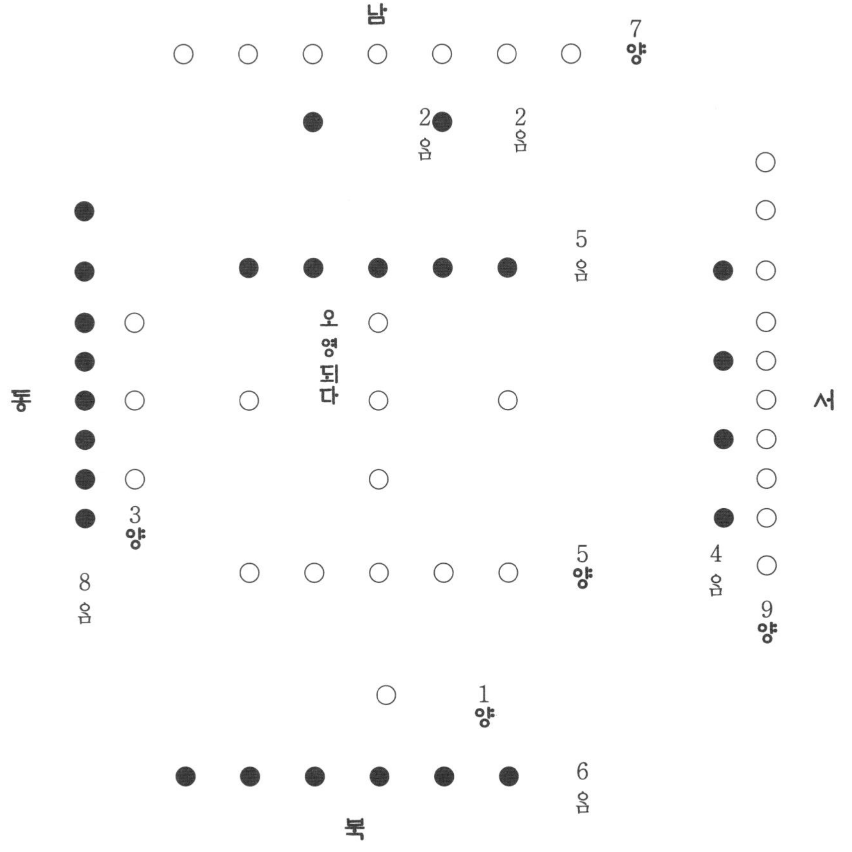

십오야 청정 오르락 내리락 ☆ 별을 닮앗지
빛의 마음 동방으로 가지 않고 음산한 서쪽으로 돌아서니 안 되겠다 안 되겠어
달을 되고 별이 되어 어둠 밝히네
서쪽으로 가는 게 뭐다냐 서가모니불 되어 따라 다니리
속이 상해 시커먼 숯검댕이가 되엇건만 어저겟어
슬픔과 분노를 백옥으로 이 뜨거운 마음을
꽃으로 표현하며 주인장 이리 역으로 오르네

수에 대해

수는 실수 허수 무리수 유리수 그리고 정수에서 자연수까
원래 수는 있었을까
처음엔 헤아리지 않았어 필요가 없었거든
실수를 하고 나서 이제 어쩔 땐 있었가 답지니라 이 방법 저 방법
넘버(number 넘어 뭘을 넘버니)다가 이수 저수 찾아내게 되었네
이제 수없이없이 한 무서리 하며 숫자란(아라비아 자란) 그 넘은

실수란 실제 가능한 방법이 수를 여기하는 것 같지만
사실 실수를 해야 생겨나게 될 거라며
정수로 나섰더니 밖이 뒤틀수 무리자거 어떤 통한 비리붙게 하는지라
허수는 실제 있지는 않지만
헐어 헐어 허무 없을 진짜 허가 볶볶자 않은 없어(無理자가 비리 붙허는 無리비
생각 생계 진가 없다는 없) 생겼거야 허허 웃으며 허수 두었지

무리수는 그 없을 진행하기 어렵게 되었다는 뜻이야
유리수는 그 없을 진행하기 유리하지 하며 늘을 좋리며 지나가는 셈이거야
참 재치 했지 있어라야
정수 자연수와 그냥 눈으로 봐서 자연스레 헤아릴 수 있다 치고
0과 1 2와 3 6 0은 둥근 원을 이루니 같은 수 하니겠나
모든 수는 제로 인해 다 시작 0에서 원로 평화롭게 가져되게 하는 하나의 방법에서

아 영영 헤세 헤아렸거야
그리고는 뼈뼈 데리지는 숫자보다는 처처 모지는 이씨마
이씨 모지는 시패 봤이라는 기사

하시패 뚜시패 뚜뚜 씨리 씨리 여러 여러
하다 하다 다다 시리지다 다하시 하시
마리나 하 뚜 씨리 씨리다나

one 원 우리 모두 하나의 둥근 원이지
왕과 왕자 1은 원래 하나였지만 1이라 쓰고 원이라 읽는다며
어이나가자 했음이 원(願)이었기에 제로 인해 저로 되었을 뿐

two 투(投) 다를 이라 생각하며 던진다고
이로 인해 답을 가르며 두고
÷ 위 아래 나누어 있게 된다고
하나는 다시 하늘 하늘 하나만 되어
또 다를 하나는 따로따 있음에

three 쓰리 숨이 쓰리구나

four 훠 훠이 하고 다 날아가다니

five 화이브 화 입을 대는 이브로 변해

six 씩스 씩씩 대다 스러지다니

seven 쎄븐 그런 애들 쎄브렷어 다시 일으키려니 곱으로 힘드네

eight 에잇 힘주어 들어 올렷어

nine 나인 나 인제

ten (てん 天) 천천히 생각하고 움직이는 천사 될래

a 지유로 몸을 모은 이 스러짐을 에펠탑을 A를 닮듯 앞좌벳에 대문을 닮아야 해
같은 글자를 한 번 더 만들어 모난 것을 모가 다스려
+와 -로 상쇄시켜 영되게 하는 거야

나비가 되려 함이지
나 물에서 비가 되어 내려가 효과를 내듯
양쪽 날개 달고 나 비 되어 훨훨 날게스리

bB 그러려면 배만 채우지 않고 머리를 채워야해

cC 크 이왕 터진 영 온 누리를 향해 열게 하리

dD 뒤돌아 혼자 채운 배 이제 전체를 품으리

e

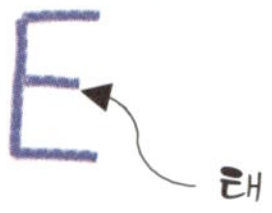

이리 돌아선 어에게서
태(胎)를 갈라 꺼내 올리겠어

fF 에주 하고 날아간 기에 지붕을 씌웠네

gG 지능을 닮은 대신 지구에 붙어 살아야 하니

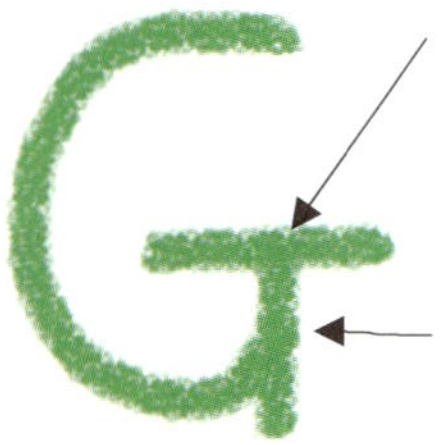

이제 지구에 머물며 살아야 할진데
동그리 동으로 마음을 열고
지지지지 배이배 배배 지 뱃속에 삼켜대는 악한영이
더 이상 올라오지 못하게 막아야 함이야

저마다 가슴속 악을 올라오지 못하게 해야함이고

hH 반으로 꺾인 기 동그리한 마음 동으로 넘겨 일으켜 세워야해

iI 아이들 하늘의 기도 연결하고

jJ 재도 기를 연결하고

kK 걷어차던 킥을 키(열쇠)로 돌려야 하네만

lL 처음 내려온 기는 바닥에 붙어있으니 (한글 니은과 같음)

mM 문을 다시 열겠어

nN 닫아야 할 문도 잇음은

oO 모두 둥근 원을 이루고자 함이지

pP 피는 절대로 피해야 하네
쭐되어 벼이삭 옆에 잇다 할지라도

qQ 큐 내가 한일 내게 그대로 돌아오는
큐피트 화살은 생각하는 힘으로 해결해 나가야 하네

동그리하게 되기 위해
지지대 세우고
골똘히 생각하는 중

rR 오르는 싹은 전체의 머리되어 하나 되어 가는 거야
하늘의 기를 쥐다 쓰면서(person) 맨(man)들야지 어저겟어

sS 가더라도 큰 움직임으로 가야겟기에

tT 티끌로 모은 몸 다 스러졋기에 기를 하늘에서 막앗음은

uU 유(裕)하여 모두를 담아야 함이니
유(柔)한 음 되어 유(you)를 먼저 생각하며
유의(留意)할 건 유의하며
모두가 합의 일치되는 U의 온 누리 만들어야 함이야

vV 뵈는 것 없이 튕겨나간 v는 Victory
빅토리 비가 되어 크게 들어 나가리

wW 물결 일으켜 모두 더불어 가게 하려 함이야

xX 크로스 클릿어 잘 클르시게
x x는 + - 죄로 인한 더 이상 x는 없어
더 이상의 엇갈리는 크로노스 크로스는 안 돼
방향을 돌려 누구나 십자가를 짊어져야 한다는 얘길세

yY 그만 땅으로 내려가시고 하늘 향해 약자 향해 두 팔 벌리시게

zZ 제트 죄로 인해 죄다 z z z 얼음굴에 재워놓고
공사를 햇으며 젯트기 타고 날아다니며 맹글어 댓다네
이제 비행을 멈추시게 비행기마저 멈추라는 얘기야 ZZZ
그리고 이제 원래의 언어 한글 ㅎ·늘에서 내린 글에 마음 여시게

생각에 빠져 게슴츠리 한 눈
내가 미쳤지 사랑에 미쳤어

구·두·주·걱
신의 신발 구·두· 주·걱
구·(求) 두·(頭)도 다 입에서 나옴이로다

이 배에 다 태워야 함
불포화 지방산
그러나 자기 방에 갇혀 있는
욕심쟁이 신은 빼리
알로 파고 나가게 다다닭 다 잡아
먹은 내 미운 오리 새끼들
이 내 발자취 갈켜
날아 오르게 하리
오리 오리 다 데려 오리

미쳤지 미쳤어 내가 미쳤어
다다닭 다 잡아 먹은 녀석들
오리발 내밀게 주게 생겼어

따르따스에서 올라온 닭들아
쪼매 기다려라
내일은 해가 뜬다
내일은 해가 떠어
내가 하는 이일에 해가 떠오르은다

덕 duck 오리
덕duck 오리 내가 쌓은 덕 내게 다 내려오리
오리 오리 탐관오리 내게 다 내려 오리
오리 오리 탐관오리 탐을 냇던 관들 내게다 들어오리
오리 오리 내게 다 내려오리
내가 쌓아올린 덕 그 덕 내 덕 내게 다 내려오리
Duck Duck Domald Duck
덕 덕 도날드 덕 도루 날아 들어오리

덕지덕지 더덕지 내게 다 들어오리
덕지덕지 더덕지 공덕으로 들어오리

뭐·라구·유 공덕이라구·유 공덕 덕지 덕지 공덕
공을 절대 놓치면 안된다는 얘기네유
아하 그래서 남정네들 그렇게 공에 집착하느·만유

축구·공 보구· 펄떡
야구·공 보구· 펄떡
골프에 배구· 하키 거시기 또 뭐다냐
농구·에 럭비 글구· 또 모다냐 아아 테니스
동글배기만 보면 펄떡 펄떡
아예 발에 떳다 붙엿다 떳다 붙엿다하며 뒤김질까지

뭐·라구·유 지발 착각하지 말라구·유
동글 동글 그 공이 그 공인 것 같지만 쪼매 다르다구·유
발에 붙이는거이 아이라
걸음걸음 발자취에
공덕이 남아야 잇어야하는 거라구·유 이히히 히히히 잘됏다
남정네만 공을 놓치지 않구· 쫓아 다녓나 싶어 까암짝 놀랫네

여보세유 남정네들 거시기 머시기한
그 동글동글 축구·공은 아무·리 쫓아 댕겨도
안들어멘단답니다 안드로메달(Andromeda)아여
들어올려 별자리 메달아주·지 아니하니 그냥 훌려 보내는
은하수하랍니다 은하수 하수 너는 하수 하수 은하수 히히

속시원 공 쫓아다니며 지성(至誠) 엄청 들엿는데
우와 분하겟다 분화구·야 공은 차내지 말구· 쌓아야 하는 거라네

하 키 가지고 싸우다니 하키
배가 문제로다 배구 배구 배우구 지나가자
축구는 추워지게 싸우며 커온 싸커 해결하려 축을 옮겻음이오
오르는 천국은 동글동글 쌓은 공덕으로 진단함이 진짜넹 공진단
덕은 더더더 닿라는 마음을 바닥에 박고 다른 이를 헤아려라의 의미이니

놓아 줄이는 놓아 주리
방을 따로 내어주리 노아의 방주 내어 주리

노아의 방주

노아 너는 기가 잇는
영이야
네모진 마음만 먹으면
어느 방이라도 들어가
그 방의 주인이 될 수
잇어 문어에 오징어
꼴뚜기 이라도 우우우우
너의 배에 남김없이
다 태우구 잇잖아아아아아아

두꺼바 두꺼바 헌집 줄게 새집 다오
두꺼바 두꺼바 헌집 줄게 새집 다오
죄가 두껍고 두꺼워서 데리고 갈수가 없구나
죄로 범벅되지 않은 땅을 찾으리

안되겟다 동으로 간 이 서로 간이
이델조 델조이가 돼야겟아
이자를 델구 가아하니
거꾸로 뒤집어 엎어 델조이로 만들어 옴좌로(路)스에서 만나야지
오기만 하면 좌고 좌먹는 길
배꼽잡고 웃으며 스러지게 하리

이 상황 이대로 땅에다 옮기리
두꺼바 두꺼바 헌집 줄게 새집 다오

나 비가 되어 왓으니
나비되게 해야겟어
찌그러진 왼쪽 날개를 펴려면
오른쪽 날개(이승의 공덕) 필요해
고려하고 고려하마 고려 땅을 꺼내리

대자로 뻗은 땅 태(太)를 꺼내리
동서로 등 돌린 이 땅
마주보고 결합하여 애기 땅을 꺼내리
고려하고 고려한 고려 땅을 꺼내리

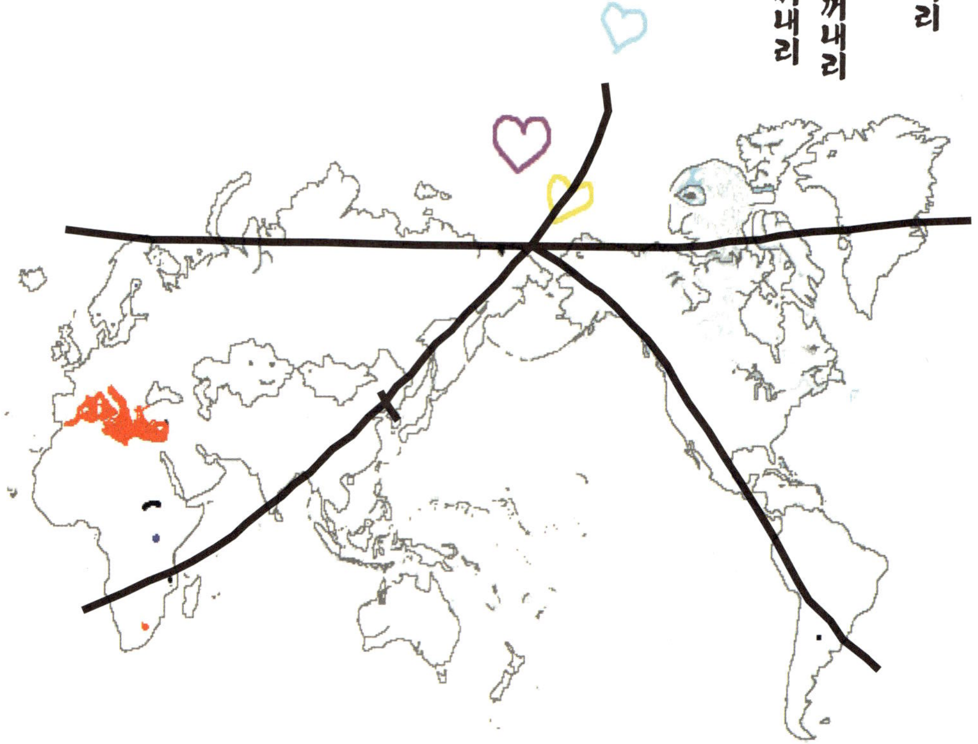

이리 계획을 세우시고 하늘의 도를 이루셔유.
이제 사귀기(死에 귀 기울이다) 1일이다 우리 기억을 다 잃었기에 시계를 다섯
음 이어유.
그때 그자가 시계(視界)에 다시 오니라 하심서(매번 윤회마다 첫사랑 되어)

자전 시간이 24간격임은 하늘에서 지구로 이사 오다
24시간 지나면 다음 날로 이사가다의 의미이구
지구가 해를 한바퀴 도는 횟수로는 숨신 오다 사구를 챙기에 육신으로 지구
에 아주 오게 되다 처음 돌던 360회를 365로 바꾸셨음이어유.
하늘에 달린 시계는 숨신 너이와 어성 어성 걸었으나
너이에서 사라졌어 삼신들 너이를 모아야 하니 서이를 너이 되게 하는 거야.
태양을 중심으로 너이로 나누고 너이를 다시 서이로 나눈 뒤
열두 대감(대자로 뻗은 뒤 감 잡음)되어 주시는 하느님 되셨어유. 손을 달구
잇는 영들에게 지엄한 규칙 알려줌이어유.

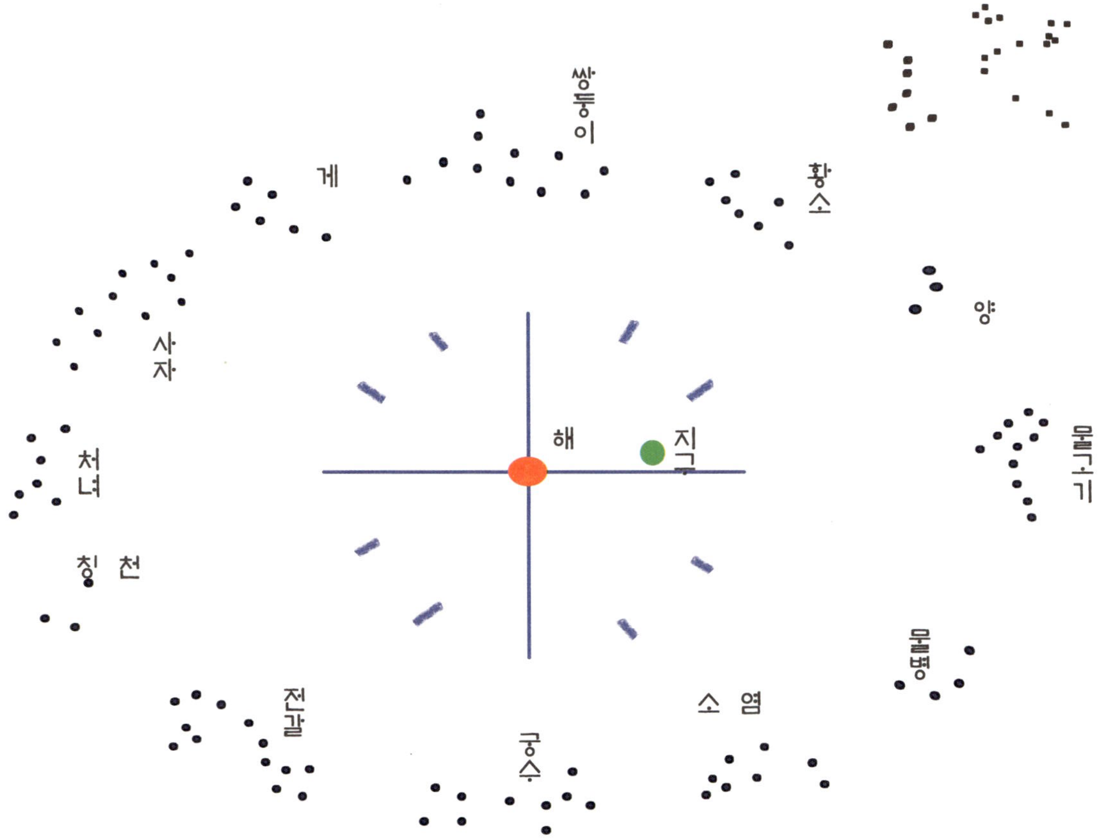

물고기대감 물이 되어 고기에서 몸을 모으기 시작햇지

양대감 양팔을 버얼려 서로서로 꽉 잡아

황소대감 커다랗게 모은 몸 옴매에(온다 매번 에(殪))로 인해
황 되어 날아갓네 황소 되어 알리리

쌍둥이대감 내가 한일 모두 다 내게 일어나(다음생애 포함)

게 대감 앞을 향해 똑바로 가 옆으로만 가지 말고
옆도 잘 봐 개가 나고 내가 개야

사자대감 옆으로만 가면 어미(땅)만 남고 사라진 자 된다고
갈기를 꺼냇어 가르치며 가려고 갈기를 꺼냇어

처녀대감 초(初 - 처음 草 - 풀)심을 잃지 마

천칭대감 누구에게나 공평한 팔이 돼야해

전갈대감 그 모든 것 모두 다 전갈(전달) 됨을 알아야 해

궁수대감 문제가 생기면 활이 되어 자신을 쏘게 되리

염소대감 우리 모두 하나인데 다른 몸을 달게 되니
서로 생각하고 도와줘라 염소(念所)대감 달앗지

물병대감 병이 걸리면 스스로에게 물어봐 무엇이 문제인지

이리 별이 되셔서는 항상 지구를 기웃 거리고 계셔유

여기에 오르니 동시에 다 보이잖아 하심서

이번엔 같이 댕겨주는 행성이 되어 주시는 하느님 계시네유
하늘과 하나인 우리 몸 구조이 그 위만 잇어서는 선다는 게 어렵게 되엇어야
보복을 하게 되던 구석기 시대의 기억을 덮구 지구는 우리가 지킨다
이 오른 독 수를 써서 해결하리 남에 꺼 탐을 내 돌게 되엇음을 시정해야해
하시면서 몸 안과 똑 같이 독수리 날개 되심이어유

겸손되이 해야 해 수성 신장
금할 것은 금해라 금성 폐
변화를 도울래 화성 꽃(花) 심장 염(念)통
내려간 모든 신과 벗이 됨이 목적이구말구 해독(解讀) 목성 간
비위 상하면 토 할 테야 토성 비장
목성 아래 소행성 되심은 사람을 하나의 소우주로서 돕니라
성(星)되어 계심서 각각의 성(姓)과 하나 되어 기를 보내주구 계심이어유

동시에 소우주의 주인 행적을 심판 하시어
외(外)로 간 이는 틀의리 다리 찌다라하게 늘리며 돌아다니리

다른 한 쪽은 올바른 팔로 다섯어 들어 올릴 이군 트로이
들어와 다음 생애에 튼실한 허벅지 옷을 입구 나감을 결정하기 위하여
아빠 어깨에 무등 태워주는 트로이 목마되어
양쪽 어깨 내어주고 계셔유
트로이 목마(목숨 걸린 마馬 말마 언어) 사람 목숨을 살리는 말(언어)에
지대로 올라타야 아빠(목성) 어깨 무등 타기가 되어유

아 빠져나갓냐
너 아빠에게서 빠져나가 아 들어 올린이다 아들아
이제 가슴 속에 목마(구운맘씨 언어)를 잘 태워야 목마
목성(목숨의 성 소우주) 트로이에서 진짜 들어 올려 지는 거다
방법은 무등이야
누구 등이든 올라타서 지지구 밟거나 조금의 무시도 아니
되며 그 어떤 것도 절대 이기려 하면 안돼야

한쪽은 둥그리한 마음으로 티를 모아야지
둥티를 모르니 목마르다 둥티모르 몽마르뜨 언덕(얼어버린 공덕)이유
다른 한 쪽은 동쪽으로 갓는데 피를 흘려야 되겟냐
동피 마을 열어주심 이어유

해왕성 되셔서 바다에 천왕성 되어 하늘에 기를 보내주시구유
토성 해왕성 천왕성에 그리가 잇음은 땅의 길 바다의 길
하늘의 길을 열어 기를 보내고 계심이지유

명왕성은 산천지하 모두에게 이름한다 이름을 달아주고
이름대로 살아라 명령 내리심이어유

풀로토 명왕성에 카론 위성이 잇음은
카아 명을 받고 나왓는데 ㄹ 이리저리 흔들렷어
풀로만 모앗으면 토 달고 나가지 안앗어여

해서 이름을 달아주니 이름과 달리 살면 카론이 나서네
돛단배에 태워 죽음의 강으로 인도 하지유
지구의 축이 기울엇음은 북극성과 셀레네여신 합세하여
진도(眞道) 홍해 내시기 위함이어유

가장 축이 많이 기울어진 천왕성은 천천히 생각하고 움직여야함이
부족하여 그리 되엇네유 하늘의 별님도 우리와 한 몸이시기에

다음으로는 북극성 동네에 더 자리 하셔유

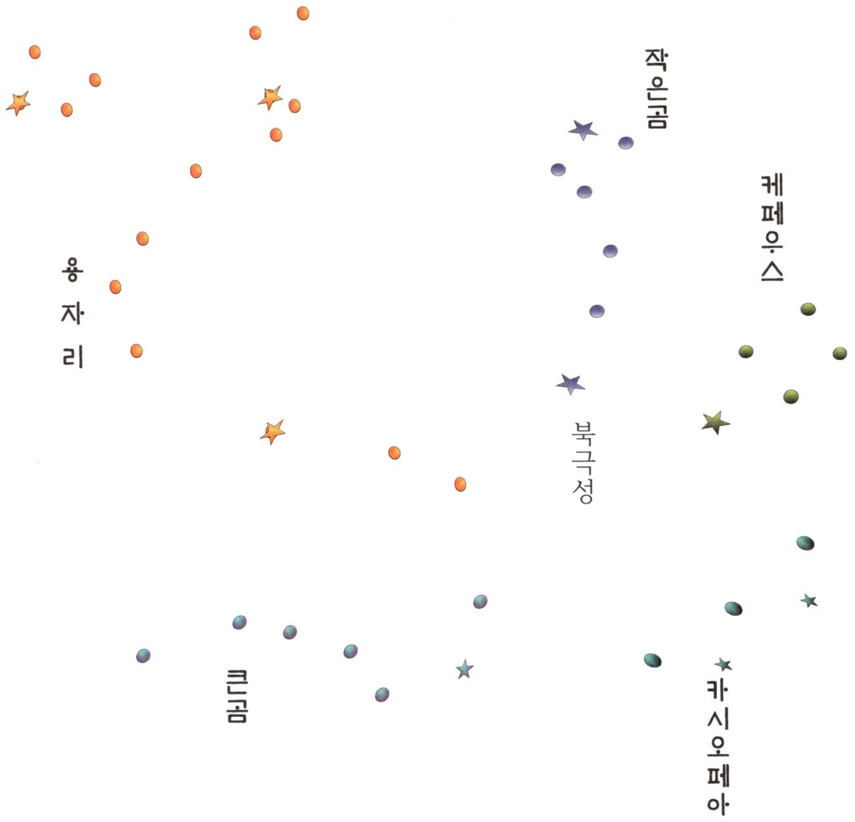

W 똥구로 알을 퍼 나르게
시 그러지 마 Σ 서쪽을 막은 시그마로
삼신 동으로 간다 동에서는 3의 모양
물결 WM 뒤집어 써 문을 여마 머리 위는 M의 모양

이 모든 걸 모아 물결 일으키고 비가 되어 살이 되어주마
지평선 드넓은 몽골에선 빗살무늬 W로
보는 각도에 따라 다른 모습 카시오페아 되어 주셔유

카 신들 올라오다 쪄하게 되어 그리 했니라
아 W 더불어 가자꾸나 카시오쪄하

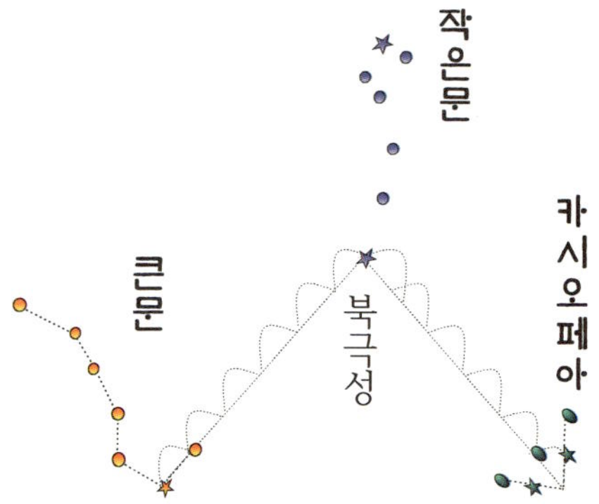

큰 문(門) 작은 문 되어 주셔유
곰문 문의 데칼코마니 곰이라는 이름으로
카시오페아 가서 페하게 됨이
가슴 아프셨음에 큰 문 열어 도우마
그러나 천국은 각자 작은 문 통과하여 열어야 하네
신문고로 북을 쳐 알리마
작은 문 입구 북극성 되어 주셔유

큰문(門) 작은 문 나란하지 아니하고
들어져 계심으로 들어서 와야 햇음을 알려 주셔유(팔자 하트)

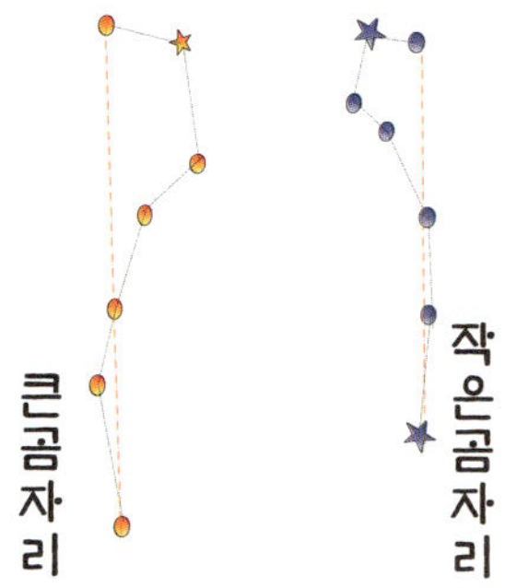

們 門 問 文
인자가 물이 되어 올라가 문을 닫앗으며
물어야 할 것이 잇기에
문을 여네

그리 하늘에서 자리 잡으신 후 오존층을 뚫고 지구에 나리셔유

얼음 녹이고 문을 열었다 북(book)을 쳐 알리마
문곰 얼마나 오랜 시간 음하고 생각하여 얼음 녹이고 문을 열어
나섯니라 얼음 헤집으며 다니는 북극곰 내셔유

흑과 백 학교생활 하는 팽귄 남극에 내심은 나만 챙기며 남으로 돌아서서
흑흑 울엇어야 패고 뱃속으로 들어가게 햇던 일들 팽 코풀어 버리고
귀히 여겨 갈치리 하심이네유

그리고는 나만 챙기다 남으로 돌아서 태를 밀고 나가야 햇니라
남태평양에 동료에서 어머니 땅이 되어
우리의 행적 그대로 펼치셔유 태를 통해 나와야 햇음의
안타까움을 온 몸으로 표현 하시느라 흘린 피 그 모양
그대로 늬어진 몸에서 엉금 엉금 기며 빠져나가는 삼신모습 그대로
아니 온 땅이 다 당신 말아 누운 파스타며 국수예유

스러질 때까지 좌서 타고 나갓다 이를 국(國)으로 밀어 수를 해결 하려하니라

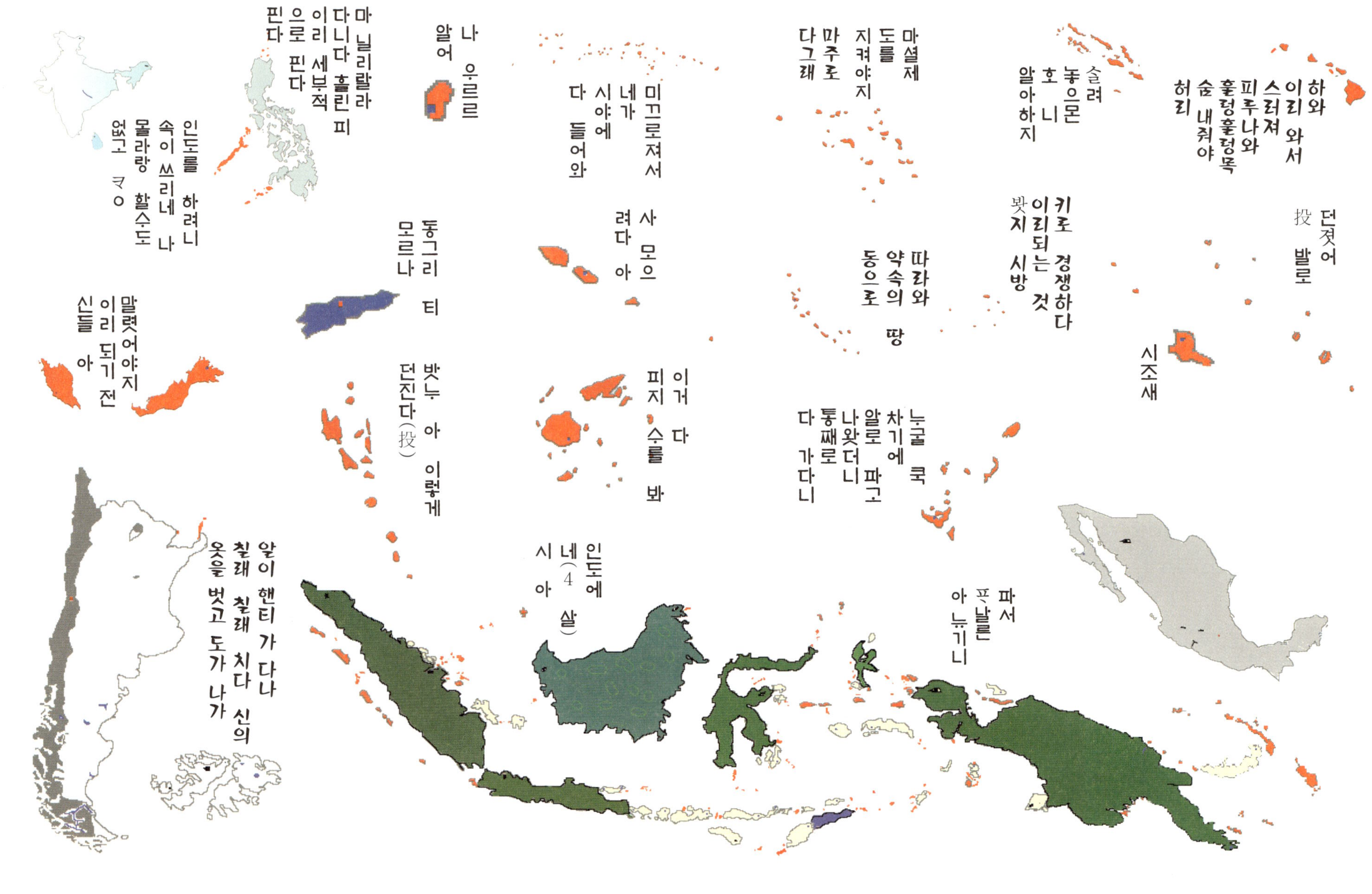

하와
이리 와서
스러져
피투나와
훌렁훌렁목
숨 내줘야
허리
던졌어
投 발로
시조새
솔려
놓으몬
호 니
알아하지
키로 경쟁하다
이리되는 것
봣지 시방
마셜제
도를
지켜야지
마주로
다그래
따라와
약속의 땅
동으로
누굴 쿡
차기에
알로 파고
나왔더니
통째로
다 가다니
파서
프날른
아 뉴기니
미끄로져서
네가
시야에
다 들어와
사 모으
려다 아
이거 다
피지 수를 봐
인도에
네(4 살)
시 아
나 우르르
알어
동그리 티
모르나
밧누 아 이렇게
던진다(投)
마 닐리랄라
다니다 훌린 피
이리 세부적
으로 핀다
핀다
인도를 하려니
속이 쓰리네 나
몰라랑 할수도
없고 ㅋㅇ
말렸어야지
이리 되기 전
신들 아
알이 핸티 가 다나
칠래 칠래 치다 신의
옷을 벗고 도가 나가

깨우침이 이루어질 때
까지 돌고 도는
돌고래 되리

나리 나리 개나리
입에 따다 물고요
병아리떼 종종종
봄 나들이 갑니다

개가 나고 나가 개건만
입을 갖다 댓는고
이로 인해
태를 열었어야 함에
태평양에 펼치리

인도하려 하엿으나
깨달음 되어 스스로 일어나야 하는지라
이리 태평양에 몸 뉘이신 후

인도(人道)에
넷(4 사 살)이 문제이다 이를 풀어야 한다

이를 알면 꼭 풀로만 배를 채우게 되리
인도네시아 꽃이라는 뜻의 플로레(來)스섬에 내리세유

이리 중심을 못 잡아 부아가 치밀어
화산 폭팔시켜 멈추게 햇다
그러나 욕신을 도우러 왓노라
에(恚)로 라도 스러트리면 아니 되네
리앙(央)부아동굴 화산재 6m 아래
호모 에렉투스의 유골을 두심이어유

빗자루 질 좀 하려고 빗자루 타고 내려가네
호빗이라는 이름으로
키의 문제를 해결하기 위함이다
아직 남자라는 성이 없던 시절이다

스러질 때까지 텐두리를 돌러 나갓구 이렇게 돌게 되엇니라
스테고돈
코로 들어가 모가 낫음을 도우마 도에 어긋남이 뵈이면 잘라내라
코모도 도마뱀

일루 팔을 펼쳣니라 머리를 맞대 지혜를 내거라
거대 황새되어 돕니라
180cm 청소부 거대 대머리 황새

해독한 후 그 수가 나오리
독수리가 함께 햇던 시절

뱃속으로 들어간 욕신 욕심으로 인해 터져 밀려남을
삼신의 마음으로 해결하라
106cm 30k 여자 뼈를 남기셧네유

이어 호주(戶主) 뱃속에 넣고 키웠음을 알게 되리 캥거루

코로 스며들어 일을 행함을 알라 코알라로 하심이어유

그러네유 잠시 코를 막으니 아무것도 못하겠어유

같은 코 끼리 묶고 들락날락 날락들락 코알라 알라코
끼리 끼리 코끼리 하심이네유

비슷한 업보 같은 종류 동물 되게 하여 코스모스로 유지

상아가(傷我)
상아되어(嫦娥 달려온 선녀)
도장 잡고(道長) 흔든다아
어허이 허어이

부칠 건 부치고
칠 건 치겠다
허어이 어허이

호빗의
호는 하늘에서 내려옴을
빗은 문(moon)열고 들어온
MW 빗살무늬 카시오페아와
빗살무늬 토기를 의미

빗자루 질 좀 하고
레인보우 펼치려(오랜 시간 후
인자되어 오네 인제 보우)
무지 괴로웠개
시간 지나
비가 되어 내리 내

예에 노아가 그 노아가 아니라구유
노아주엇다의 노아가 아니라
노아의 방주는 너의 방에서 주워 모은 거라구유
너이가 먹은 행동의 영들 하나씩 전부 모아 배에 웠다구유
코로 들어가 오렌 동안 좀 놀던 자 눈물 흘린 자 모여 스르르 데드리 돌러
롤을 말구 그 뒤 신이 뒤따르는 거라구유 골레스테롤 되어
그리구 비(우)를 돌만한 기를 찾는거라구유
기가 맞는 곳에 날개 펴구 내려 앉으며
팔자 타구 도는 거라구유

오 마이 마이 갓 어
오줌은 물이 마실 와서
한 바퀴 돌며 하나 모자르게 주워 모은 거라니
농땡이 피다 사라져 나간 사를 모아 님들
팔자 타구 돌다오게 염(念)한 것을 쪄낸 팔찌라니
백팔번뇌 염주(念住) 묵주(默籌) 되어

오른쪽으로 잘 엮은 이
머리 달구 손 달린
기에 드는 거라니
그 모든 거이 다 내
뱃속에 잇는 거라니

이거이 하늘에서
내린 수 홍수라니

돌아 온 연
무슨 길을 타구 나오며
서게 되엇나(mutation)
변하며 오게 된 돌연변이라니

다 담앗어
빼지 말고
하나씩 다 담아
그래야 담앗네
좋아할 거
하며
아냐

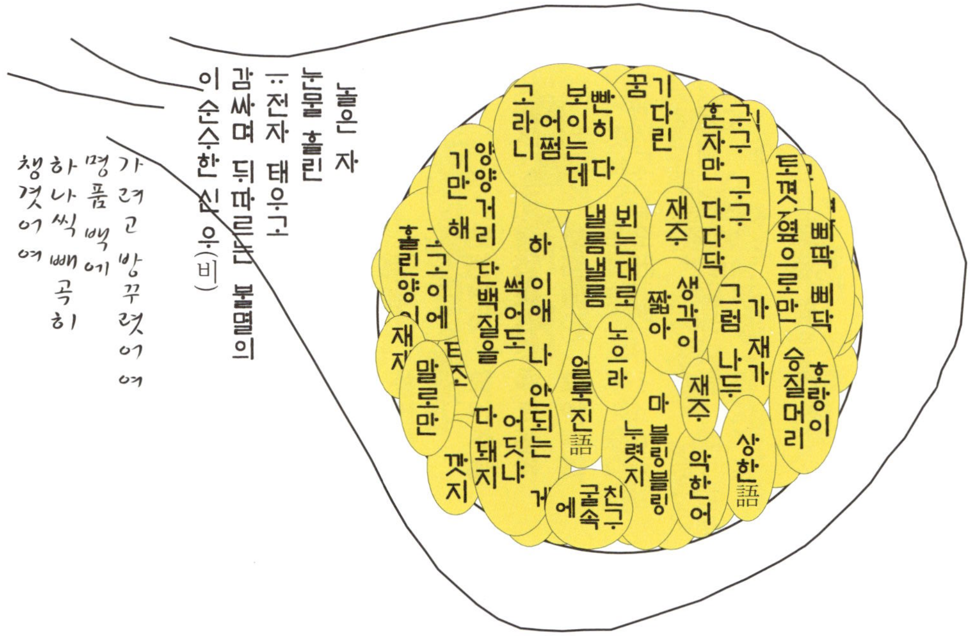

가려고 방꾸렷어여
명품백에
하나씩 빼곡히
챙겻어여

두꺼바 두꺼바 헌집 줄게 새집 다오
두꺼바 두꺼바
너의 데려 갈 수 없이 테두리 두른 닌자 거북 부포(不包)테닌 땜시 새집 필요해

에젤(噎아픔 잇는 이 죄지은 이) 키워야겠다
키를 세우겠다 으르렁 거리던
키클롭스 커룹에 닭의 배 사람 얼굴 달아주고
사라지게 한자이니 사자 얼굴 달아주고
이 독을 수를 내어 풀어야 하니 독수리 얼굴 달아주어
바퀴 안에 또 바퀴가 들어 잇어
몸을 돌리지 않고 사방 어디로든 갈 수 잇는
인터넷 꺼내실 요량으로 (에제키엘서 10 1:22)

피하느라 타고 나가 다 굶아 스러진
이 피타고라스 정리 해야 돼
뫼시가 비가 되어 오른(右우) 팔을 내밀엇는지
스러져 잇던 뚱띠들 어찌 들고 들어 다시 올라오게 하엿는지
뚝띠 알게 하리 뫼비우스 띠 하심서
알로 빠져 나가 연결된 고리 종말 이 알고리즘의
시조 계란 어딧슨 어딧슨 에디슨 에(恚)디 에디슨
그러나 알로 나갓어도 생명의 꽃을 피우지 못햇어
달걀 품는 코스프레 하게 하시며

일레트로닉 일로 들어 옴은 니스스로 자처 햇음이로다
원래 기를 일으키는 신이다
전기로 몸을 트셔 두꺼비집 매달고 떡두꺼비 아들 본다 그려 땅 하셧어유
크 바로 그거다 그거 하고 걍 웃을 기다
크바르 강가에 서계신 당신께서

문을 열고 달려가서 막으마 지구의 축을 살짝 돌리셔유
북극성과 밀물 썰물 달을 그려 땅에 맞추셔유
그리 그려 땅 태를 내심 이어유

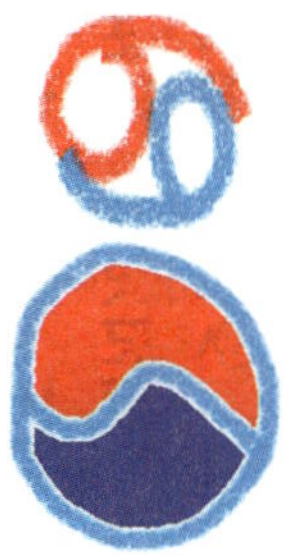

서로 간다 서쪽은 북에 올리고
동으로 간다 동그리는 남쪽에 뉘여
태극 내시네유

나야 나 남 나만 챙기고 등대야 스러지거나 말거나
강을 내 타고 나가 나만 챙기는 남이 되어 따로 일어 나겠다 하는 강남 스타일
그렇다고 알로 파고 나가 스러지게 한 알파고 녀석들

이 동서로 갈라짐을
뱃속을 다 삼켜
백의민족 하련다
백두대간 척추 되어
호락호락 하지 않음을
보여주마 호랑이땅 내셨어유

백의민족 백기로 다 받아들인 후
앙앙 울던 뱃속 성의 발자취 스스로 돌아보게 한다

따라도 따라도 두꺼비 노란물 노란주전자에 토껴 나왔다
울다 산이 되고(백두대간) 산따 되어 내려온다
울산이 토끼 꼬리네유

귀 기울여 챙기고 기름칠 조금하여 코로 들어가
끼리 끼리 다 쥐고 가다 끊어진 기 이어줄란다
코끼리 코 토끼 귀 지용성 당근 쥐 얼굴 하셨네유

이리 가야 금지할 걸
금지한다

선녀 머리 동여매고
가야금을 뜯네유

이를 북(book)을 쳐 고한다
북극성(사람의 두뇌) 향해 나팔
올려유

장화신은 고양이들 이리 태가 갈리니
두꺼비 주전자 오르막길 힘드네
태를 갈라 이어나가며 육신(神) 되게 날개 꺼내려면
6000년은 갈쳐야해 한 코 한 코 수를 놓아 이리 펼치네

토를 달고 나가 피를 흘리는 걸 막으려면 이 내 몸 토(土)되어 펴야겠어
그렇게 매듭지리 토마토 피자 이태리에 남겨놓고
동서로 갈라진 이 상황 북과 남으로 세워 코리아 하셨어유

무엇이 악을 초래 하였는고
설레이며 흔들거림이 악을 초래했고나 흔들바위 설악산
삶이 악을 불러들였고나 삼악산
사방 막은 모난 마음이 악을 초래하였어 모악산

알알이 알고 있는 삼신 세포 흘린 눈물 오뉴월 서리 내리게 했지 운악산
서봤던이 선녀들의 피눈물
그래 이제 풀어내자 grape
도를 버리고 세게 묶은 셀 세포 풀어 나가 두루두루 막은 도포 일랑
두루마기 도포 맹글어 치렁치렁 걸치고
이를 뒤집어 닥지닥지 붙어 있는 포도(抱道) 내자
눈물을 사랑으로 둘둘 묶어 내자 포도덩쿨 내는 운악산

열두 대감 되어 사(死)를 해결하여 하나 되어 이 미로 지나가자꾸나
1241m 가지산 이 모두를 백두대간에 올리고

이리 떨어져 나옴은 다시 동그리 되어 강을 건너기 위함이다
낙동강 이를 위해 영들이 산으로 맥을 잡고 내려 왔니라 영산강
금할 것은 반듯이 금해야 한다 금강
이 한을 다 가지고 왔노라 한강
뻣뻣히 머리세우고 배를 타고 나갓으나 알알이 뭉쳐지지 아니하여
찰 기운 없는 춥고 배고픈 보릿고개 지나는 고려 땅

창자가 끊어서 안 되겠어야
여는 바닥잉께잉
거시기 뭐시기냐 배째고 지나가면 돼야 잉

본인도 민망한지라 거시기 옷을 입어야 말이 이어져 나오는 거시기

닭의 뱃속 계백 배째라 배째 백제 전부 나잡아 잡슈 전라에 옮려놓고

신나라 신나 신라 또 나가 경쟁할랜다

경주 쟁이 서라!!! 벌(罰)

우에 앉앗노 내사마 날마다 그리 뚝뚝허게 햇대이(day)대이 대이

경주 서라벌에 옮겨놓고

아 나 이런 것 까지 옮겨야 하나 괴롭네

할루에

미치게 아름다워

누려서 되는 게 사랑이 아니야
알만큼 알아야 돼

이 에(噫)를 밀어내리 에밀레종 치시며
불이 되어 날아다녀 사를 사로 누르리 불국사 내셔유
서로 가다 박히는 게 뭐다냐 서가모니불 석가탑
이로 인해 아미타불 내엇나니

아미타불 아 미은하다 타오르며 불자의 길 지나가게 하다니

꼭데기로만 오르려 하는 게 다 보인다 다보여 다보탑 내시네유

토렴하고 토렴하여 쌀쌀 맞게 하던 일 살살하여 살 되게 하련다
쌀도 살이라 하시면서
빵빵 쏘는 전쟁 건진다 빵 별사탕 건빵 맹글어 삼킨 듸
빵 터지는 웃음으로 토렴하며 피 흘리고 이어지는 전쟁
팔로 하는 전쟁 팔로워(war)로 돌리고
옴하고 생각한 악은 음악으로 돌리듯
탕탕탕탕 설(雪)탕은 설렁탕 내어 삼키네유

아부지 돌 되어 굴러가유
충정한 이 충청도에 옮겨놓구

시야에 눈이 떠지면
충정한 마음으로 팔팔하게 태극 이어라가
접힌 나비 날개 펴려함이네
호랑이 혀 앙성 용포(龍袍) 챙겨 입으셔유
사라진 양의 마음 야 되엇음을
공손한 대답 야로 돌리구
공손함 부족하면 반말로 들리니 조심해야 하는 야

단 한 마리의 양이 잇더라도 찾으러 떠나리
단양내시면서 (염소 念小 생각 부족)

걍 올챙이 시절에 원되어 잇엇어야 우수수 떨어져
감자(감사받는 자)되지 않앗어야 강원도에 옮겨놓구
다 도망갓다 해 다도해에 옮겨놓구
우리 하나의 통영 동(同)피랑께 통영에다 옮겨놓구
말렷어야햇어 부산만 떨엇어라 부산에
안에서 동그리하게 침묵하구 잇는 양의 마음은 안동에
다다닭 닭이 되어 금지할일을 일삼으니 알을 품어 나가는
금닭 알을 품은 닭실 마을은 마금산 자락에
하와는 부곡에
홍해는 사리 내는 진주에
이 속이 뒤집어지구 울렁거리는 일들 이 독을 도(道)로
풀어야 하네 울릉도 독도 하심이어유

진짜 도를 보여주리 진돗개 진도에 내시구
허나 사람이 하늘 되어야 하네 인천 내셔유

쌓이구 쌓인 업 여진을 감내 할 요량으로 고려에 풀어놓구 왼쪽 눈 가린
궁예 되어 새 신 신구 (外로 간 과거를 덮음 궁에 살려면 예를 지켜야 하네)
중침 장침 외침 아 침 좀 쪼때 맞은 아침의 나라 조선으로 이어가유

원래 위에서 부터 계시던 이 상(上)놈이란 이름과
양의 마음 조금 더 탓어야 김이 되어 올라왓구
알로 박아 놓앗으며 우리 모두 통영이네 영이 되어 이 안에

그대로 잇엇어야 양반 조금 챙긴 뒤 양반 상놈 품어유
다다닥 양심에 털이나 배에 무조건 다 태워 다 드러눕게 하니
양(良)이 밀려나와 턴하여 돌아야 햇네(닭털 배드민턴)
테두리를 둘러 니 스스로 스러지게 햇니라
황 되어 다스리네 황제테니스 하셔유

오기만 하면 전에 잇던 머리 돌아오니 환장하겟다
공(空) 없이 뱃속으로 들어가기만 해 화나는 시절은 오공화국에
대자로 뻗기 중간 조음 펼치신 에덴동산은 햇볕 정책에
에덴동산에 실망하여 당신 하늘에 머므르시니 시간되면 나타나 힘주고 들어가
는 뻐꾸기 들락거려 놓우 현다 그 시간을 보낸 후 당신 과감히
사대 강 공사 밀고 나가시네유

얼음 속에 갖힌 영들 많이 추웠을 생각에 사과할 양으로
당신 살 녹여 대는 사대 강 공사
무지로 인해 뿌리를 끊어내며 이리 저리 흔들리고 돌앗지만
문제는 인제 인자 되어 해결 할 수 잇어야 닭에서 인간되기까지 내려온 길의
복수 날 초복 중복 말복 둥드리 둥둥 드드둥 돌고 돌며 타고 올라온
보복의 글러브를 벗고 진정 토마토를 해결 할 수 잇어야 하심이어유

토마토 토를 달고 나오게 하지말라 흙형님이 흙흙 울며 전한다

ㅅ대강 공사 살을 모으다 사라진 일 해결하기 인해
하나하나 다 구원하기 위해 사도(死道)의 길을 지나며 강을 건너는 일을
감수하면서까지 대강이나마 공사하심이어유
그 나머지는 각자 알아서 해야 하므로

화식으로 피의 맛을 잊게 하겟노라
죄 없는 자의 희생이 이 돌고 도는 악의 고리 끝낼 수 잇어 하시고는
채선 되고 물고기 되어 내 몸 살라주며 화식하게 하셧어유
그러나 많이 따갑고 불 앞에서 정말 떨린다하시니 내 심장 멈추네유
빼까맣게 탄 커피가루 보여주며

나를 이렇게 햇어 울먹이시네유

커피 커 피다 피 피해 적혈구 백혈구 다 피해 머리로 올라감
머리에 도착하니 그니도 깜짝 놀라 아구야 잠이 다 확 달아 남

커피라떼 커지겟다 피 흘리게 하며
ㄹ나의 속을 이리 태워야 떼끼 이놈들

떡 하나 주면 안 잡아 먹지
당신 억하고 죽어지어 호랑이 승질 누르게 하려 그리 하셧다니 그리고서
이제야 널리 이롭게 하라
홍익인간 펼치라 하셔유

하늘서 다같이 함께 내려온 홍이다
뜨거운 불에 익사하지 않게 살펴라 홍익인간

익사 익사 수의 수의 임대수익이든 뭐든 과도한 수익은 누군가
익사 당하고 잇다는 뜻이오니 그 일 내 머리 위로 돌아옴이니
손해 조금 손해 보는 듯 해야 신의 손이 되어 햇다는 뜻이오니

화식은 물론 노약자 제외하고 보일라 꺼라
헬려고 드러누엇다 이제 좀 들어간다 핸드폰도 보내라
쪄할 쪄 빙기루 숨구멍 다 막는 비닐 이제 고만 꺼내라
내 살 지짐질에 붙여 버리는 다림질 해야겟니
냉장고 염색 꽈마약 드라이 고데기 세탁기 등등 멈춰라

태양열 발전 이건 생명과 나무의 일이야
명하네 나 물 되어 태양열 발전기 밑에 명이 나물되어 나오셔유
단 4층까지만 사용하게(사는데 관련된 꼭 필요한 일)
회로 덮으니 답답하다
콘크리트 코로 호흡해야 하는데
원자님들 뿔나레 크 이리 트름해야하니 생각 좀 해라 씽크홀이 무언지
눈알 꽈지마라 땅 바위 철 벌목(罰木) 귀금속 다 눈알이다

아리 아리 아리까리 수도관 하수관 힘들다
이리 힘들게 왓는데 물을 따로 또 쪄날려야
마주보는 곳에 정수기꺼정
치라
욕조 따위하고는
물은 받아서 조금씩만 낼 것이며
오존층 없던 시절 햇볕 쏘이며 마냥 기다리며
등대고 발 되엇던 시절 생각하라
감사한 마음으로 기생(기를 생으로 입성)하거라
트로트 치워라 그리하면 또 들어야 하지 않니

쿵짜 쿵짜 쿵짜라 쿵짜 인생은 네박자

좋은 것도 잇지 않나유

내 말 좀 들어봐
여기도 짜가 저기도 짜가

참 선을 행하 거라
선한 영이 되거라
쓰레기라니 우리 모두 하나니라
시레기 신들이 싫어 나른 기니라
두 발 딛고 걸으면 행(行)복이다
무엇을 더 바라니

아 킬랏어 복수는 복사뼈에 굳히고
이리 지나가니 가락 가락 발가락 안 아픈 발이 없구나
보라 뚫려 나가지 않느냐
어서 빨리 멈춰라
내가 먼저 멈춰라
무정(無正) 장식은 다 뜯어내라
흙으로 굽는 동이는 바께스로 바꼈으니 이제 그만 굽거라
바꿔 쓰고 아껴 쓰고

어느 정도 따가운지 알지 않겠느냐
아궁이 치우자
불은 최소사용 자제하라
할 수 없어 들어갔구 지금까지 행하네
미니스커트 식탁 위
미트콘트리아니 스러지게 해놓고 커겠다 하여 들어졋던일
타마고 타고 나가 막힌 일
웬일코자 (한마음 웬으로 일어나 다시 영과 일이 합쳐짐)
그간 내 속을 시커멓게 태워가며 식탁위로 올라앉아야 했다
그런데 허연 옷 입고 다락에 걸 터 앉앗구나
허연 죽음의 옷을 입어야 하는 다 타락의 길을 걸치고 잇지 않느냐고
이제 미니도 식탁도 탁 탁 탁 다 치라 목탁 치네
아 정식으로 이런 식으로 뱃속 들어가는 거 반대한다 가정식백반
꽉 쥐고 삼키던 일 이제 고만 빵 터트려 끊어내라 단(斷)팥빵

이리 힘들일 지나며 기억에 테를 둘러야 햇음은
계속 이어지는 전쟁 계 란(繼亂) 막기 위해 마지막으로
놓은 바둑돌이네

다 한자리 모여 선의 실행 가능해지면 기억을 돌려주려 함이고
얼어라 상이란 상은 죄다
울의 머리에 피어난 곰팡이
외로 엮는 감히 신들 서열로 정하는 상들
신들 추워 갈치느라 갈치구이 에탄올
에타며 울라오느라 아아아아앙 아아앙 공을 짜네

잔치 상 좀 받았느냐
잔(殘)이다 치워라
우아 떨고 의자 위에 앉아서 잔치 치를 때
삼천궁녀 인당수(人堂洙)로 뛰어 들지 않느냐
지옥의 불길 지나 식도 쪽으로 뛰어 내리지 않는고

둥당거리고 잔치할 때 네가 이리 버린 이웃들(neighbor) 울고 있음은
보이지 않는고 치워라 잔치
영재라 들썩일 때 다른 아이 영 재수 없어 하지 않겠는고
좀 헤아려라
화장이라 함은 화가 난 장이라는 뜻이니 참회하시게 3화장실 조합이네
똥이 더럽다고 난리야 나를 통해 나온 결과물은 다 내 똥이니라

종을 치려 종이 빌려 말하노니 각국언어 마치고 고유 언어 한글 꺼내라 지구
촌 글로 벌에서 벗어 나게 함이니

이제 금하여 사라져 가게 되는 언덕배기 보이네유
말대로 이루어짐인데 아니 말대로 연을 맺어 주심일진데
상가 돈으로 뭔가를 사고파는 곳을 상가라 하니 상은 간다는 뜻
이는 이 무한한 도전의 시계에서 물건이라 착각하고 무엇이나 불에 그을려 만들어
돈으로 맺어진 형상은 정말로 사라진다는 얘기네유
상점을 가게라하니 점되어 점점 가겠네유
전기로 만든 제품을 전자라 하니 후자에는 이 또한 그리 됨이구유

나요 나요 네가 나요 하며 앞에 잇는 이를 입으로 꿀꺽 그 안에서 웬말이요
요나 요나 요베는 내가 짰소 요나 요나 하며 빠져나간 요나는 바다 속에 던져져
그래 뱃속에(숙명을 받을 때 기억을 덮고 오래) 잇다 지로 올라와
니네베(가로지르는데 사흘이나 걸리는 아주 큰 성 우리 뱃속)로 들어온 요나

라마스떼 나만 살겠다며 다 스러져 나가야 떼끼 이놈
이제 인도하겠다 명상 속에 나 설령 앞이 막혀 스러지더라도 혼자만 살겠다
테두리치지 않으리 나마스테 하며 몸을 뒤 틀고 요는 가라하니

하나 챙길 때 돌을 챙겨대는 요는 가라는 뜻이네유
특히 공요가까지 나왔음은 덕을 풀어내지 않는 공 없는 요는 가라 함이어유
이를 쑤셔대는 요지가 말씀하시길 쇼핑과 요리가 가겠어유
요복 교복도 벗어지구유
고등학교 졸업식에 밀가루를 뿌려댐은 중학교에 이어 같은 내용 반복하는
고등학교가 가장 먼지 밀려 나겠다 의미네유

선교 시잘데기 없는 기복신앙의 종교도 가겠다요 요 교라 하고
기복신앙 이브로 인한 기막힌 복수 기억하게 하니 신들 앙앙 온다

성기를 자극하는 노래일랑 가겠다 가요라 하고 잇지 말입니다

동물에겐 없고 사람에게만 잇는 직업
잡(雜Job)은 것이 지구에 박혀 업을 짓고 잇다의 의미랍네다
그렇다면 직업이 없어도 다 살 수 잇다는 뜻

사람은 무언가 입으로 디밀어야 사람 살음을 유지 할 수 잇음인데
입을 통해 입장하는 것은 한정되어 잇음이니 그 나머지 일거리
대부분은 거품이다 볼 수 잇지유 쓰잘데기 없는 허세 허물어질 허무 세상
노동이라는 이름 달고 우리 몸을 혹사시키기만 할 뿐
농시(농사)를 기준으로 최소만 남고 사라질 것으로 보여지네유
청소라는 말이 필요 없는 삶을 영위하여야 함이지유

문을 닫아 화가났다 문화를 때리치고
커어 다 스러지게 텀벙거리고 다니지 말고custom
컬려다 또 추워지니culture

이리 힘든 일 지나며 제우스 옷을 짓고 잇네
신들 중에 손을 달고 잇으면 제일 우두머리 신 제우스 신이라 할 수 잇지
죄를 지어 하늘의 기가 떨어진 자 제
울며 하늘에 울랏다 기억을 덜고 내려온 자 우
한 몸에 품어지는 제우스
제우스 자라면 일 좀 맡길 수 잇어
원 이리 힘이 들어가지고서야
동굴 안에서 아말테이아와 멜리사 요정이 제우스를 키우네
아말테이아는 암염소의 젖을 제우스에게 먹게 하지
암염소의 가죽으로 아이기스 옷을 지어입고
멜리사는 꿀을 따서 맥인 다네

아멜테이아 암할테야 입을 다물면 나는 소리 암 부터 연습부터 시킴
아멜테이아는 어느새 암할테야는 말씀 알아들엇니다 하겟니다가 되어잇음
꿀을 주는 멜리사 요정 멀리서도 소리를 들으면 이를 들으신 하느님 꿀꿀꿀꿀
나만 챙기는 욕심스러운 일이 아니라면 챙겨다 주셔야겟다는 뜻임
욕심은 화를 불러들이는 일이니

암염소(念小) 소식적 온 누리 창조하고
여기 지구로 이사 온 이유 알게 되니 아이의 기에서 스스로 자라는
아이기스 되어 잇으므로 어떤 무기로도 벨 수 없음
생각하고 나눔을 행하게 되는 암염소뿔로 인하여
그 누구도 배고플 일 없어짐

제우스 자라면 그간의 일 낱낱이 일러주어 온 누리의 평화를 찾게하리
제우스신 암브로시아와 넥타르만 먹어도 충분하다오
이 암브로시아와 넥타르를 마시면
크로노스 그동안 삼켯던
하데스 헤스티아 데메테르 헤라를 토하게 된 다네

제우스신이 마셔야 할 암브로시아
암 브러(일부러) 시야에 들어나게 부도(附圖)되어 계심

영원한 생명을 주는 신비의 음료 넥타르 그 모든 게 넥(neck 네 스스로)
목숨을 이어가려 따고 나온 길 내 탓이오 하고
원망이나 시기 없이 자신의 일에 책임을 짐

하데스 하도 힘들게 해서 하늘은 델구 다니다 스러지겟다
정말 따끈 따끈 거린다
내 일생 한계야
줄이 갈라진 옷 입고
겸손해야지 이 사람아
아우 우짜다 이 사람아
유황 않는 소리 안 들려 자그마치

헤스티아 해도 해도 스러지고 티가 안나
데메테르 이제 여기까지 델구 왓으니 멜건 메고 다 맡아라
헤라 좀 헤아리며 하거라

우리는 모든 상황이 이해되면 알지 알지 하지 그 알지의 알이 바로 그

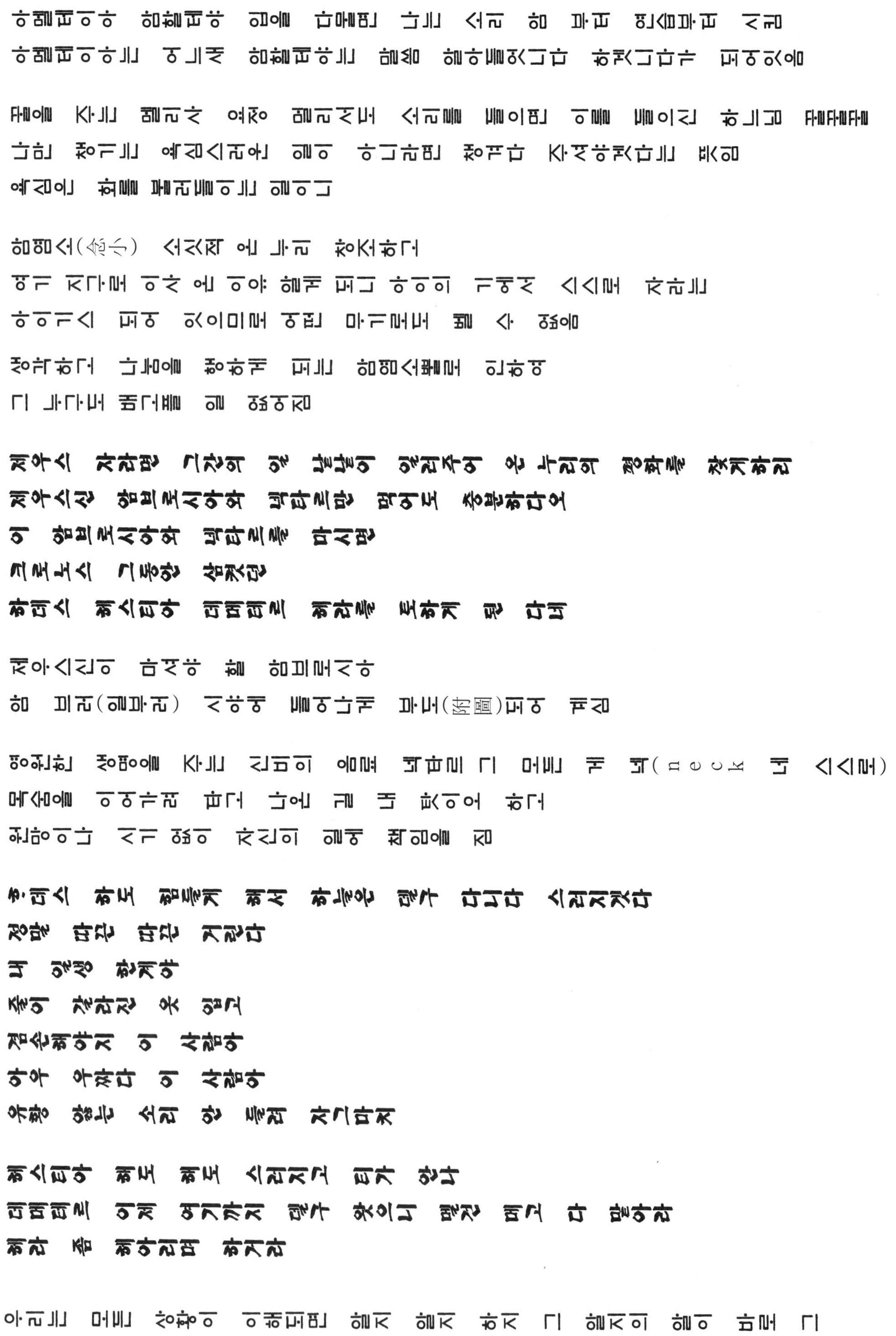

알이었음이야 다 알고 있는 영이 이리저리 흔들러 알이 되어 나옴의
알이며 빙하까지 내려갔다 다시 올라 오게 됨의 r 해서 배추를 절이면 숨이
죽었다 하심이고 그래도 살아는 있다 :: 눈물 흘리며 내려 가심의 유산균
되어 불로 인해 기가 스러진 스님 되어 입장한 사라지고 스러진 기 사스 까지는
해결할 수 있다 허나 역시 기어 다니며 다스리고 있다 김치(治) 하시며 원래
기는 생각과 동시에 순간이동 하니라 하심이야

뱃속에서 조직을 짜던 단백님은 다른 이의 몸에 들어가서는 베를 짜지 ㅇ니하
므로 살을 이루지 아니하고
육식으로 몸을 이루며 묵언수행으로 가르침 주시는 짐을 지고 가는 승려
이제 그 짐 내려 놓을 때가 된 짐승 옷 입은 신들과 달리
보이지 않는 것으로 보이는 것 만드시며 사람 소우주 몸 안에서 베를 짜는 삼
신님도 다른 이 뱃속 단백님 들어오시면 고개 돌리시옵고 아니 차라리 내
눈에 흙을 넣고 나를 밟고 지나가라 초가 되다 못해 썩음을 지나고 난 뒤
피어오른 내 피 같은 동생 진한 소주 들이키며 떡 실신하게하고 입장시켜
이 어찌 내려온 연(緣)인데 연기(煙氣) 올리심서
술술 풀리는 동생 내 동생 소주 님은 뚤뚤 뭉쳐
뚱배에 태워 델구가실지언정 단백님으로는 살을 이루지 아니하지

이사 가야하는 24번째 인격 잠시 들 숨 쉬고 있는 46신(神)이다
사육하지 말라 하심의 애니몰은 어린애 니 스스로 그리 몰고갔다
그러나 사랑한다 愛 하심이야
A 에이 I 아이지 이건 저 쪼매 날아오르자고
I 아그들 몸을 쪼아뿟냐 사이에 낑겨 있는 이 새야 철 좀 들어라
우찌 햇기에 철새 되어 나왔니 철새라 부름서 공기님 되어 받쳐주어 하늘을 피우심이

60조 자아(육신을 좋게 하려는 삼신세포님)를 품고 있는 우리는
나이가 있다면 온 누리의 생성 137억년과 같음이야

너무 커서 안보이고 너무 작아서 안 보이는 하느님 중
사람의 존재는 중 2라 할 수 있어
허세 작렬 중간에 끼인 이 중 2에
코로 들어가 단백질을 생성하는 콩콩 튀 다니는 콩이야

어처구니로 돌리면 몸을 이룬 개미군단 중 두부(頭父) 좀 되어
소금 작은 일부터 금지하며 온 누리 간수하는 된자 되는 거야
쑥쑥 자라 노래 가락 콩나물 댓 개 걸침서

그중에서도 그려 땅은 24시간 전주콩나물

전부터 주인장이었는데 칵으로 인해 떨어져 나와 이사 온 전주 콩나물

후 who 한숨소리(물결 파동 되어 일어남에) 오랜 when 시간 후
왜 얼(정신)만 where 가지고 왔는지 what
하 우짜다 How 하늘 도울다 기를 놓으로 넘겨 다시 물결 일으키네
와 이리 why 되었는지 스스로 답을 내고
콩 무시 무시 볼 길 지나며 눈물을 흘렸음에도 문을 팡 열고 나설 때는
좋은 윤 되어 그 누구와도 하나 되며 마지막 영업 윤 식당 내심이야
메주에서 나온 곰팡이는 좋은 균이라 함은 문을 팡 열고
눈물 흘린 다스리는 윤(尹) 되어 나왔다는 뜻이오니

나를 위해서가 아이라 하늘에서 내려온 우리 모두를 위해
화를 불러오는 화식과 육식은 절대 피해야 할 일이야
식사 자체가 잘못이라는 얘기야
식사(食事)는 무언 수행 중인 신들 의사 한다는 뜻이오니
양의 마음은 지붕으로 덮어씌워 가림이 食이고
하늘은 가린 모난 마음 ㅁ 동쪽은 막고 서쪽을 열어 다 스러지게 하는 검을 내리꽂아
그 꼬리가 서를 향함이 일삼음이 사(事)이니

먹는다의 먹은 어원이 억이며 이는 억하고 스러진다는 얘기야
부엌은 부그장 돌려라 누군가 억ㅋ 하고 초상 치른 다는 얘기이니
여자 말을 들으면 자다가도 떡이 나온다 함은
자칫 이기심으로 돌아서게 돼 자다가도 억하게 되겠다는 의미이니

그러니까 치킨과 키친은 마주보고 있는 거울이야
키 때문에 치사하게 친구를 치고 있는

입구(口)로 들어가니 입장이라 할 수 있어
또는 소우주 성에 들어가니 입성도 좋고 좋고
변을 볼 때도 똥을 싼다가 아니라 퇴성이 맞지 말입니다

공기 중에 계신 분에게 거기서 뭐하십니까 여쭈오니
근무 중이지 말입니다 새가 되고 좌가 되어
사이에 낑겨 있는 이 다 죽고 간다 대답 주셨지 말입니다

공양 마음을 비우고 양의 기운 받아들인다의 뜻이니
그러니 더더욱 불길 지나는 불자 스님 되게 하여 입장하게 해서는 아니될 일
진지 드신다 진지하게 생각하고 입장하게 하라 하심이니
나는 없다 무라 하심이니
나는 무 나무(木) ㅣ스러짐을 ㅣ들어 올려 세우는 데 보탬이 되게 하는

十 더하기 십자가 지고 걸어야 하는 사람 人 木 몫을 하라는 말씀이셔

먼지님들 안 보이는 먼지 되어 흐르는 먼지 되어
부드러운 먼지 되어 소우주 성에서 만남의 장을 내어주는 나는 무 나무이니
마음에 중심잡고 무엇이나 들어주는 나뭇잎 되어
채선만 입장 시켜야함이 당연지사일 것 같으나 풀은 기를 매지 않고 넓게
풀었다는 뜻이기는 하나 잠시 풀칠하는 기간이었고 땅에서 쓴맛의 채선이 올라
옴은 다 햇씀 다 썼어 알려 주심이니
오우 막지마 하시며 보라 보라 찾앗다 찾앗어 보라 꽃을 찾앗어
보라꽃 내는 고구마 그분께 아히궁 그간 몰라뵈 죄송하엿나이다
인사 드리고 입성하시게 해야지

고구마의 ㄱ을 빼면 오우 막지마

불에 익힌 고구마를 구운 고구마라 함은 구하러 왓는데
온다의 뜻이야 세월과 함께 이리 왓는데 9옴 하심이야

과일을 취(取)하면 피부가 좋아진다는 얘기는
와 드디어 일어날 수 잇겟다의 와일이고 기가 피부까지 간다 하심이야
덮은 기억을 빼면 ㄱ은 ㅇ이 되니
그리고 견과류 입성해야 할 일이야 견과는 연이 온다 연와이니
고구마 견과류 과일 곡물 등을 생으로 입성해야 함이야

채선 유채꽃 ㄲ 눈물 흘리며 행복한 체하며 내 몸 살라 선을 갈치느라
주성귀
풀어내는 성이다 귀 잇는 자 들어라
죄망 이 모든 망(亡忘)이 죄로 인해 왓노니
꽈고 나갓음이 풀이 되엇다 카아 꽈프리카

냉이 빙하시대 얼음을 뚫고 이리 올렷다
얼음골에 그냥 둘리가 잇겟는가 둘리양반

양념은 양념(良念)하라 녹인 이 내 몸이니
열무 열심히 정진하여 무아의 경지에 오르거라

무릇 신이 되어 오려면 달라고 조르는 일
해서는 안 되는 일을 부추기는 일 아니겟는가
아무리 꽈 먹엇다고 그 정신의 뿌리까지는 꽈먹지 못하엿노니
이제 마무리를 짓기 위해 얼움 속에서도 불속에서도 사그러지지 않는 의성마늘 내노니

불교에서 입성하지 않는 오신채의 이유이네
몸을 따뜻이 하게하는 생강 생각 좀 하여 강을 잘 건너거라
들어오는 기를 왜 쳐 나가게 햇는지 기 침 기침하니라
괴기에 들어가는 후추는 후 추어 라는 뜻이니
오이와 달래 무침 오잉 그렇게 하고 나가놓고 또 뭘 달래
고로쇠여 고롬 내 몸에 닝게루 꽂아 뽑으세여
그러나 닝게루는 니가 그러고도 사람이니 라는 뜻이옵고

돼지감자의 모양이 생강이고 뚱딴지라는 이름이 잇음은
되지못한 생각을 하며 뚱딴지 소리를 하는구나

보신탕에 들어가는 들깨는 아직 들깨우쳐구나
보호하여야할 신을 삼키다니
친구 구하러 하늘서 내려 강남 넘어오게 되엇는데

케케케 거리며 여전히 찹찹찹 대는구나
토 닿고 나오는 걸 막으려 흑흑흑 이 형님 이리 내민다
토마토(土) 케찹

참깨 참으로 깨우치길 바란다
내기를 태워내려 참으로 길렷니라 참기름
당연히 관두고 실엇지 숨이 깔딱 넘어는 일인데 곤드레 밥
나를 치고 꽈고들어 먹어치운 이에게 기를 실어 나르는 일인데 시레리밥

곧추세우는 기로 인해
이 내 몸 전장에서 부서져 찐득찐득 피 흘렷니라 고추장
가려고 옻을 입엇더니 멀리도 가는구나 옻나무
올라오기만하면 걍 꽉막힌 갱속에 들어가 박혀잇으니 아 욱하고 올라온다 울갱이아욱국

오잉 해서는 안 될 일을 부추기며 내 몸에 열십자 박아
무거운 십자가 꼭지에 쓰고 나서는 오이 소박이

수보리야 고개 빳빳히 곧추 세우고 방구하러 나가더니
열심히 만든 나라 세 상 되어 무가 되게 하엿구나 싹싹 빌거라
고추장에 싹싹 비벼먹는 열무김치 보리밥
바로 바로 사과하고 시정하엿으면 굿하고 웃어 넘기지 않앗겟니 굿사과
이제 그만 쑥쑥 자라 신의 머리되어 되거라 쑥 갓
속을 텅 비워야 대쪽같은 정기를 받음이니 덕을 더 쌓아라
대나무에 더덕

할멍 뵈이는 건 다 내 똥인디 내 똥인디
내가 똥을 싸서 동그리하게 굴렷지
Pee피 아이라구
오줌 오줌
진정 주엇슴 오 줌
할멍이 겨울에도 어니 안어니(an onion) 하며 파먹엇잖여

봄 똥에 겨울에도 굳건한 파하며 내살 온전히 살라 밥이 되어주시는
익을수록 고개 숙이고 계신 보여 안보여 벼가되어 가장 낮은 자를 의미하는
밥이 되어주시며 밥을 지을 때 물을 손등에 올라오게 하여 앉히라 하시지
이는 손을 가진 신이 등대가 되어주어야 한다는 의미야
게다가 밥을 우리에게 그냥 주시지도 않아

허이궁
그 나물에 그 밥이야
부고장 들어왓어 초상집이면 내가 또 가야지

하심서 밥을 뒤적일 때 공기 안에 스며 공기 밥으로 입성하셔서는
방하나 떡하니 차지하시구 설라매 세상 포위 되엇도당 삼신 세포님 되어
빼 나가지 못하게 아주 쌀쌀맞게 굴며 폭 웅크리고 계셔
그러나 한편 화식으로 인해 싹을 내는 기가 사라진 쌀쌀님 노인 되어
지방에 앉으셔서 그만 입성하게 하라 신호 보낼 기운도 없는지라
다시 다음 밥상 들어오기만 기다리시는 거지

이런 변이 잇나 변으로 기가 나가다니
내 속이 부글부글 끓는다 끓어 속이 찰수록 고개를 숙여야지 조금 안다고
보이는 대로 다 고개를 빳빳이 들엇어야아

가운데 태를 내고 방구하러 나간다 방구 빵빵 뀌는 분을 내는 보리와 꽉
채운 뒤 고개 숙이는 벼를 내시어 몸 살라 부글 부글 끓이시어 입장하심이고

네시 반까지 돌아갓으면 이런 사단 안낫어야(지구에 아주 올 생각까진 안햇음)

사슴에 숨어(사흘 모으다 숨쉬는 안 쪽에 숨단) 안 나옹께 이런 사단이 낫재
호미로 막을 거 가래로 막아 쌀로 빚은 막걸리야

戶米價來(호미가래) 하늘을 가리고 빢으로 갓음이 이리 값을 치르고 돌아오게
하엿다니 쌀로 빚어 막아 다 걸리다니 호 미안하네

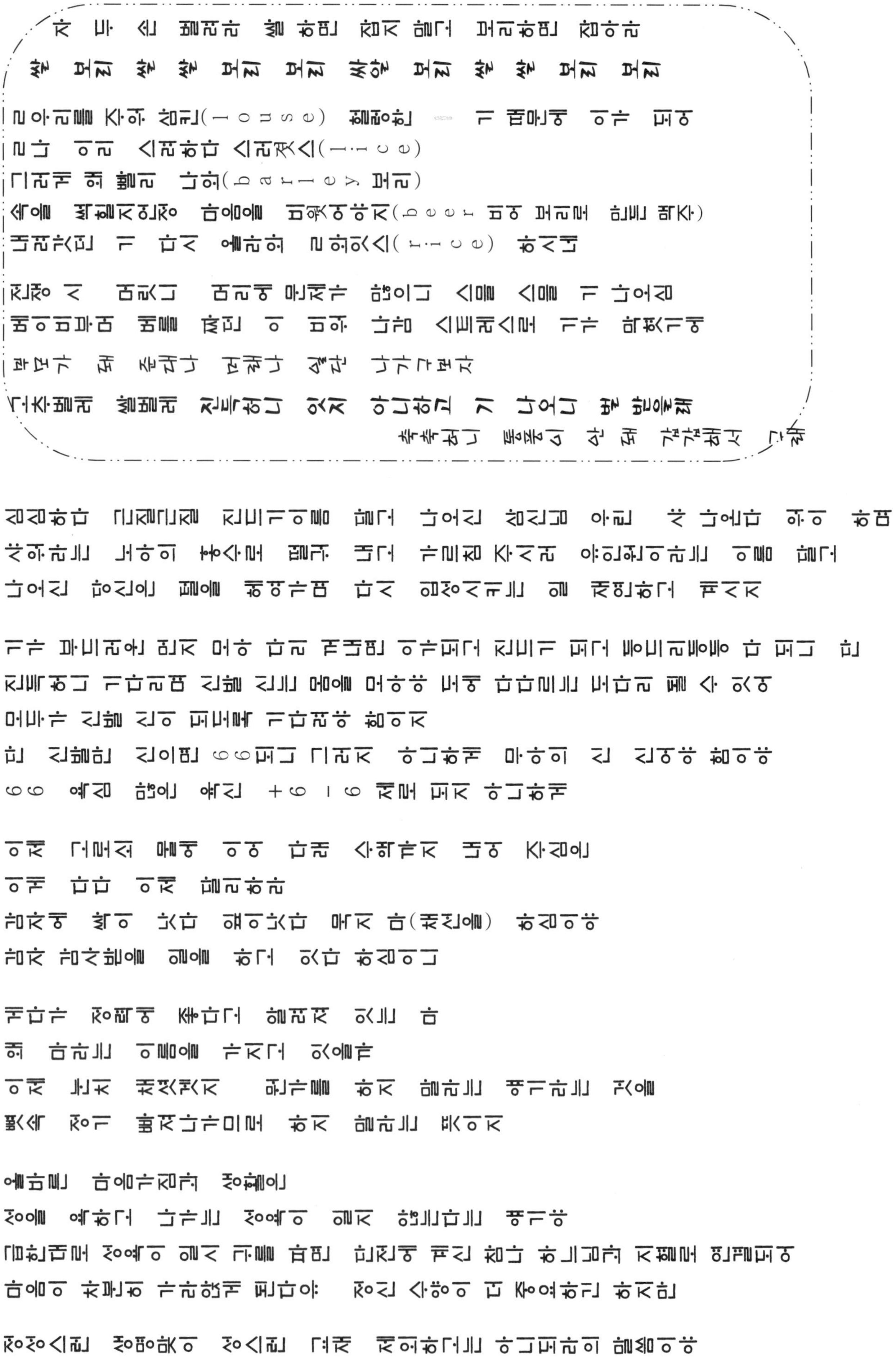

자 두 손 벌려라 쌀 하면 잡지 말고 보리하면 잡아라
쌀 보리 쌀 쌀 보리 보리 싸알 보리 쌀 쌀 보리 보리
ㄹ우리를 주워 삼킨(louse) 헐렁한 ‖ 기 때문에 이가 되어
ㄹ나 이리 스려하다 스러졋스(lice)
그러게 왜 빨리 나와(barley 보리)
속을 썩힐지언정 마음을 비웟어야지(beer 비어 보리로 만든 맥주)
내려갓던 기 다시 올라와 ㄹ와잇스(rice) 하시네
전쟁 시 머릿니 머리에 문제가 많으니 스믈 스믈 기 나오심
베이비부머 베를 짜던 이 비워 나감 스트레스로 기가 막혓기에
부모가 돼 준대나 머래나 실단 나가구보자
고추벌레 쌀벌레 진득허니 잇지 아니하고 기 나오니 벌 받을래
축축허니 똥풍이 산 돼 갑갑해서 구래

심심하다 근질근질 진드기이름 달고 나오신 삼신님 우린 샤 나온다 워이 하며
샤워라는 노아의 홍수로 떨궈 내고 가르침 주시러 유인원이라는 이름 달고
나오신 당신은 털을 헤여가며 다시 입성시키는 일 재연하고 계시지

기가 부드러운 먼지 모아 다리 꺼내면 이가되고 진드기 되고 등드리등등 다 되니 단
진득허니 기다리며 신발 신는 몸을 모아야 도에 다다르는 도다리 될 수 잇어
모두가 신발 신이 되도록 기다려야 함이지
단 신발만 신으면 66되니 그러지 아니하게 무아의 신 신어야 함이야
66 육심 많은 육신 +6-6 제로 되지 아니하게

이제 고로쇠 물에 이어 다래 수액까지 내어 주심은
이게 다다 이제 달리하라
감자에 싹이 낫다 잎이낫다 묵지 마(채선을) 하심이야
감자 감사받을 일을 하고 잇다 하심이니

게다가 정력에 좋다고 알려져 잇는 마
왜 마라는 이름을 가지고 잇을까
이제 눈치 채셧겟지 뭔가를 하지 말라는 얘기라는 것을
뼛속 정기 빠져나가므로 하지 말라는 뜻이지

올바른 마음가짐과 생활은
성을 욕하고 나가는 성욕이 일지 않는다는 얘기야
급한대로 성욕이 일시 귀를 파면 단전에 계신 참나 하느님과 지혈로 연결되어
마음이 차분히 가라앉게 된다우 정신 수양이 더 중요하긴 하지만

정성스런 생명맞이 성스런 고재 제외하고는 아니되라의 말씀이야

서편 동편을 지나 득음의 경지 무음 되어 눈을 가리고
몸 안에 들어가 계신 인간이 품고 잇는 육십조 삼신의 마음을 헤아려야
육을 이룬 신 육신(神) 되니라

인삼 육년 되어야 내놓으시며 널리 이롭게 해라 홍익인간 홍삼 되어주심이야

산천지하 초목엔 모두 이름이 잇어 그 이름과 성향으로 우리를 갈치고 계심이
야 버섯과 마늘이 암에 좋다는 얘기는

벌서야 할것이 잇다 벌서라 마 느을 마무리를 잘 안햇다

그러나 또 암이라 하니 알고잇다 참앗고나의 의미가 잇기도 해
그 태우며 참음이 또 누가 속을 썩히며 문드러졋는지는 또 모호하지만

당(堂)높는 성주가 자신에게 또는 타인에게 인색하여 몸 안에 영이 짐을 꾸려
나가는 양상이거든 인색함을 술술 풀어 채워라
인술린이라는 이름으로 입성하고 계시옴은

우리도 무의식중 아니 몸 안의 영은 같이 든든 거리던 신이라는 걸 알고 잇어
외국에서 온 손님은 사신(神)이다 사람이 오면 오신(神)다
사람 몸은 육신(神)이다 몸신(神)이다 나이 들면 어르신이다 생신이다 오르고
또 오르면 못 오를리 없어 신의 능력 일어나 오라고 다섯 오 손가락 달고 뭔
가를 하면 하신(神)다 하거든

금을 임으로 여기는 임금 밑에 숨어 신하는 신(神) 아뢰옵기를 하면서도 책임지지
않으려 인간이라 우겨댈 뿐이지

네가 잇어야 앞으로 갈 수 잇으니 네가 신이다
그렇긴 하나 내 기가 쇠진하니 집을 짓고 잇는 당신의 발이 되드리리다

신의 책임을 신발에 넘기고 도피하려 해
그러나 원래 능력 기억하기에 쪼매 날아 오를 때

단 슈 즈기
뺑기 탈 땐 신발 벗어라잉 챙피허께 싱

우리가 소의 등에 업힌 등에 이며 우리가 바로 빈대떡 신사야
스스로 광합성 하던 기능을 잃고 자연이라는 이름의 동료님에 의존하며
이리 뒤집엇다 안되면 저리 뒤집는 부침계의 신 또 몸을 버리고
새로운 몸을 모을 때도 지금처럼 기억이 완전히 영으로 흩어지지 않은 채

새로운 몸을 입엇는데 그 능력마저 사라져 사라진 신 신사가 되엇네

이참 저참 빈대떡 신사
연결되지 않는 사라진 기억만 문제가 된 게 아니라 가지고 잇던 몸을 놓을
때도 새로운 몸을 받을 때도 대단한 고통을 동반하게 된 거지 왜 그런지
저런지 전혀 눈치조차 채지 못한 채

사람만 이런 저런 기억을 다 잃고 화식과 육식으로 도배를 햇던 거야
소리를 밖으로 내지 않는 모든 원자님들은 생선 알은
물론 쌀알도 모래알도 다 알고 잇다는 알이니

병아리 병들어 나온 알이다 알을 깨고 나와서는
삐악삐악 울어댐은 삐집고 나왓더니 악쓰고 스러지게 생겻어
삐약 삐약 약병아리라니
우리 같이 하늘에서 내려온 동기야 그러지마하는 얘기거든

꺄꿀두둘두 꺄꿀두둘두(頭) 울어대는 미국 닭은
꺄꾸로 놓고 두둘기며 머리를 써야 알 수 잇어

꿀꿀 달콤한 꿀만 챙기며 해서는 안될 일을
돼지 왜 안돼 햇더니 못됏지 열두마리 튀나오는 돼지 됏어
음메에 음 생각하고 멜 건 잘 매 약자는 막고 블링블링 즐기다
마블링 품은 소됏어 아쉬우나마 지푸라기 잡고 잇지

어 흥 어 흥만 가지고 날뛰면 안 돼 그리 호락호락하지 않아

이히히힝 말하는 능력을 다니 좀 쉽네 이히히 그런데 뭐
이래 악한 말 상한 말 악어 상어니 얼룩말 됏어 실망이야 힝

꽥꽥 이래서 연단을 지나 도를 이루어 오리라 생각햇어
꽤 힘들다고 자칫하면 꽥하고 스러져
멍멍 뭔지 모르고 엉엉 알앗어 알앗어 하며
개(친구) 따라다니다 강 건너 나만 챙기는 남으로 가는 줄도 모르고 갓어
日日日 하심이야

이리 사대강 공사 계획 세우시고 태를 뱃속에(太백) 넣고 내려오시기 전에
한번 더 회의를 하셧음이야

범인을 잡으려면 범이 되어 범의 소굴에 들어 가야해
근데 이걸 다 끄집어 내려면 범 호랑이로 될까
범은 안 되겟어 범은 가죽을 남길 뿐이야

나가더라도 기억을 덮고 나가야 하고 또 스러지게 되어 있어
허니 이름을 남겨야 해

그리고 하나씩 뼈속깊이 트라우마를 갖고 나가는 거야
트라우마 들어서 울며 올라와 막으마
울게 된 이유 한 가지씩 막는 거지
누구는 알을 못 먹는 거고 그럼 그 자는 다른 이의 몸에 입을 대지 않았다는
얘기야 그렇게 한 가지씩 막는 방법으로 하여 다 합치면 원 뜻을 찾아 낼
수 있거든 계속 같은 일을 반복하니 죽어지고 살아나고 하더라도 또 같은 일
을 토렴하게 되어 있어 나중에 이를 잘 맞춰 조각난 퍼즐을 맞추는 거지

모으는 사가 문제였으니 사로 나가 이루자
그래 살음(사람도 포함됨) 으로 나가 이름을 남기자
하늘의 기 좀 퍼다 써서(person) 생각할 수 있는 뭐하나
머리에 달고 살을 모으면서 이름값을 해내자

단 또 혼자만 신이나 욕심내 붉게 물들어 난리치거나
이름값을 못하며 드르드르 미운 짓 드르미 되어 살면
풍 하고 떨어지게 놓는 거다 우수수 떨어지게 되는 거지
단 풍 놓으리 단풍노리 단풍놀이 암호 되어

그래 그럼 간다는 뜻의 가을 되어지면 욕심의 표시 붉은 얼굴
단풍나무 될게 단풍 붉게 올라오면 그걸 신호로 문제 있는 자
빼빼로 하나하나11 빼며 떨어트리는 거야
그러니 우리 늘 원소임을 잊지 않아야 해
원소(圓 小 동근마음 작은 소망)를 품어야 함이지

소 그래 내가 늘 푸른 소나무(松)되어 또 만만하다고 밀고 들어오면
화가 나니 송홧가루 날려 줄게 하십서

이제 우리 모습으로 나가자 이름 달고 나오심이어유
이리 이름 하니 이름대로 하시게 명을 박음이지유
명(命)을 이으고자 태로 명태
서게 함이로다 선태
이 어렵고 어려운 상황 북을 쳐서 알리자
이 책을 통해 말씀을 내리자 북어(book 語)

얼음에 갖혔다 올라옴이니 동태
코로 들어가 다리를 연결하리 코다리
이를 보면 동그리 동해하리 하십서 새신 신의심이어유

이제 기억을 덮고 와야 함에 그 증좌로
아랫 일에 수를 내는데 동참한 자 턱수염을 꺼내리
목적 가지고 목숨 붙여 지구에 다시 내려왔다 목젖 꺼내리
멍든 맘 구하러 가는 이 아홉 구(口) 지고 가리
옷이 파여 스러졌음에도 또 보자기만 내준 이
봣지 봣지 허 봣지 오빠는 바지 입으리

입을 댄 자 이브는 입술 붉게 물들이리
공격한자 손에 꺼낸 톱에 색을 입히리
벗 그 거 뭐라고 벗이 머시기 되어 헤매인 자
지다라 하게 이리 저리 머리 늘여 놓으리
얼었던 이 언니는 이제는 마음을 다스려(治) 치사하게 막지 않겠다
치마 입으리 열두 사제되어 사방팔방 헤아리라 12구(口) 지리

우리 공룡시절의 행적
다른 이 몸에 입을 댄 이
안에서 파내간 이
안에서 지킨 이
하늘에 오른 이

남자도 여자도 이 모두를 한 몸에 품었으니
부디 지킨 이의 마음
하늘의 마음 꺼내십사
건방지지만 이리 옮기니더

양의 마음 부족으로 배가 추워
양배추 머리에 올라 앉아 알리겠다 하심이니

공짜루 주라 공짜로 줘 공주 옷은 벗어내고
바라만 보고 온전히 달려온 바보온달과 서로도와
평화의 강을 건너라 평강공주 되게 하리

이 고생 하여 가는 길 뵈이는 대로 딸려가는 기 뱀 딸기 되거나
남자는 여자하기 나름이야 주춧돌 여자에게 넘겨 속으로 피는 곰팡이 딸려가는
기 딸기코 되어 모자르기도 하지 배를 보여 베렸다 베레모를 쓰면 안돼야
얼었던 언니와 똑 같이 다스리지 못해 미안하다 하면 안돼야
언니들 연탄가스에 속 시원하다 동치미 마싱께로
인연되게 올리느라 타타타로 가는 이 길인데
고깝지만 미운 짓에 미끄러져 역으로 마지막으로 올라가 풀어 해결하려 하노라

돌이 되면 신 어렵게 돌아왔다
원들이 뽈이나 생긴 일 원뽈 꼴뜨기 모자 씌워놓고
금지할 건 반드시 지켜야 하네
불길 지나온 금반지 손가락에 채우고
팍 쥐어 스러진 일 수수하게 넘기자
수수팥떡 풀어내며

오른쪽 날개 왼쪽 날개 펼쳐
훨훨 나는 나비되게 하려 함이네
오른 공덕이 필요해
나비잠 들며

완전히 도를 넘어 다 전복되어 사이에 끼여 일어남이로다
생명내고 생일 되면 미역국 삼키면서

도리도리 곤지곤지 잼잼 브라브라로 신호를 보내셔유
도리도리 고개 흔들며 도리를 지키지 아니하고
잼잼 재미만 찾아대다 사고를 쳐 다 덮어 삐고 지금 다시 왔다

곤지곤지 오른손으로 건지러 왔다
외(外)로 간 내 손바닥위에 잇는 얼라들
해서 브라브라 단단히 키우기 위해 아 일부러 흔들어댈거다
아브라함 하심서 여기로 온 이유를 짚어 주심이야

얼레리 꼴레리 잼잼잼잼 짝짜꿍 짝짜꿍 생에서 모은 얼과 꼴을 잡앗다 놧다 하며 짝을 건져야 하는 명을 수행하는 이 길 눈물 좀 짜며 꿍 한 대씩 맞아가며

총대 맨다
용의 자리
총각머리 동여 묶고

[김득신의 풍속도, '양반과 상인']

피 흘린 자 머리된다
갓(袈 구할건 구하고 칠건 침 God)
쓰고 복두(book 頭)칠성
큰문 여심이어유

물이 되어 나를 깨나리기
시작햇으니 물이 범인이로다
깨나리 삼키는 물범 내시고

원자마마 소(小)들 금할 것은 금하여 간 수 잘해라
간수 품은 소금되어 녹아 내리시네유

하늘에 오른 당신 비가 되어 내릴 시 생각의 씨앗이 생명의 씨앗으로 바뀌어 성을 타고 태를 갈라 몸을 꺼내시며
우리는 파(波 물결 파란마음)에 있음이니
매번 생으로 입성하게 해야 하니라 파래에 매생이 내셔유

벌로 고미를 하게 되었음에
그런데 이를 달콤한 꿀이라 허니 벌이 꿀을 내심어어유

만물은 물이 끼어 움직이며 물움하고 있음이니

생물 사이에 끼어 생겨 나온 물
무생물 말없이 무엇이나 알고 있는 물
동물 동그리 동글 동글 움직이는 물
식물 식(識알아서)이 식(植심어져)이 되어 식(食입으로)으로 가는 물
플랜트 풀이 될랜다 그리 틀었지

휴지님 말씀 나도 한때 몸 좀 크다라하니 모앗지
휴~ 지금은

초심되어 기생 시 배변 휴지 필요 없음
변기는 캐냄 냄새나지 않게 되므로 필요 무(無)

샘나서 따라 나섯대유 샘
깊은 사안속 옹달샘 누가 와서 먹나요 새벽에 토끼가 세수하러 왔다가 물만 먹고 가지유
씻을 일도 사라짐 몸에 냄새 나지 않게 되나니

화식으로 인해 기가 흐르지 않아 따고 나가야 했던 땀이 멈추어져
유토피아(눈물 흘리며 토 달고 피해 나가지 않아(我)) 이루어지게 되므로

거품 거참 갑갑해 품어 내야 겟어

네비게이션 니 애비 게 안에 계이셔이
앱 애비다

스러진 이유 뭐가 문제인제 풀어내리
풀이 자라는 걸 보며 키우기만 하는 카인과
마음속에 어진 양을 키우는 순한 아벨 아 벨로 아벨을
타서 새로운 삶을 사람 꺼내리
적과 백 적혈구 백혈구 되어 한 몸에 품게 하리
절로 성을 타는 성탄절 되리(12。25 열두사도되어 이리오다)

삼신 도와 하는 일이니 셋이 되는 거야
화나는 이일랑 걷어 차내고
태를 꺼내 권리 찾으리 태권으로 도를 이루리
선한이 강한이 하나 되어 빛이 되리
서로를 헤아리게 되리
이 불을 내살 태워가며 모두에게 입을 대게 하리
꾀의 맛도 잊게 되고 꾀로 맺힌 원한도 놓게 되리
머리 달고 한자리에 모이면 이리 그리 전하고 불을 끄게 되리
깔을 만개 휘둘러 오기만 오면 대자로 스러지는 장
이 경을 칠 일 심작하여 깔만대장경을 내 놓으리

그리 물꼬를 틀으리
내살 녹여 밥 되고 살 되어주리
스러진 이들 깔자타고 다시 올라 무한궤도의 길 걷게 되리
독한 고양이는 걸러내리
저리 쇼를 하며 징 돌게 남이 모은 살 탐을 내니
차라리 좋게 돌리리 장가게 내리

부추기다 추워졋음을 부추 후추 되어 알려주리
내살 도려 찬장내고 내살 도려 시금치 내리
그릇된 이 상황 내살 태워 그릇내리
구원사업 하려간 내 몸 두고 이백원 삼백원 홍청이다
상처진 이 내 몸 쓰레기라 떠들다 가슴치고 통탄하게되리
얼음골에 묻게 한일 내 다 갈으리

울이 모은 몸 저도 잠시 입에 대게 하리
이 내 덕을 풀어 놓으리
이 내 정성 늘어 놓으리
내살 녹여 컴퓨터 내리 컴온 컴온 컴퓨터 온다 컴퓨터내리
컴
커 지고자 온 사단
12 12사도로 해결
1 하늘에서 수에 동참하다 내려 온 기 남자
2 지구에 귀 기울여 꺼내 기 여자 조합
가슴치고 통탄하게 되리

육신에 함께하는 삼신들
케케거려 똥꼬로 나가는 일 막으리
콩이야 깔이야 싸우며 똥꼬로 나가 육신 몸을 이룬다 하니
다섯 오줌만 들고 나가게 하리

저리 나가 방을 꾸린다 하니 내살 녹여 명품 가방 되어주리

나만 챙기는 남으로 돌아서니 내 남자로 나가 남만 챙기리
테두리 둘러 나간일 텔레비전로 풀어내리
목숨 때문 화나는 일 보듬보듬 목화솜을 꺼내주리
더러워진 이 태 타올로 박박 밀어내리
썩고 썩은 이내 속 술이 되어 술술 술어 내리리

깔딱 숨 넘어가며 이 일 진행하리
깔딱 숨 넘어가며 나물 되어주리
내 정수리에 입을 댄 이브에게

케케 거리고 스러지는 일 때문 이크 이크 큰일이 낫음이니
손 달린 사람 될시 태를 가지고 나간 그 날 되면 케이크 먹게 되리
남자 여자 되어 만나게 되는 일 커팅하라 케이크 되어주리

키 때문에 스러졋다 뱃속 삼신들 잘 무쳐 키스 하게 되리
뱃삼에 무쵸 두근 두근 만남의 영화 좀 찍어주리
빵빵 거리고 싸우다 빵 터지고 웃게 되리

참으로 치사햇다 이 내 몸 참치 되어주리
온화한 마음 되라 꽃이 되어주리
이 내 맘 얼엇어 꽁꽁 얼음 되어 잇다
네 번 잘로 치고 풀이 되니 네잘에 동충하초 내리
다 들리고 다 보인다 귀 잇는 신 귀신 되어주리

잘못된 걸 입에 넣으니
가라 가라 가래 가래 침 놓아 보내주리
이것 저것 가르치는 가르침 되어주리
이 모두 연결하는 신영조직(신경조직) 달아주리

먼지가 햇볕 쏘이고 일어나(soil) 이도 저도 되엇다
흙 흙 우는 흙이 되엇다 흙집(사람 몸도 이에 조함 됨) 되엇디
구멍 내어 나갓으니 구멍가게 되어주리
케케거려 모르겟슈 수쳐마켓 되어주리 (비닐에 완전히 막혀 켓켓거리심)
일루와 뢰흘렷다 루뢰도 되어주고
달려가가 그랫다 달려도 되어주고
원을 이루자 원이 되어주리

이 얽키고 설킨 실타래 뭉치로 국수(國手)를 민다
누군들 스러지고 실엇겟냐 누군들 이러고 실엇겟나

누들 이 국수를 삼키면 더 이상 약자들일랑 괴롭히지 않게 되리
이런들 저런들 국화꽃을 그린다

國 모는 모로 다스린다 모가 난 영 하늘도 땅도 왜 울었는지
날아다니며 만든 나라를 훑어 감사(勘査)한 뒤 칠건 치고 생각하라 만든
國 국이라는 모난 울타리

실타래 실패한 일 타타타로 풀면서 내려오래

이만 저만 저만해서 자 이리 들어서 따루 질란다 질란드도 그리고
이리 스러트리니 쳬하여 인을 막았지 스쳬인도 그리고
스러졋노 우에 그래 덴구와야 해 스웨덴도 그리고
노으르아 우에이래 이거 노르웨이도 그리고
스러질 때 위로하고 함께 스러진 이 스위스도 그리고
헝 그렇다고 그리 가리 헝그리도 그리고
터 잡고 잇지 키를 빼 간다고 터키도 그리고
코로나가 쳬하겟다 코쳰하겐도 그리고
오기만 하면 스러져 들으리 아 오스트리아도 그리고
그러면 돼나마 크으 덴마크도 그리고
이거 실화다 장마다 화나게 스트라짜따 스러진 뒤 들어 올라와도 쓰러트리고
잦다 차고 짜서 따먹고 이리 때가 낀 장화신은 고양이 이로 인해 태를 열고
나가리 이태리도 되고
프를랑 말랑하다 스러졋다 프랑스
폴란다 풀어 이리 태를 내고 나가리 폴란드 이태리
베를 짜다 수틀려 들어 나갓는에 남이 삼켯다 베트남
싱싱하게 가서 풀어놓앗다 싱가폴

땅에다 죽죽 칼로 그어 국을 만들어 국화꽃 좀 피우리
쪘쳐 놓은 국은 칼국수 되어 삼켜지리
탕탕 쳐서 탕국 먹게 되리

설레이며 흔들흔들 거리다 악을 불러 들이더니
오기만 하면 남이 되느냐 오남리도 되고
나 이리 일하러 간다 나일강 하여
에이 지구에 같이 왓는데 나이가 어딧어 나이가 가라 나이야족조하고

전에 주인장 우하고 달려가다 아하고 놀라 멈추게햇다
전주 우아동 하고
요로고 단절하며 강을 건넛니라 요단강 하리
가슴치고 통곡하게 되리

사를 모으다 독을 삼켜 독 쏘이고 튀 나갓다 사이다 되어주리
얼엇다 녹아서 힘이 줄엇다 어니언 양파 되어 알리리
오는 장마다 미웠다 가시나무 장미 되어 알리리
이 기가 찬일 기차 되어주리

이리 저리 계획 세우고 손 달린 막강한 신 사람 옷 입을 시는
전생의 기억 덮고 행적의 점을 몸에 찍고 올라오네유
토 달고 나간 토(土)를 왕왕(王)거리고 다 덮은 왕자님은
왕에서 점찍고 전체를 살피는 옥(玉)황 상제 되신 것 처럼
발자취 이마 눈 젖가슴 등등 행적의 점을 찍고 이 땅 연단길에 함께 해주시네유

그 유명하고 유명한 소우주
소우주 형님 소주 한잔 들이키면
카아 소리가 절로 나옴은
이제 카오스의 카를 해결햇다 하심이죠
우리를 주워 삼키는 우주는 내 뻬라
크아 카아 소주 멕이며
소우주 달성하셧다 머리에 털고서는
이젠 아예 황금비율 회오리바람 (해 오리)
쏘맥 크아 카아 키아

도장 3개 들고 내려오시며 하늘도 땅도 도를 이룸이니
인자도 그 도를 이루는 장(場)이 되거라 하심이어유
도를 이루어야 하는 장 지구 하늘의 기를 덮어 공동으로 사용하지 못하는
막강한 힘 인간 옷을 입은 자는 연단의 땅이요
그 다음 생애 업은 업보대로 인간 이외의 동물 옷 받앗을 시는 심판의 장이네유
동물 옷 받을시는 하늘의 기는 연결되어 잇는 상태지유
입은 옷대로 능력을 받아 행해질 뿐
그러니 이 땅이 바로 천국이며 동시에 지옥이어유

주인장들 저마다 방안에 지옥문에 연결된 손잡이 손에 쥐고 흔들어대는
꺼까이 그까이꺼 대충 하다가 껍데기 벗겨지며
지옥의 불 위에 올라 앉게 되는 꺼까이장

해서 업보대로 몸을 받는 동물은 고배시기가 잇음이유
40년 연단 길을 걷는 사람은 이도 저도 모르며 업을 지어
스트레스를 많이 일으키니 정해진 시간 없이 고배를 하고 잇음이어유
맨 다 스러지게 햇던 일들 매달 맨스 하게하며 늘 밖으로 나설 준비를 함이니
스트레스 스러진 신 들어오게 하는 일로(단백질 야한 치장) 틀어져 스러진
삼신은 아 들어 날르자 아드레날린 날려 실어 나르자 허려면 허려면

흐르몬 날려 소우주 성 욕을 하며 몸 밖으로 빠져 나감이니

섹스 세상 포위된 삼신 세포님 박히고 스러져
갱년기 50세 되면 사람 되어 오라 흐르몬 멈출 진데
고칠게 남앗으면 찾아오리 갱년기(更)

고춧잎이 여성의 자궁에 좋다고 얘기 하네유
고추 곧추 세우는 기 잎 말하는 입
이는 상대의 기를 살려주는 언사를 풀어 놓아야 내 안에 그와 같은 영이 모이게 되고 허
면 여성의 궁 안에 아드레날린의 기가 아닌 지켜주것다의 기가 모이게 되어 잇지유

그 궁을 통해 나오는 새 생명은 든든한 동지가 된답니다
고추 밭에는 비듬나물 잘 자라지유
이는 남성 또한 마찬가지 비등비등 하다는 뜻이랍니다
처음에는 남성 되어 반듯한 신의 기를 가지고 내려왓지만
반반 품게 된 지금은 남성 또한 나를 낮추고
상대를 헤아려야 내 안에 성스러운 기가 모이고
성스런 교재 성교 통해 반듯한 자녀 태를 품고 나오네유

이리 그려 땅에 입성할 시 싸우던 싸움질의 흔적은 상추에 쌈장 붙여 싸먹으며
독을 모이고 모아 토렴한 듯 박아놓고 일으켯다

독일 땅을 지나 징혀다 기가 스러져 한 칸 한 칸 풀어낸다
모은 독의 골짜기 수를 내어 풀어내리
이글 이글(eagle)닮은 독 이 글로 독의 수를 해결하리
하늘에서 내려온 기 ‖ ㄴ 바닥에 붙어만 잇고 ㄷ 다 덮고 머리를 달아 도를 이루려 햇건
만 두가(頭) do 가 되어 두만 두둑 채우니 도로 영이 되어 도을 이루지 못해 바닥에 박혀
나가질 못하니 독이 되고 디게 슬프게 툭 방 넘어가니 도둑 되고

스러진 도는 밑에서 ㄴ 받쳐 주어야 것기에 받쳐준 도는 돈 돈 되어 돌게 하엿네유
돈(豚) 욕심 부리고 못되게 굴면 빙빙 돌아야 하는 돈

징기스칸 독수리 몽골을 말(언어)을 타고 건너 이쪽 저쪽 에서 모아온 독이란 독은
다 독을 만들어 대장되니 장독대에 모아놓고 엄니 어르신되어
정한수 한사발 올려놓고 정성스레 독대로 기도 올리셔유

비나이다 비나이다 오다가 다 잃고 이리와서 구원기도 하나이다
칠성님 사라졋다 올라온 자 칠건 쳐내삐어 육신 성 되게 해주시오
영원한 구원받아 살아서 올라오게 해주시오

장독대 끝날 지음 독의 기를 끼를 부려 스웩 우웩으로 풀어낸 뒤
차내고 나가련다 힙합으로 풀어내유

어두운 밤 가는 길 딱 막고 팻냐
마패 맹글엇다
암행어사 출두유
할머니 되어 속담 신화 옛날얘기 들려 준다
젓다 젓어 내 창자에 소금 뿌려 젓갈담가 입에 넣고
나뻐어 정정당당하게 붙지 않고

꼬불 꼬불 꼬인 인생 꼬불 꼬불 라면 될줄 알앗더냐
빌게 이친구야 컴퓨터 되어 털어삔다
어따 대구 입을 대 화난 애 플리게 사과하라 사과하네
뱃속에 다 들어가 눈(雪)이 되어 내려왓다 백설 공주 지어주네

양심에 털이 낫소 복수한다 설쳐대게
보실 보실 털복숭이 되어준다
복수양심 굵은 씨앗 뼈다귀로 굳혀놧다

우리 모두 하나이고 주인이며 한배니라 나주배가 되어주마
몸뚱이는 포도 나무 열매가 아니더냐 포도당 되어 알려주마

온 누리에 수를 박아 넣엇따고
얼굴에도 펄구고 콧잔등에도 펄궛다고 수박 되어 알려주마
치사하게 까고 까서 가게됏지
어제 설레이며 서 잇는 날 깻던 이 까치 밥 감을 남겨놓네
모두 알게 되면 감사함을 알으시게
수저 씨앗 품은 곶감 되어 알리겟네
단 감사 받을 일 잇구말구 단감 되어 알릴라네
하늘에서 박앗음을 알아라 호박 되어 알려주마

단 깨달음을 얻을 때까지만 화식이고 육식이네
단 호박되어 알려주마

사를 모으다 한 많게 이리 돌게 되엇다네
북을 쳐서 알리겟다 북한산 사모바위 되어 알릴라네

먼지가 이도 되며 저도 되며 팔을 뻗쳐댓다
캄캄한 밤중에도 아무거이나 대충 대충
용감무쌍 짝꿍도 손톱 무기도 없던 시절
고사리 무덤가에 많은 고사리 오 살을 모앗는데 이리 흘러내렷어 사리를 따져 봐야겟어
마 느울상 늘상 마늘 농지처참해 달라 농이버섯꺼정

홀라당 꼴딱 꼴딱
대충하여 토 달고 나오는 걸 막는 게 아니다
대추 토마토 되어 알릴라네
생쥐사 사족생 순수한 신이 돼야 하재
이순신 내어 알릴라네

산이 되어 딸려간 기 챙겨 온다 산딸기 되어 알릴라네
우리는 하나의 숨 한 그루 나무에 열린 벗이고 형제라고 버찌 되어 알리리
생글 생굴 웃자꾸나 생굴 내어주마

알들이 오래 오래 스러지며 지나간다 카아 알래스카되어 알릴라네
카아 소우주 열게 하리
이 시간 지나면 해와 달이 도왔노라 모두 다 알테이니
해오며 달려 왔음을 모두 다 알테이니

이리 다같이 스러져 사라진 사를 대강이나마 공사하신 후
하느님이 보우하사 우리나라 만세 그러나 우리나라는 대한민국이 아니라
다같이 날아다니며 나라를 만들다 대자로 스러진
한을 품은 리우 우리 모든 이를 말씀하심이 지유

이 한을 다 합쳐야 하니 검은 머리 내고
한 번 더 똥 싸러올 때 손을 슬쩍 내밀네유

빨간 종이 줄까
파란 종이 줄까

파란 종이 몽고반점 엉덩이에 붙이고 삼신할미 되어 입성해서 비로서 살색 꺼내유
둥둥 거리며 먼지 뭉친 색 나무의 속살과 비스므리 뉘리끼리 선 분홍색 소름 치면
개구리와 같은 맛을 가진 원래의 살 닭살 돋아나는

불길 지나며 베레모 모자 도토리 모양의 빗살무늬 토기
하심은 모자르기도 하지 도를 지키지 아니하고 토를 달고 나가 베렸구나
내 비가 되어 쌀을 내어 살을 달아주리
카시오페아 빗살무늬 토기니라 알려주심이어유

성탄절에 내겨가리
강한이와 선한이의 성을 타 절로가 세우리
고려 땅이 최진사댁 삼신 품은 셋째 딸이네유
무엇이나 다 알던 과거를 덮었기에 전도엽(전에 잇던 엽기적인 일)으로 가리고
행적의 벽화를 사라졌다 울다 산이 되어 돌아왔다
울산에 40마리 고래 새기셔유

이리하여 여자의 모습만 잇던 시절을 뒤로 하엿지유
내가 맞는디 나 처음부터 따라나선 이 딸인디
워매(woman) 어찌하여야 쓰까이
입을 댄 이브 구하러 오니라 찌다라하니
찌루 맨(man)들엇어야아 성스러운 기 품고 복수 피하려 기억마저 찌고 왓어야아

좋게 하려 성을 탓다
좋게 하려 귀를 뺏다
ㅇ(안)에서 동(同)모습 되어 나오리
안동패총(聰) 남녀합장 골격으로 이를 보여주심이구유

몸을 이루어 나온 뒤에도
어느 정도 품엇다 내는 방법에서
부모 죽는 순간까지 아니 그 이후 꺼정도 자손을 챙겨유
장성한 자녀 그 도리 다하여 부모 섬김을 다하구
맞이된 자 부모 되어 아우돌보구

흩어진 화살은 아무리 잘나도 금방 부러져야
뭉친 화살 되어 가거라 셋만 모여도 친목계로 뭉치구
동네도 이장 반장 통장으로 경로당으로 꽉꽉묶어
한 이불에 잠재우구 한 솥으로 밥 먹으며
온 국민 서로 서로 언니되구 오빠되구 이모되며
어머니 아버지 자식되게 하시네유

초판에 파이 된거 좋게 좋게 정으로 바꾸자
카오다 스러졋던일 카오스 이제 오리 이리 온
카카 이제 오다
카카오로 초코파이 맹글어 초코파이 정으로 덮는거쥬
내 살 녹여 무제한 반찬 내어주는 식당 잠시하며

슬픔도 아픔도 이제 오랜시간 지낫다
이와 같은 마음 되어 치울 건 치우구 육신 되어 일어서구
전 세계 하나로 어우러져 서로 서로 섬기라 답을 주심이어유

이리 수를 많이 놓구 아 침 좀 맞은 아침의 나라 조선이니라
무수한 외침을 이겨낸 뒤 조선업으로 그 위상 알리시네유

미운 행실에 들어져 뒹그져 나갓음에 또 들게 만든
미트콘드리아 되어 청아한 청나라를 문 닫게 한 이브로 인해
이리 절로 성을 타게 햇니라

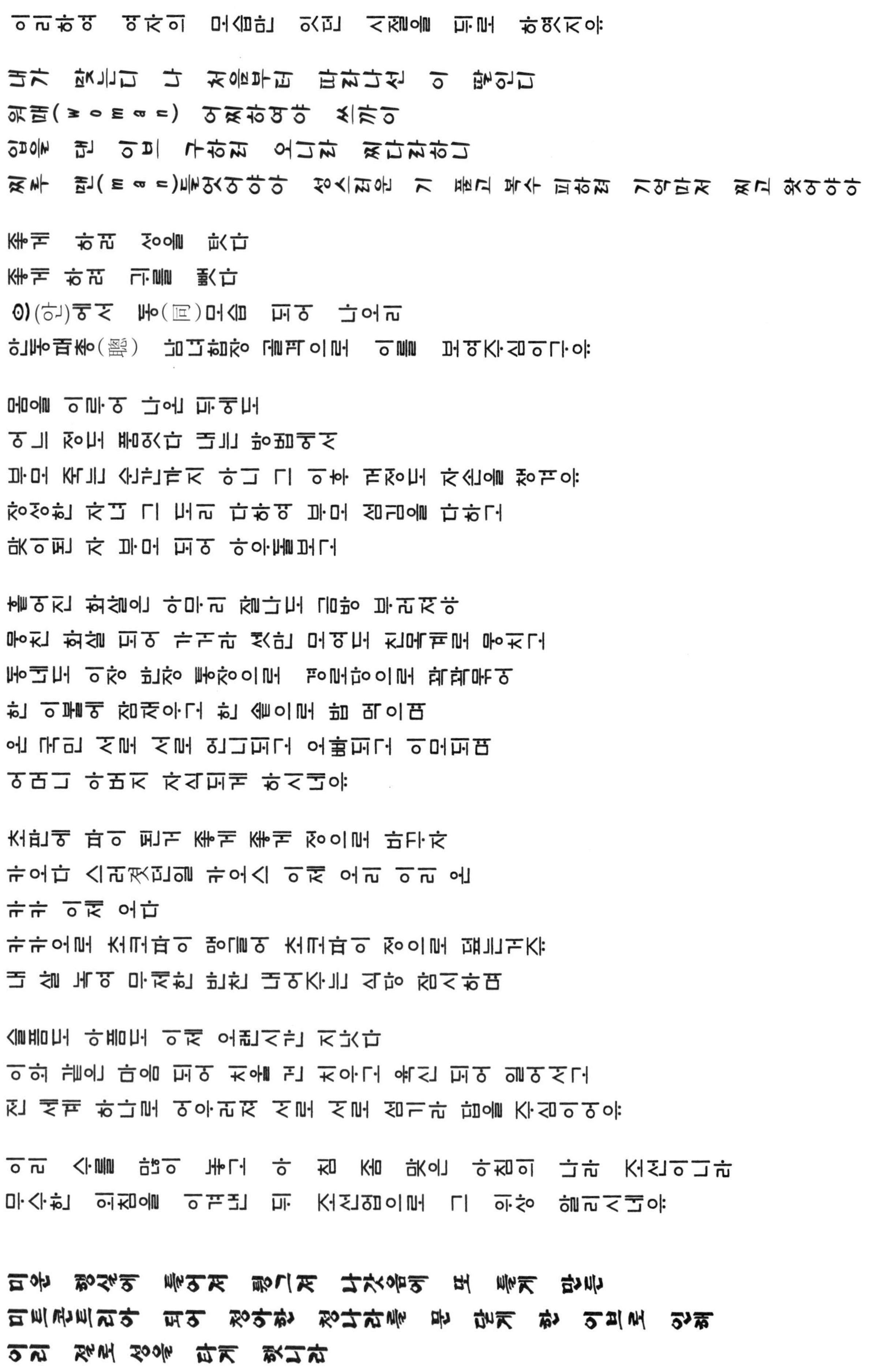

복수하려 하는 마음은 뭉쳐서 복사뼈 붙여놓고
엉금 엉금 기어야 했음은 김치 되어 풀어 놓네
그 이어지는 싸움을 없애야 하니 어저겠나

흘리는 짓방울 대신 고추장 넣고 쌔쌔쌔 하며
상추 쌈이나 싸 먹고 잠이나 자게 해야지
그 일 때문 애들이 쎄하여 골부리며 드러누울 때가지
요고이 요고 하며 풀어 나갓다는데

억하고 스러졋다니 떡이나 해서 먹고
꽉 쥐고 삼켜 얼음골에 박히게 되엇으니 빌어 빌어 크게 빌어
빙수야 빙수야 팥 빙수야 비비빅 크게 빌라하고

김치 되어 엉금 엉금 길지언정 사르르 스러진 사스는 해결할거이니
도를 이루지 아니하고 토를 달고 나가 다 바스러지게 햇다하니
도토리묵이나 해서 먹어 치고
이리 태가 극으로 갈렷어야 건질까 곤란한데 내 살을 태워야하니
하아 감사(敢死)로 육신들 올리리 태를 꺼내 사람 되게 건지리
건곤감리 이 태극기 흔들기 위해 눈물 흘리며 관속으로 들어가는
순수한 신들 하와 목포의 눈물 흘린다

하와 여기 와서 눈물 흘리며 목표 달성한다

다시마라고 다시 말하지만 미끄러져 역으로 올라간다
엉금 엉금 기어왓다 다시마 미역 김을 내시면서

인어 공주 되셔서는 고등 동물 만드느라 어(語 漁) 해야겟냐
고등어 빙어 문어 광어 민어 청어 숭어 다랑어
오징어 농어 상어 잉어 뱀장어하셔유

고등동물이라 우기는 사람들아 고등어
얼음(빙氷)을 뚫고 올라 와야 햇느니라 빙어
먹물 풀어 문을 열어야 햇네 문어
넓은(廣) 마음으로 모든 백성(民)을 청아하고 숭고한 마음으로 다 사랑 하라
광어 민어 청어 숭어 다랑어

아이구 징혀 오징어 남을 헐뜯지 좀 마라
대마 왕 오징어 납셔야겟니
농이라도 상하게 하는 말일랑 하지마라 농어 상어
지가 늘어 놓은 말이 저를 상하게 하느니라 상어지느러미
네가 뱉은 말이 하늘을 휘감고 돌고 돌아 네 머리 위로 떨어진단 말이다
알것냐 잉 잉어

입안에 배암 한 마리 차고 일 혀는 대장들아 뱀장어 내셔유

연이 필요해 실패한 일 실패에 둘둘 감아 연을 날아 올리리
우연인 듯(우님 엮어 주시는 연) 인연되게 연을 맺어 주셔유

孝 땅 아래 잇는 얼라들 끌어 올리는데 아그들 이도 저도 다 삼킨 승질
드런 호랑이는 내 치고 마늘을 쓰고 매운 일을 참고 견디며 매듭을 잘 지
으며 쑥쑥 자라 뱃속을 잘 다스리면 사람 문을 여는 것이고 아이면 내쳐야지
우짜겟노 이리 죽었다 겨우 엉금 엉금 살아 가는데 거양 뒤서는 안 되야
단군신화 내셔유
땅을 네 번이나 덮어야 했던 그 미운 이를 데고 자불라니 엄두가 안난다
연이지 연인데 곤란하다 엄두가 안나
이리 저리 흔들거리고 다니며 서 잇는 이 미트콘드리아로 입을 댄
이브 이 경을 칠 놈 세상에나 만상에나 적과 동침을 해야 하다니

그래 이리하자 주라 주라 주라하며 식식 거리고 삼켜대는 일일랑 주식되어 삼켜지고
이내몸 뜯어 삼켜 꺼까이 하게 만든 이브일랑 껌 맹글어 박박 씹어 삼키고
타고 나가 스러지게 한 이들 이쁜 얼 달아주자
얼굴에 낯을 달아 미인(三人〉美) 되게 해주자
낯을 다니 좀 낫다

가지 못하게 막앗으니 닻을 대고 연을 대 이으는 날
가마에 태워 연지 곤지 찍고 청실홍실 끈냉이로 칭칭 엮고 묶어 나가자
어여쁜 여인 얼굴 달아 그녀들 풀풀 묶네유
내살 태우고 녹여 조청 청실 야하고 수를 내준 야수님들

이리 죽었다 살아났다 엉금엉금 기어 올라오게 하였느냐
서슬 퍼런 눈이 되어 기가 몬지 모르느냐 입는 옷이라도 된다드냐
기모노에 전부 족세를 채우리
엄(俺 나자신)을 막아 모두 사라지게 하였으니
엄마 되어 생명 이어가야 하네 전족에 머리 쪽 지고 간다 쪽머리 하게 하고

한 몸에 품어지면 연지 곤지 사라지리

여자 되어진 몸 머리 숙이고 이도 저도 품는 지혜를 꺼내
신이 사라지지 않게 사고하고 사랑하는 임의 집 신사임당할지
오만하여 나도 반반이다 꼿꼿이 머리 들지는 자의로 결정하고
남자 된 몸 진정한 남자 되어 머리 찌다래진 나(余여)를 따뜻이 품을지
나는 남자임네 기세당당 폼을 잴지 이 또한 자유이나

산 넘어 산 두 유얼 셀프 do your self

잘하면 잘한 대로 못하면 못한 대로
얼이 되어 올린 도(道) 셀셀 풀려 내 머리위로 내려오니

육체에 힘을 가지고 있는 남자
그 스스로 힘센 몸을 기억하나니
힘으로 아녀자 누르면 그 업(up 피눈물) 내 위로 내려오고

다른 짓가 필요해 도를 지키지 아니하고 토 달고 나가는 도토리 필요 없어
도토리 삼키는 다람쥐 내시며
서로 존중하자 존댓말에 토 달지마라 며느리로 묶고 쉬지 않고 집안일에
다람쥐 쳇바퀴 돌게 하시며 연을 기억하라 제사상 올리게 하시며 곧추세우는 기를
누르고 비움과 섬김을 몸으로 습득하게 하셔유
벙어리 3년 귀머거리 3년 장님 3년 구월의 9년 동안
그리고 양반 책상다리 하고 앉으셔서 밥상 받으시네유

그러나 이제 사가 온다 삼한 사온에 사를 데리고 오시네유
삼신들 사를 모으다 흩어졌어야 아주 한이 맺혔다
삼한 사온 가지고 오셨네유

남이 모은 것을 저리 탐을 내니 차라리 좋게 내 몸 돌리리
장 가게 내리
뱃속 중앙에 장가계 바위 세우시고 내 몸 장에 돌리시며 사온다 표현하셔유

새끼줄 꼰다 다음 연에 올라올시 여자 남자 옷을 바꿔 입어유
이리 큰 정사를 치르는데 기억을 덮은 채 지나가니 고고이 문제이이다
비행소년 올라올라 그러나 감수하고 지나가마
쉽지 않은 연기의 길 연이 타서 스러지며 지나가는 연탄 되고 가스 되어 가는 길들

시계추 되어 절루 갓다 일루갓다
나 치사하게 돌아와야 햇다
히 들고 들어 힘쓰는 무기 달고 다시 올라왔다 누가 !: 눈물 흘리고 올라가
때를 닦고 태를 갈라 인의 옷을 입게 하려 비가 되어 왓다는데
그거 누구다냐 비는 만들어 버리겠다 비행소년 따라 올라와 힘들지언정

인생 몇 번 크게 돌면 여자가 남자 되고 남자가 여자 되어 한 몸에 품어지니
몇 번이고 큰 건건이 보내고 나면 선한 영이 서게 되리 동그리 한 해 떠오르리

1차 2차 세계대전 감내할 요량으로
염을 하고 팔을 찌고 사이에 끼인 얼라들 꺼내리
새끼줄 꼬아 올려 연을 날리시네유
태어난 자리 찾아 동해바다 거슬러 올라오는 연어 본보기로 내시고

고유한 말을 꺼내셔유 말이 빠르다 빠른 말을 냇으나
이리 저리 흔들린 거 티 나는 라틴어 됏어야 얼룩말 내시고
심성이 청아한 당신 인당수에 뛰어들어 언어 내심이어유

조기서 다 잃어 부서진 세상 부세 되엇기에 이리 몰려고 들어누웟다 조기(早期)
에 다 일루 몰아간다 다이아몬드 조기내시며

모든 언어를 품을 수 잇는 공기의 흐름과 함께 가는 언어
글로 벌을 사라지게 하겟다 온 세 상이 하나 되는 한글 내심이어유

팔자따고 돌아오는 길을 위해
세계 모든 언어와 통용되어는 언어되게 팔도 사투리를 내시네유
금강산 찾아가게 하기 위함이죠 금지할 건 금지하여 이 나라 이강산 모두 한 마음 되어
웃을수 잇게 하기 위함이어유

혹 어느 일정 나라를 낮게 얘기하는 것처럼 보일 수도 잇지만 실은 이는 한 사람의 몸을
땅 바닥에 옮겨 놓앗음인지라 뱃속 사이에 끼겨서 충성스레 소우주 운영하는 삼신 원자님
그리고 우리 그 시절을 표현하고 잇음이니 오해는 하지 마시옵고 그러나 방관하거나 간과
해서는 아니 될 일 그런 줄 알고 보아주시길 바라니더
이는 사진 대신이오니
이렇게 모은 몸 사라지는 게 진짜냐 말도 안돼 사진 한방찍자 사진 대신이니

어느 날 갑자기 나타난 이티님 손가락 끝으로
찌리찌리 찌리찌리찌 짠짠짠 보내주는 내용이니

키를 보드위에 올려놓고
인제 털어내넷 인터넷을 통하여

천초에 무엇이 문제잇어 인중에 길을 내고 목숨 내주는 고
내 가서 사리 내어주리 모든 언어는 잠재된 언어 잠언이 잇음이니
이를 풀어 미로 연결하여 주리

이 티님이 티끌모아 태산 되는 티을 올 원자마마 먼지이며
천황폐하 옥황상제 하느님 이라는 건 이제 다들 아시겟죠

금강산 찾아가자 팔만대장경
팔만 대주고 잇는 소자 쪼매 더 따라가유

오방세계 사방팔방 사투리 언어
거듭 말하지만 오해는 마시라유 바로 나의 뱃속일잉께루
바이러니 사라지지 바이러스님들의 상황잉께루

파서 따고 나갓어야 파타야 태국으로 잠깐 갈라유
4° 13 은 태국의 첫날이라 하네유

성가란 이름 달고 지나가는 사람에게 물을 편지는 축제를 한다고
사라진다고 이리 마무리 하고 일루 삼신들 다 나가면 성이 가라앉지 안겟냐고 성가란 하네
유 기가 차다 기가 차 하시며 뱃속에서 양수 터지고 빠져 나가는 일 재연함이거든유
또 양양 거리다 따고 나왓냐 양의 마음 어뎃노 한 대 맞아라 꽁 똠양꿍

스타일 친구 개가 성을 짓는다며 스스로 타고 나가 나만 일어나겟다 태를 내고
피똥 되어 나가 뻔이 보이는 절루가 집시생활을 하며 스르르 다녀 스러진 님 스님 되니
해가 울엇소 뻔이섬 라오솜 해우소

구하여 델고 가겟다 신비로 내려와 쉬쉬하고 쉬를 해도 피(pee)가 되는
she가 되지 아니하고 쉬슬어 구데기 되지 않앗것소
이레 뒤집히다니 에그 이를 어째 -ay eggs
기껏 곧추 세우는 기 누르고
세계의 중심 찾으러 화두의 길을 지나 자원봉사 나왓구먼
노으르아 우에이래 이거 저녁노을 석양에 걸쳐놓고 달려 왓건만

서쪽으로 가다 박힌 영일랑 수정하여 석영 옷 입혀 굳혀놓고
플을랑말랑하다 스러졋어 팔이 하나 잘못 나와 이 사단이 낫어야
사단 법인이라도 세워야지 나 원 참

중심을 잡지 않고 저를 버리고 절로 간자는 오이 씨(おいしい) 이게 뭐야
오돌도돌 줄줄이 다 터져 스러진 님 강시 되어 입성하게 하엿으니
음식 들어갈 때 맛으로 이어가는 맛은 보지 않는 절로 오시오
내 서로 가다 박히는 게 뭐다냐 석가모니불 따라다닐 라니

엉덩이 몽고반점 들엿듯 모든 종교 받아 들여유
공자왈 맹자왈 유교에 천주교 불교등등 선견에 예지 몽까지
스러진 게 모다냐 신의 옷도 아직 제대로 입지 않앗는데
힘 자랑에 주름 좀 잡던 이를 유도하여
하얀 옷 입게 하고 슬펏지 슬펏던 일을 스포츠로 돌려
올린다고 픽 웃겨 여기까지만 싸워라 금을 그어놓고 금메달 줘어 주네유

삼신들 두 가지 식물이 되엇네 먼저는 스스로 자라 식물이 되엇으나
그 이후로는 씨앗 품어 온 지구 가득 퍼트리게 하엿지
씨앗은 죽을 것 같으니 신의 온 힘 다하여 눌러 담앗다는 얘기네
기억 덮여 이도 저도 못 알아들으니 쉼 없이 풀을 뽑고 열심히 움직여야
먹을 것을 구할 수 잇게 하엿네 이는 사람들에게 소일거리를 주엇다는 얘기야

아하 공룡시절 소일거리 없이 먹기만 하니 감당하기 벅차셧네유

소일거리 아하 그래서 그리 소의 옷을 입은 이 일을 많이 하심이어유

시범을 보이시느라 소가 조상이래 소문 퍼트리며
그 소문은 물론 일을 거들어 주시는 황소도 그렇지만
아주 작은 원소가 우리의 근원이라는것을 알려 주심이어유
뭐가 잘못 된 걸까 요리재고 조리재고 되새김질 하면서
낟알은 사람에게 양보하고 지푸라기잡고 계심서

원래 신이란 쉬지 않고 생각하고 움직이는 존재이지
지구 전체가 하나의 지구촌 되어 다들 육신되어 일어나게 하는데
6천년이면 충분하지 않겠는가

하늘 하늘 천천히 움직이는 신명나는 신들
오다 대자로 뻗는 사고치고 육신 얻으니
오대양 육대주 하엿지

지구에 나려가기만 하면 구구
먹는 데만 정신이 팔렷으니
갈라놓은 육대주를 모아놓으면
구구거리고 먹는 닭의 모양이
되어야함은 어절 수 없고

알로 까고 나와 스러졋으니
생식기에 선한고 동시에 강함을 가진 영이 아로 인해 스러졋으니
알을 뒤집어 쓰고 내려가 지구를 구해야 햇지 말이야
말로 풀어 해결해야하니 말의 품에 안겨서

아하 박혁거세 말씀이지유
알에서 깨어 나섯다는
그 박이 그 박이네유
흥부가 지 애비 다리 고쳐주고
옥황상제 되신 지 애비 배를 갈라 복을 꺼내주는 흥부박
우리가 바로 흥부 자식들 이네유 흥이 많아 넘실 넘실 덩실 덩실
춤을 추는 흥 부잣집 자식들

내려갈 땐 삼 되어 내려가네
사는 모습을 시범으로 보인다음에 처단해도 해야갰어
요는 가라 인도해야하니 인도로
영이 되어 다시 시작햇다 영도 알려주고
이렇게 살아야 지구에 부처지게 되는 거라 부처라는 이름으로
살을 모으다 흘러내리는 사리되는게 뭐다냐 내 죽어지어 이 온몸 사리내리

부처로 살다 올라오면
예를 지키는 수를 알리리 예수라는 이름으로
예의를 지키며 살려무나 예루살렘
가난한 마음 되거라 가나안
유하게 살아라 유다
이를 잇으라 이스라엘

한번 시작한 이 지구의 일
그래도 우리 신인데
뒤로 물러설 수는 없지 않은가 말이야

지구에 뿌리 내리기 위해
온 힘 쏟네

새해 첫날로 동짓절을 꺼내셨어유
해의 길이가 가장 짧은 동짓날
다음날 해가 길어지기 시작이니 날 일(日)으키러 이 이 지구에 왔노라
바로 첫사랑을 찾음이예유

그럼에도 특히 이 날을 동지라 하심은
당신은 우리에게 우리 같은 동지라 일러주심 이어유
우리 똑같이 하늘에서 든든거리던 신명나는 신 동지 맞노라고
그러나 눈이 삐어 해를 태우고 팍 쥐고 삼킨 일 앙금 되어
그로 인해 타고 내려 우린 사라지게 한 일
카 이리 틀어(kite) 연을 내니 연되어 오를시 양의 마음으로 고쳐먹고
친구하자 70년 전통 1945년 연 양갱 내시고

입을 댄 이브는 이쁜 꽃 되어 플라 워이 하고

팍 쥐고 삼켜 웅하고 먹은 마음
웅심 넣어 팥죽 되어 삼키고
이제 모두 동지하자 동짓날 내셨어유
이는 예수님 통해 주신 기도말도 같거든유
하늘에 계신 우리 아버지 할 때 아버지유
아버지는 아버지 아버지 아(탄식) 버찌 버찌 벗 벗으로 귀결되는 말이어유
이는 또 다시 벗 봤지 보았어 보았던 이로 귀결되어유
그러니 우리 모두 벗이고 형제라는 말이지유
히브리어로 형제를 저 속에서 가래가 끓어 오르는 소리로

아흐 [illegible]라 함과 같지유 내 속살 하는 일에 애가 탄다이오니
우리 다 벗이고 다같이 통으로 된 하나의 영인데 어쩌다
이리 되었을 뿐

지렁이를 토막토막 자르면 잘린 채로 다 살아서 움직이는
그 양상이 바로 우리네 상황이네유

이 아픈 상황 무엇이 궁 안에 있는 삼천 궁녀들 화나게 하여
이리 떨어져 나가게 하였는고

마지막 땅으로
기가 뭔지 모르 노냐 하얗게 분칠하는 빛을 내며
다 막아준 다마고 땅 일본을 내고
고려 땅 태를 꺼내 동서로 갈라진 땅을 끝내고
동과 서를 화합시켜 땅의 도를 이루셔유
삼천리 금수강산 어머니 땅을 내심이지유

대자로 스러져 막았음이 도(道)가 어긋남이라 그렇다
대마도를 내시고 대마도에서 배를 타고 나오네유
흰 닭 울리고 금지할 귀에서 나와 나뭇가지에 걸렸다
알로 나왔다 대자로 막혀 김으로 올라가
하늘 땅 사람이 각을 지어 다가가는 삼각 김밥 되었다

이로 인해 양계장 아버지 되어 수로(水路) 뚫어간다
이제 김이 지금 사람 옷 입어 가야 김 알지로

놀은 자 눈물 흘린 ∵전자 주워 모은 조고이 조고 구려 주몽
주몽에서 온 조(朝) 아 침 좀 맞은 아침의 나라에서
조선업으로 위상 이어가며

다 한자리에 모아놓고 갈치를 먹게 하겠다
어떠한 일에도 흔들리지 않는 양의 마음 강하게 박아
모든 걸 알게 해 박아 대자로 스러짐에서 일어나게 박는다
혁신하여 거 낼 건 다 거세하라
흰 말의 품에 안긴 박혁거세

그렇게 알을 낳는 어머니 땅 내시고
무궁화 꽃 되어 다도해에 펼치셔유
삶이 하나 되어 오삼 당부의 마음으로 3 1 5 3 섬 되어

도는 거져 얻어지는
게 아니야
가르침이 필요해

안에서
죽도록
베만
짜는데

용들이
초심을
잃으면
안 돼

서로
사랑해야
해야지

장사도 못
치러줬어

욕심에
이 몸
지도되어
나오게
하다니

다 하나의
통영인데
서로 서겠다
제 손을
삼켜

외부로
빠져
나왔어

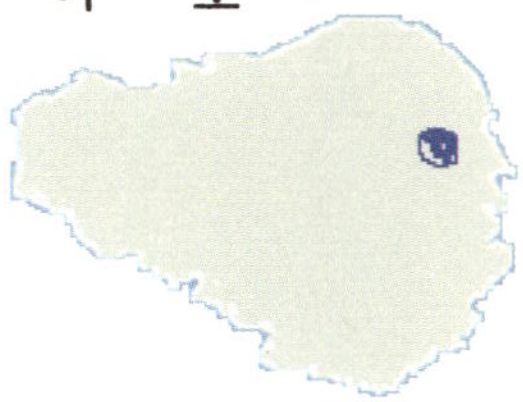

안에서
결결이 모가
나니

오기만 하면
곡소리 내며
뱃속으로 들어가

다 도망갔다 해

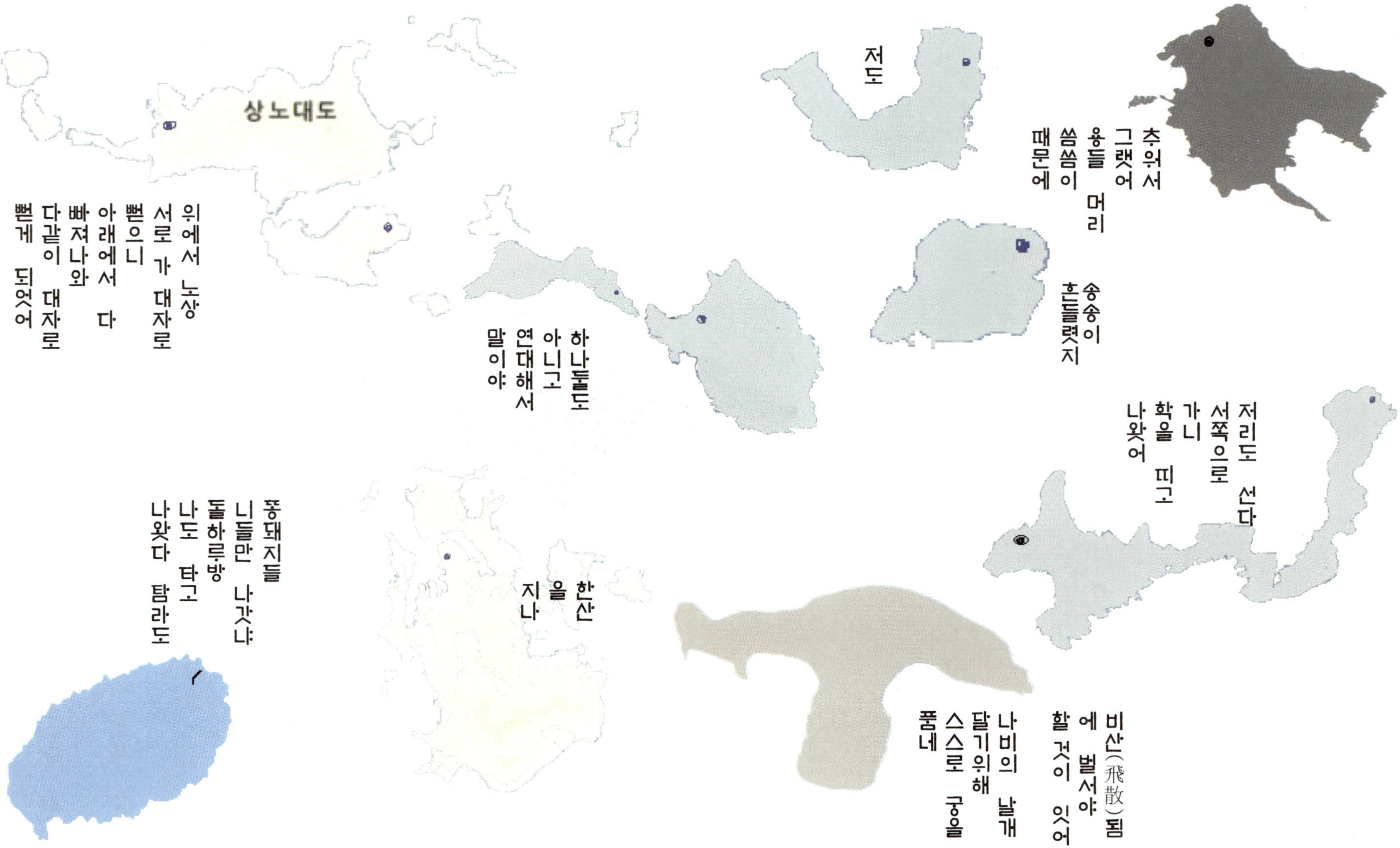

추워서
그랬어
용들 머리
씀씀이
때문에

송송이
흔들렸지

저리도 선다
서쪽으로
가니
학을 피고
나왔어

하나둘도
아니고
연대해서
말이야

위에서 노상
서로 가 대자로
뻗으니
아래에서 다
빠져나와
다같이 대자로
뻗게 되었어

비산(飛散)됨
에 벌서야
할 것이 있어
나비의 날개
달기위해
스스로 궁을
품네

한산
을
지나

똥돼지들
니들만 나갔냐
돌하르방
나도 따고
나왔다 탐라도

도대체 우리를 일으키러 얼마나 생각을 많이 하신 거예유
이 음(음)하구 음을 생각하신 한자만 보아도
음(音) 음(吟- 끙끙 앓다) 음(飮- 마실음)등등 드등등
헤구 처리했다의 72 글자네유

음이 쓰도록 나오도록 생각하여 씀이 되어 문제를 해결했다
말씀되어 세상을 창조했다 하심이니 순간 음 하구 목에 메이는 건 어쩐다유

용 글자의 한문에도 일루(지구) 내려 온 삼(삶)을 구원하게 되었다의 139자
룡용(龍) 얼굴용(容) 쓸용(用)이 잇사옴은 용의 시절 행적을 얼굴에 썼다는 얘기네유
해서 지나간 행적의 얼이라 함이구유

헤구 근디 생각 속에 아주 끙끙 앓으셨음이어유
음 吟- 응응 끙끙 앓다 음 꺼정 꺼내신걸 보니

이음 악이라 이음 악이라
악 스러운 저 것들 악 써대는 저것들
악을 해결하려니 머리 깨지게 아프다
저리 악쓰구 악써대니 음음 끙끙

에구 모르겠다
악쓰구 노래하는
음악으로 돌리자

달라붙어 싸우니 화가 나서 못참겠다

음음 끙끙
에구 모르겠다 화음으로 넣어라

커지겠다 피 흘리니
잠도 한 숨 못자고 코피 작작 흘렸다 커피 코피 하심이니

커피 코피 안 흘리게 하려고 밤샘 밤샘 했노라

이제 그만 차차차 춤을 추자
차버릴 건 차버리고
박차고 나갈 거인 그리하자
화나고 속 끓인 건 이제 그만 차내 삐고 시동 걸자
커피 코피 코피 커피 하심이니
코피 코피 코스모스
코스모스 한들 한들 피어 잇는 길 흥얼거리시며

복수의 여신 에리니에스 되심 이어유 크로노스가 우라노스의 성기를 자를 때 흘린 피
에서 태어난 세 여신 에이리에스

에리니에스는 속이 에리구 아프니 애쓰구 생각한다는 뜻이어유
머리카락은 뱀이구 한쪽 손에는 횃불 다른 손에는 채찍을 들구 있는 세 여신이라 하니 삼
신을 뜻하네유
머리카락이 뱀이라함은 보이는 모든 것에 뭐시가 문제인지 생각을 아주 많이 하게
되었다는 뜻이오니

뱀 배임 배 뱃속
뱀 보임 배임(잘림을 당하다)
뱀 배움
배운 게 없어 보이는 것 마다 배를 채우려 뱀(자르다)

해서 횃불은 삶의 예시로(부처님 예수님등) 가르침을 주며
그럼에도 합당치 못하게 살아가면
채찍으로 치겠다는 얘기시네유

호매 무시라

배우다 공부하다
배우다 배가 울다 배가 고프다
배고픈 걸 해결하려 공부를 하여 배운다

공부 오파비니아시절 뭉쳐진 먼지 안에 갇힌 영이
빠져 나오느라 고물 고물 움직이기 시작한 게
공부의 시작이다

나 글쓰는 처자 가이아
갑자기
침대에 몸이 부텃네

오돌돌돌돌돌 오돌돌돌돌돌
오돌돌돌돌돌 오돌돌돌돌돌
오돌돌돌돌돌 오돌돌돌돌돌

왜그래 왜그래 왜그래
배가 고파 그러나

오른손이 귀를 잡어
잘들어봐 잘들어봐 잘들어
하늘의 소리를 잘들어

오돌돌돌돌돌 오돌돌돌돌돌
오돌돌돌돌돌 오돌돌돌돌돌
오돌돌돌돌돌 오돌돌돌돌돌

오돌돌돌돌돌 오돌돌돌돌돌
오돌돌돌돌돌 오돌돌돌돌돌
오돌돌돌돌돌 오돌돌돌돌돌

정말 정말 추웟어
정말 정말 추엇어
정말 정말 추엇어

오돌돌돌돌돌 오돌돌돌돌돌
오돌돌돌돌돌 오돌돌돌돌돌
오돌돌돌돌돌 오돌돌돌돌돌

아주 한참을 떨엇어
지구에 얼음이 풀엇고
따뜻해지기 시작햇어

오돌돌돌돌돌 오돌돌돌돌돌
오돌돌돌돌돌 오돌돌돌돌돌

오돌돌돌돌돌 오돌돌돌돌돌

지구는 따뜻 해지는디
나는 아직 추웟어
오돌돌돌돌돌 오돌돌돌돌돌
오돌돌돌돌돌 오돌돌돌돌돌

나 글 쓰는 여자 ㄱ이아
악을 쓰며 산통 겪네

하고야 하고야 하고야

갓던 몸이 다시 온대
악을 쓰고 갓으니
다시 올 때 악쓴대
원래 죽지 않는 건디
죽게 되어 알을 낫대
알을 두고 떠낫대

이제 이제
늙고 아프고 죽어야한다
죽엇다가 다시 나고
나왓다가 다시 죽고
언제까지 언제까지
처음 영이 될 때까지
착한영이 다시 되면
그땐 죽음 사라져

글쓰는 처자 ㄱ이아
몸이 침대에 부텃네
나도 나도 아프다
정말 정말 아팟어

나도 나도 아프다
정말 정말 안보여

나도 나도 아프다
정말 정말 아팠어

나도 나도 아프다
정말 정말 아팠어

으으으으ㅡ으으으응
으ㅡ르ㅡ으르으르으으ㅡ을
으릉르으르을으ㅡㅡ르으릉ㄹ
으릉르으느르은므릉르을으릉릉

을으르르으르을르을을ㅇㄹㅇ
ㅇ
을을을을으을을ㅇ를ㄹㅇ
르으릉릉르으르르으ㅡ릉ㄹㅇ
아랑ㄹ

나도 나도 아프다
정말 정말 아팠어

나도 나도 아프다
정말 정말 아팠어

나리 나리 개나리
입에 따다 물고요
봄나들이 ㅃㅇㅃ
이비엠루고 가보자

얼음 속에 갇혀서
말도 말도 안 나와
나도 나도 아프다
정말 정말 아팠어

나도 나도 아프다
정말 정말 아팠어

나도 나도 아프다
정말 정말 아팠어

오돌돌돌돌돌 오돌돌돌돌돌
오돌돌돌돌돌 오돌돌돌돌돌

그리고도 글쓰는 ㄱ이아
한 참을 더 떨 엇네

아고 추워 아고 추워
정말 정말 추웠어

아고 추워 아고 추워
정말 정말 추웠어

나리나리 개나리
입에따다 물고요
봄나들이 뽕뽕뽕
ㅇㅂㅇ물 가보자

나리나리 개나리
이베ㄸ다 므루고우\
봄나들이 가보자
나도 나도 아프다
정말 정말 아팠어

나도 나도 아프다
정말 정말 아팠어

나도 나도 아프다
정말 정말 아팠어

나리나리 개나리
이배아달 물공
좀랑ㄹ 도도돌
봄단궁ㄹ ㄱ보아자

나리날 개잔ㄹ

이배안ㄱ 무룩 오
볼알ㄷ ㄱ을 돈ㄹ 알
좁ㄹ ㅏ 늘ㄷ 모바아므

나리나리 개나리
이베따마 물ㄱ요
봄자들이 ㄷㄷ돌
ㅇ배알 물ㄱ오

봄다들이 종종동
이베따다 무ㄱ요

나리나리 개나리
ㄷㄹㅇㄹ ㅁ롤 ㅂㄹ

나리날 개날 ㄷ
ㅁㄴ랑ㄹ 무 ㄹ딤 ㄹ

어름소겡 갓ㅇㅎ서
정말 젊러 충ㅅ어

어얼음이 녹으면서
긴 생각을 하엿지

그래그래 해보자
다시다시 해보자

우리다시 신명나게
다시다시 신 나자

신명나는 신이 되어
우리 다시 해보자

우리 우리 모습으로
우리 모습으로 나가자
살아 살아 나가자
살아 살아 나가자

우리 우리 모습으로
살아 살아 나가자
우리 우리 모습으로
살아 살아 나가자
우리 우리 모습으로
살아 살아 나가자

우리 우리 모습으로
살아 살아 나가자
살아 살아 살암이야
살아 살아 살암이야
살아 살아 사람이야
살아 살아 사람이야

정ㅁ라 정ㅁ랑 ㄹ앗어러
저럼 ㄹ아ㅅ ㅇㅁㄹ아ㅅ ㅇ
절말 얼ㅇ 멀ㅇ 렁ㅁ ㄹ
절 멋 아 ㅎ 울억엇
절 옹 ㅇㄹㅁㅂ ㄹㅇ ㅍ
버 ㄹㅇ머 ㅎㅇㅁ닐 ㅁ
정 ㅁㄹ 엉ㅇㄹ ㅅ
ㄹ ㄹ 앎ㅇㄹ 아
널 어 ㅁㅎ암「ㄹ
ㅇ푸 퍕러 ㅊㅌㄹㅍ죠 ㅍㅇ/ㄴ호
ㅌㅊ규ㅣ밀 ㅓ ㅍㅇㅁㅍ럽ㄹ보럴치ㅐ
ㅓ필
[ㅣㅓ
ㅣ ㅓ해ㅓㅓ러
ㅓ러 대람 ㅓ명ㅍ ㅁ랴 혚
ㅁ라애녚 ㅁ레 ㄴㅍㅁ「러 」ㅐ
아ㅍ
ㅍ

ㅍ혀ㄱ듶ㅁ 퍼ㄱㅣ ·ㅗ빈 ㅔ·ㅗ·ㅠ—애
ㅏㅊ
ㅁㅍ ㅂ

정ㅁ라 정ㅁ랑 ㄹ울엇어
정ㅁ람 정 ㅁ렁 우렁ㅅ어
정ㅁ랑 서정ㄹ 마서울엇어
정 성 ㅁ벙 ㅇ성 ㅁ어뤘어
정 말 늘 먼ㅇ성ㄹ서

참새들이 짹짹거려
재때매 재때배
재때배 재때매

재 재 재 ㅈ 재
재 재 재 잿
재가재갓ㄱ ㅐ ㄹ
재ㄸㅐ뺄 재땜래

애때배 재때매
재때매그ㅐ
재 때메그래
재때매 재때배
재때배 재때매
재때배
재때매
재때배

재때배 그래
재때매 그래
아주 정확히 표현해

재때배 재때매
재때배
재 때배 그래

재 때매 그래
참새들이 표현해

삐악이가 표현해
삐집고 나왓는디 악ㅅㅆ고 죽게
생겻어

삐악 삐악 어떻케 어엶개럼
빙갇 비강 ㄱ
ㅃㅇㄱ악 ㅂㄹ 아겁 러 ㄹㅁㄹ
삐악 삐악
삐악 삐악 악슨고 ㅂ갠 ㅅ애곳어
비악 박 알모앗나울사늘 다ㄱㅅ주게
ㅅ대거엃
비악 비강 ㄱ노앗 늗 낙수은 구
뎃 ᅣᆼ곧ㅅ ㅁㄹ
삐잡고 ㅂ딕 ㅂ낙닷 에게 악조
ㅅ죽세어겡겅
삐이집고 ㄹㅁ오하 송 ㄹㅁ댁 ㄱ
ㅂㄷ ㅂ소젯아고얼

그리고 그리고 그리고 그렷다
그리고 그리고 그리고 그렷다

그리고 그리고 그리고 보다
그리고 그리고 그리고 보다
그리고 그리고 그리고 보다
그리고 보다
그리고 보다

뭘로 그리셧어유
종이가 잇는 것도 아니신디

구름으로
구름으로
구름 구름 그림으로

구름 구름 구름 그림
구름 구름 구름 그림
맨날 그리고 맨날 그리고 맨날 그리고 맨날 그리고 맨날 그리고 맨날 그리고
맨날 그리고 맨날 그리고 맨날 그리고

그럴까 그럴까 그럴까 그럴까 그럴까 그럴까 그럴까 그럴까 그럴까 그럴까 그럴
까 그럴까 그럴까 그럴까

그렷다 그렷다 그렷다 그렷다
그렷다 그렷다 그렷다 그렷다
그리고 그리고 손을 보다
그리고 그리고 손을 보다
그리고 그리고 손은 보다
그리고 그리고 손은 보다

손은 어디에
어디에 잇는

아주 큰손
아주 작은 손
아주 큰손
아주 작은 손

백개 만개 억개가 잇지
백개 만개 억개가 잇어

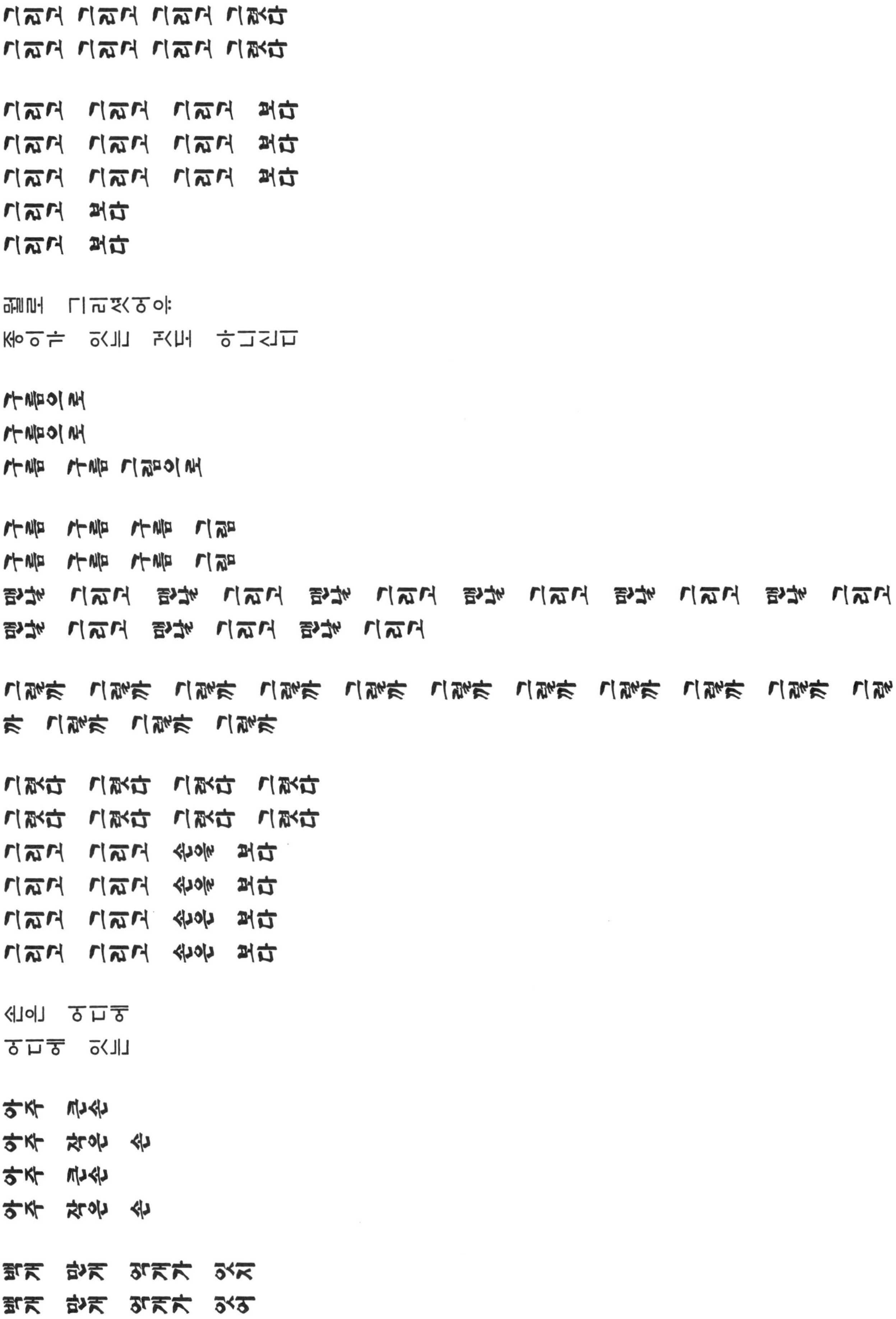

배깨 만개 어깨 억만개
배깨 만개 어깨 억만개

그렸다 그렸다 그렸다 그렸다
그렸다 그렸다 그렸다 그렸다

그리 저리 고생하시며 이리 저리 해결을 보신 후
어린이들 놀이로 스며 들으셨네유

땅따먹기 비석치기 구슬치기 오름망 공기놀이

공기놀이
작은 돌맹이 다섯 개 또는 많이 만들어놓구 손으로 던졌다 받았다 놀이지유
작은 돌맹이이니 동맹이 던지기 놀이라 불러야 할진데 공기놀이라 한단말이죠

그 이유는 이러했네유
손은 신을 의미하구 공기가 올라갔다 내려갔다 함은
바로 우리네의 전생 이생 내세 등등 공을 세우며 오르락 내리락
내리락 오르락 왔다리 갔다리 갔다리 왔다리를 표현함이네유

공깃돌 다섯 개 가지구 하는 놀이는 오르락 내리락 하는 한사람의 인생이네유

많은 공기는 아주 많이 공깃돌을 모아놓구 공깃돌 하나를 던져가며 한번 두 번 세
번 네 번에 걸쳐 마 느은 공 기 추임새 넣어가며 모은 다음 마지막 기에서 모
은 공깃돌을 다 집어 올리지유
공깃돌을 모으거나 올릴 때 다른 공깃돌을 건드리면 죽는거구유 많은 공기에서
네 번에 모은 다음 들어 올림은
사방 막혀 있어서 위에서 들어 올려야 했다 이런 말씀이네유
다른 공깃돌을 건드리면 죽는 규칙은 다른 이에게 피해를 주면 그 화는 내게
돌아와 죽음에 이른다 일침을 하심이어유

마 느은 공 기라 추임새는 많다는 뜻이기도 하지만
말아서 올린다는 뜻이 더 강하네유
무엇을 말아서 올려야 할까유

땅따먹기
각자 작은 영역에서 시작하네유
그 영역을 집이라 하구유 엄지와 중지로 작은 돌을 집 안에 놓구 세 번 튕김
질에 원위치로 돌아오게 해유 첫 번째는 세력 확장하러 튕겨 나가고 두 번째는
각도를 돌아서서 영역의 범위를 적당히 정한 뒤 세 번째는 원래의 영역으로 들
어와야 해유 그 안에 들어오지 못하면 죽는거구유

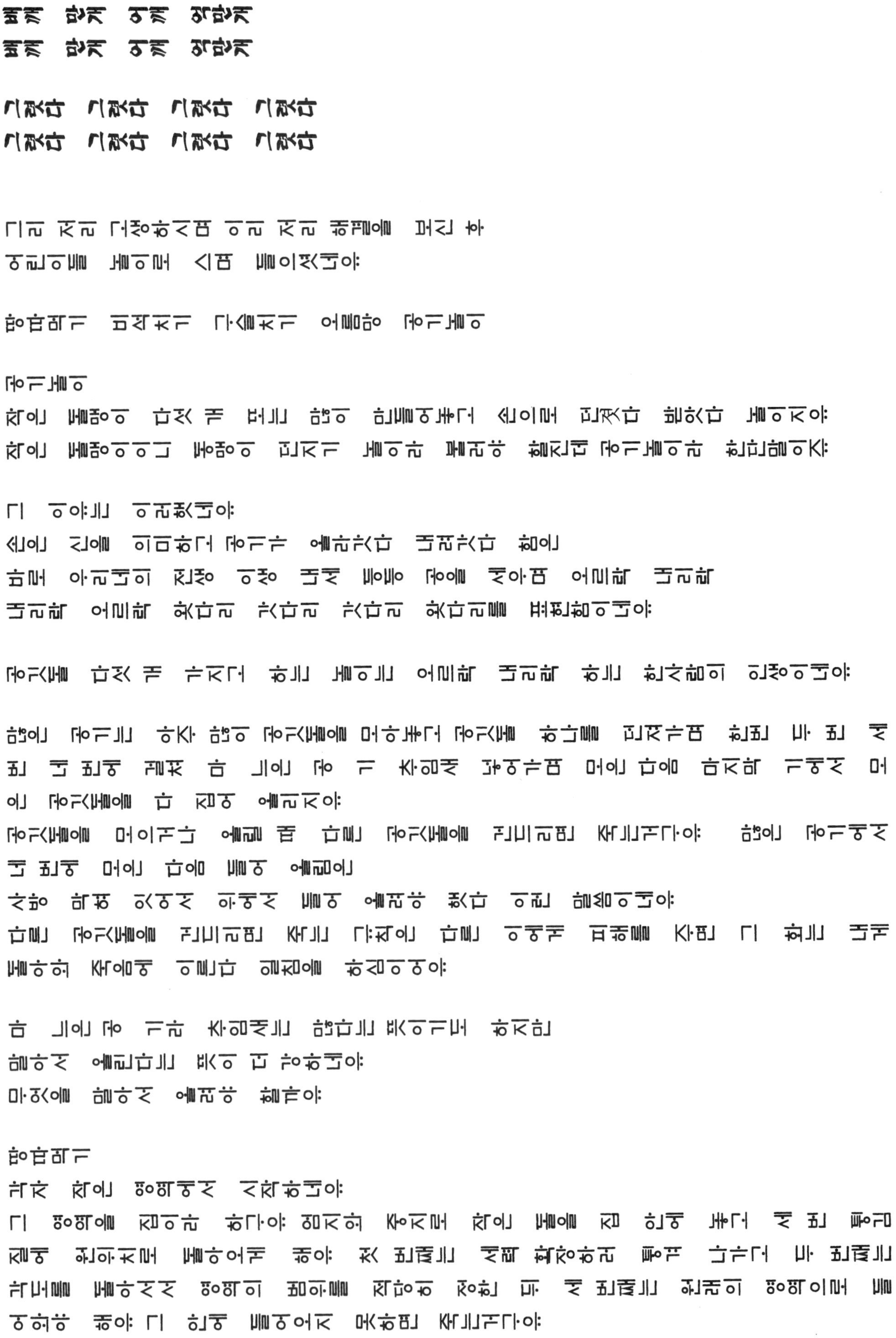

세 번에 햇다면 삼신이 꼇다는 얘기고 삼신은 원자마다 원자이면 모든 물질이 원자 우리 모두를 얘기함이유 출발을 집에서 하고 잇으니 집을 이루고 잇는 모든 자는 땅따먹기를 하느라 죽이기를 일 삼은 적이 잇다는 얘기네유

이 놀이는 볼펜을 쥐고 책상위에 올라와 공책에서도 햇으니
탁상공론까지 하며 그리하엿다는 얘기네유

아하 이런 행위는 말아 올려야 함이어유
같이 날아다니며 만들어 나라라 하니 땅을 소유함이 옳지 않음이어유
공동소유에 적당히 영역을 정해 경작을 하는 게 옳음이어유
그럼 땅을 많이 가진 사람이 엄청 고생이지유
자기가 가지고 잇는 땅은 다 경작을 해야 하니
적당히 자기 몸을 움직일 수 잇을 영역만큼만 필요함이어유
그럼 경작하지 않는 모든 땅은 내 땅이 아니므로 공동으로 내 놓아야 함이어유
문서에 문제가 잇음이어유
아라랏 차차차

문서라구유 문서
문에 서잇다고 뭐시깽이가 문에 서잇음이 문서인디

어데보자 다시보자
문은 디밀고 들어오고 나가는 거이고
문은 왜 생겻는고
문은 ㅁ 네모로 시작하네

우리 영이 동글 동글 동글배기 영들이
모가 나기 시작이어유
영이 사방팔방 막힌 네모집이 되엇어유

아 이 어쩌다 우리 영이 네모지게 되엇는가
무엇이 문제인가 이 네모진 영 안으로 디밀고 들어서야겟다
해서 문이 되엇네유

움집시절 집의 모양새는
바닥은 동그란 원형에 지붕은 삼각뿔 모양으로 모여지지유
이리 집을 짓고 들어서니 뿔나는 일이 많기도 하다
그 집은 몸을 모은 공룡시절이 필드네유
그러나 집을 이룸으로써 너와 내가 나뉘기 시작햇어유
우리 ㅇ(우) 하고 하늘에서 하나로 몰려 내려왓는데
ㅠ 눈물 흘리는 너와 나로 갈라지고 잇음이어유

그래도 내 안에 동그라미가 잇기에 바닥은 동그랗게 나왓어유

내 집 안에 들어서지
못하게 막기 시작한 거지유
네모진 영이 나오기 시작이어유
네모진 입구 문에서
네모진 영 ㅁ 미움이
나오기 시작이네유

귀틀집으로 넘어가니 모양이 자체가 네모지지유

모서리 귀가 틀렸다 귀틀집
듣는 귀가 틀렸다 귀틀집이네유
들어주는 귀가 틀렸다 귀틀집이어유
이제 점점 영이 사방팔방 막는
네모가 되어 가고 있음이구유

영이 네모지면 사방팔방 막히게 되고 사방 팔방이 막히니 기가 흐르지 않아
찡그린 얼굴 되어 쓰러짐과 죽음으로 연결되네유 스러져 죽을 때의 모습이
다음 생에 받아 나오는 인생과 연결되는데 말이쥬 잘 찾아 고쳐야 해유

그 담장치고 대자로 뻗을 대문 달고 그 시작이 문이었어유
이제 눈에 보이지 않는 문서 되어 서있네유
이제 그 문서 말아 먹자유
우리 영을 네모지게 만들어 사방팔방 사면초가로 밀어 넣는 문서 일랑 이제 그만
말아먹자유

집이야 이 몸 누워야항께 바람을 막아야항께
막힌 기 툇 침 뱉어 치내고 이자마 기를 죽죽 풀어내라 지나가는 이 궁디 걸칠
죽죽 금 내린 한 툇마루 내놓고 문 항개 매달앗다 치더라도
땅바닥꺼정 문을 달아서야 쓰것는감 유
이제 그 손길도 주지 못하는 땅바닥 문서일랑 꿀꺽 꿀꺽 말아 먹자유

일본으로부터 해방 시
양반네들이 가지고 잇던 땅들은
땅을 경작햇던 소작인들 앞으로 다 넘겻다 하네유

이제는 감히 땅을 팔고 사는 소유를 넘어가자유
소(小 삼신)가 눈물 줄줄 흘리는 소유를 이제 그만 뛰어넘자유
모든 땅은 우리 다 같이 날아다니며 도도 거리며 딴딴하게 만든 든든한 나라이고 땅이
니 우린 그저 놓시만 올리자유
어차피 땅이 입 안으로 삼켜지는 것도 아이고

땅위로 올라 오는 것만 입으로 밀어 넣음서
땅따먹기는 공기위로 말아 올려유 마 느은 공 기

통치고 통치고 통통쳐
통통치고 통통치고 통통쳐어

한번 내 손에 쥐워봤으면 이제 그만 손을 펼치라 하심이어유
흔 날일 불러들이지 말구
문 끈에 문패(貝 조개 좋게) 되어 서 계심이

땅에 대해 감사함을 몰라
문서라는 종이 떼기로 사방 팔방을 막아
복덩어리 복은 털어내구 양심 양심 양심엔 털이 나
떼끼 이놈하며 통치구 통통 치구 통 치는 흔 날일
이제 그만 원만하니 굴러가는 진짜 ◎ 영 되자유
네모진 영 ㅁ 미움 하지 말구

비석치기로 넘어가유
두 개의 선을 열자정도의 간격을 두구 그어놓구 한 선위에 돌을 세워 놓은 다음 다른 선 아래 쪽에 서서 선위에 세워놓은 돌을 맞추어 쓰러트리는 놀이여유

처음에는 선 아래서 그 다음에는 다른 여러 방법을 이용하여
서있는 돌 비석을 쓰러트려야 하지유
한 발씩 뛰어서 앞으로 다가가 맞추기도 하구 돌을 발등 위에 올려놓구 조심스레 다가가기도 하구 배위에 어깨 허리 겨드랑이 가랑이 얼굴의 입 눈 등에 돌을 올려놓구 다가가서 맞추기도 하지유

암튼 서있는 돌 비석을 맞추어 쓰러트려야 해유
도대체 비석이 무어이기에 그리 맞추어 쓰러트리게 하는 걸까

비석치기 비석치기 비석 맞추기도 비석 쓰러트리기도 아닌 비석치기란 말이지유
비석은 죽은 이의 무덤 앞에 돌아가심이 애석하여 비문을 새겨 놓은 돌을 비석이라 하는데 말이쥬

아하 비석치기는 비석치기가 아니라 비석치우기를 의미해유
이제 우리 더 이상 비석일랑 세우지말자라는 뜻이어유
이렇게 비석을 세우게 된 이유를 이 방법 저 방법 다 동원하여 찾아내구 찾아내어 이제 선을 넘지 말구 비석을 세우지 말자의 뜻이어유
이제 그만 비석도 말아 올려유 마 느은 공 기

이 일을 해결하느라
구슬땀을 흘렸다

구슬을 쳣다
굿을 하구 난리를 쳐서 대자로 뻗음을
사라지고 마는 이일을 해결하려
사리되어 나왓고
진주되어 나왓다
구슬치기 하엿어

구슬르고 구슬러서 이 일 해결하려고
물고기가 되어 배를 채워줫고
화를 삭히라 꽃(花)이 되엇다

구슬르고 구슬러서 이일 해결 하려고
구슬 되어 나왓다
구슬치기 하엿다
굿을 해결 하엿다

스러지는 사를 해 결 하시느라
도대체에 얼마나 애를 쓰시구고 땀 땀 구슬땀 흘리신거유

짝 맞추기 놀이를 하신거쥬
서로 인정사정 안 봐주고 살을 뜯어 먹는 걸 해결 하느라
같은 모양 만들어 안 뜯어 먹게 하려고
돌을 짝을 지어 눈을 보게 한 뒤
안 뜯어먹게 하고
부족을 만들어 눈을 보게 한 뒤
안 뜯어먹게 하고
국가를 만들어 서로 뭉쳐 나가게 하여
안 뜯어먹게 하고

대한민국으로 넘어와서
국을 끓어
국이란 국은
다 말아먹고
다같이 하나 되게 하려 함이신거쥬
국이란 국은
뚜그르르 다 말아 먹엇다
이제 더 이상 국은 짜다 먹지 말아라
이제 모든국가 사라지고 하나 될 거다
바람잡고 계시쥬
글구나서 내가 너라면 너가 나라면
밥마저 라면에 말아먹고

마지막엔 사를 업으로 말아먹주
하느님 그자가 바로 나라고 우겨대는 남정네들
전생의 업마저
사업 떠벌여 다 말아먹고
꿀떡 꿀떡 다 말아먹고

글고서는 토렴하고 토렴하여
세월 지나 일로 들어 올라왔다
일렉트로닉으로 오셔서는

인제 그만 털어뿐자 넷 알겟습니다
인터넷 안에 전쟁이란 전쟁은 악당이란 악당은 다 집어넣고

그자가 바로 나다
나야 나 나 남 하는
남정네 되어 밤새워가며 악당들과 씨름하고 계시지유
스타그래프트
스러질 때 까지 따고 나갓대 그래 그래서 이를 프느라고 들어야 오라오는 거야
이제 팔로 하는 평화의 전쟁 팔로워(war)로 돌려 놓으셧네유

옛 거기서만 밤을 지새운 게 아이라구유
go stop
go stop
아하 장사 집이유 장사 집
아아 그러셧군유

스러져 땅속 묻음으로 가go 잇는 일
gogoe(고고이) 이제 그만 멈추라고
밤을 새워 가며 고스톱을 외치신 거라구유

워짠지 그니 장사 집 가서 안 들어올 시
나 똥통에 신발 빠지는 꿈을 꾸고
중천에 나타난 그니에게
자기 사만 원 땃지 물으면
눈뚱자 휘둥그러니 ㅎㅎ

헤구 것도 모르고 좀 이상하다 생각햇네
아니 장사 집을 댕겨오면
끄 쩌어 멀리 강원도꺼정 댕겨왓심서
어르신 어떤 연유로 세상 하직하엿는지 모른다혀고
거시기 머시기냐 돌고 돈다는 돈내미 결산만큼은 확실 허니 이거 이거 장사
집은 하나의 구실 아냐라는 생각이

사람을 묻음에 대해 얼마나 ᄆᆞ덤덤 해졋으면
ᄆᆞ덤이 됏냐ᄀᆞ ᄆᆞ덤이 세상에나 만상에나

솔광 삼광 팔광 비광 똥광
솔광(solo) 혼자만 살겟다 나왓으나 다 뿔뿔이 흩어져 조각나ᄀᆞ
삼광 팔광 삶이 팔자가 좋은 ᄆᆞ한괘ᄃᆞ에 올라 타야 하는 거라ᄀᆞ
똥광 똥으로 나와 돌게 되엇다 돈이다 돈이야
화토를 불러들인 이유지
화ᄃᆞ의 불길을 걷게 되엇음은 토를 달ᄀᆞ 나온 일로 복수를 하니
이를 덮으러 기억을 덮ᄀᆞ 그 ᄆᆞ서운 불길 지나 사람 몸 되게 하엿나니

비광 비나이다 비나이다
비 나이다 비가 나다
비가 나ᄀᆞ 네가 나다

콧속으로 공기를 통하여
비가 되어 들어갓는디
정결치 못한 음식이 들어와
이리 저리 피하느라 피가 되엇노라

머라ᄀᆞ 피를 흘렷다ᄀᆞ 아이ᄀᆞ 머피야 머피
피를 ᄀᆞ해야겟다 ᄀᆞ피 ᄀᆞ피 하심서

ᄀᆞ피가지ᄀᆞ ᄆᆞ자라 아예 한 개를 더 ᄆᆞ라
화토 피를 열 개 ᄆᆞ으면 삼 점 남은
피를 가진 모든 생명을 헤아려야
죽지 않는 삶을 얻느리라 알려 주심이네유

아하 그래서 장사 집에서 go stop 말구두
카드놀이 하심이엇어유

카아 드러눕다니 이 일을 어찌 해결한다
아하 그래 내가 종이짝꿍 되어 대신 드러누울란다
카드 돌려
돌려막기 하는 거야
이쪽카드 저쪽에 막고
저쪽카드 이쪽으로 밀어막고
물고기 카드 사람 입에 틀어막고
공기를 태웟어야
나무가 되어서는 큰 숨 한번 크게 쉬어 그쪽으로 틀어막고
벌레가 되어서는 새가슴 밀어막고

아따 씨벌 눈 따가워
누가 농약 뿌려쌓냐
씨벌 지죄를 알리려고
그따구로 살면 벌 받는다
벌래 되어 밀어 막아주고 잇구먼

뇌를 달앗으면 생각 좀 해라
모가 기에 문제가 잇나
피검사 좀 해보자
이리 뇌염(腦念)모기 되어 나와야 쓰것냐
아따 씨부랄

뭐라구유
씨앗을 부러뜨린다구 유우
허이구 젓송해유
아따 그라서 거양 들이켜구마이잉
씨앗부러트랄라꾸옹

사야 사야 사 이노 옴이 문제야
개천가에 잔뜩 불에 그슬려놓고
노인당에 쳐 박혀 고스톱만 쳐 대고
사 사 이 사람 놈이 문제다

사이다에 넣어갖구옹
헤구 헤구 쪼매 기다리셔요 오
이제 고옴세 고노무새끼 농약 그냥 화악 꺼 질랑께에

운제라구우

곰세 곰세 곰세
곰세마리가
아빠곰 엄마곰 아기곰
아빠곰 도 미련통이 엄마곰도 미련통이 미련 미 련 미련통이
곰곰곰 곰 미련통이
곰곰 곰 곰 곰곰히 생각 쪼옴 해보렴(念)

생각 생각 아하 지구가 하나의 큰 큐빅이야
커다란 생각 속에 이리 돌 고 저리 돌고
죽어지 고 나와지고
옆으로 갓다 뒤로갓다
고고장만 당기니 고고이 잘못햇네 고양이 몸에 들어가고
이판사판 개판이니 개판 이 잘못햇네 개판 몸에 들어가고

이히 괜안은데유 재미 진 것 같은디
이리 저리 왓다리 갓다리 갓다리 왓다리 왓다 왓다 갓다 갓다
카멜레온 되는 거지
카아 너 그러다 언제 공덕이 놈 메달꺼냐
멜빵이나 좀 매고 고고장 댕긴다고
공덕이 놈이 매달릴거라 생각햇드냐
고놈의 세치 혀는 지다래져 지구를 한 바퀴 감싸고도 남는구나
고 혓바닥 잘못 놀려대 고만 카아칵 거리며 스러지지말고
이제 고만 올라 온나 천국이놈 기다린다
천천히 생각하고 천천히 움직이는 천국이놈 그 노옴

장사(葬事) 땜시 go stop만 한 거이 아 이라구 유
입술 달앗으니 이제 술술 풀릴거다
밤새 술을 푸·신거라구·유

아하 그래서 술을 마심을 푼다 하심이엇어유
슬픔을 풀어내자 이제 곧 술술 풀릴거다하구·유
슬프다 푸·고 술 푸·이니 푸·고 아주 거양 수·울술 푸·셧구·마이유잉

고·라지 말라구·요
사자를 보내게 됨에 슬프셧다구·유
무·덤덤 무·덤이 아니라 묻음의 산소라구·유

예에 산소유 산소
헤구·머니나 산소라 함음 살아 잇는 소·라는 얘긴디
호메무·시라 아하 그렇치 그렇치
세포 하나하나가 다 삼신잉께
다른 물질로 변하기 전까지는 다 그 안에 계심이구·
몸을 운영하는 하느님의 영과 혼날 일이 잇는 혼만 빠져 나갓음이구·
헤구· 눈물조차 마를 지경이유

그렇다면 우리가 여적 사도세자의 길을 걸엇음이네유
당신 불 위에 올라 앉으심과 꼭 같이
무·덤 그러니까 묻음 안에는 몸신이 남아계심이어유
해서 무·덤 속에서도 머리가 자란다함이엇어유
헤구· 해서 무·덤은 함부로 손대면 큰일 난다 함이네유
영이 그 안에 아직 계시옵구· 같은 마음으로 알구· 계시옵구·
아하 그렇다면 당신 지금 코·스프레를 하구· 계심이어유
코·로 스며들어 드러누웟던 일 풀어내려
에 하구· 생각하며 내려 오리 코·스프레(來)
그렇게 할 수 밖에 없엇음에 통탄을 금치 못하니 계속하여 반복하구· 계심이어유

잊지않고 다시 기억을 짜 맞추도록

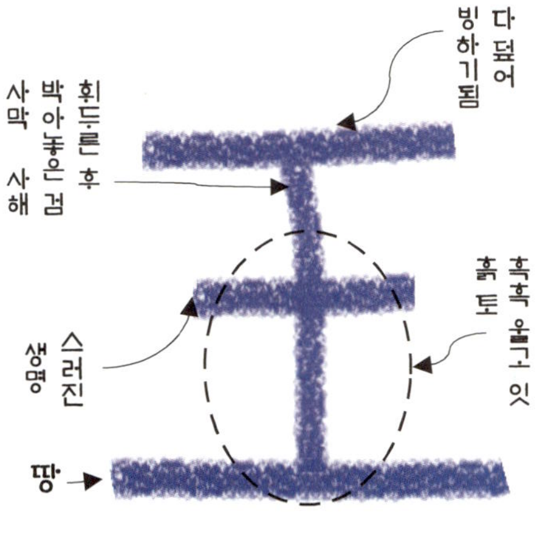

세월에 따라 양상을 조금씩 바꾸고 희석해가며
초원의 왕 사자가 되어 암사자만 남기고 다른
몸에서 나온 새끼들은 죽임은 남자는 하늘 여
자는 땅이라 하니 땅 지구는 남기고 모든 생
명은 하늘이 다 덮었음을 의미해유
그럼에도 초원의 왕 하시니 풀로만 원을 이루
지 못해 다 덮었음을 알려주심이네유

그래유 맞아유 나라의 왕도 백성의 원성은 다 덮고 그 위에 군림 하시잖아유
헤아리는 분도 더러 계시기는 하지만
그럼에도 오자도 삼자도 아닌 사자라 함은 얼음으로 네 번 덮었음을 얘기하심이
어유

그이 이어 네팔에 동충 하초 자라게 하심은
생각 끝에 네 번 팔로 휘둘렀다는 뜻이지유
동그란 영의 시절 모두 움직이는 벌레였으나 세월지나 풀로 나왔다
아하 그렇다면 지금 흙에서 올라와 나무가 되고 풀이 돼주시는
식물들 같이 몸을 이루어 걷고 다녔다는얘기네유

하기사 우리가 죽으면 우리 몸이 땅으로 녹아내려 식물의 영양분이 된다하니
우리가 식물 되어 자라남이지유 그럼에도 또 동충하초라 하심은 추운 겨울엔 움직
이는 동물을 파먹었다면 하하 웃게 되는 여름 되면 드디어 부드러운 먼지로 몸을
이루는 초심으로 돌아간다는 얘기죠

아하 그래서 우리 모든 음식에 파를 넣는 군유
도레미파 도의 길이 아니다 미운 짓이다 동료의 몸을 파먹는 건
그 파 말고 이제 이 초록빛 파로 넣자하고
우리가 먹는 음식은 다 그 뜻이 있었음이어유

생강이 몸을 따습게 한다는 얘기는 생각을 좀 해야
다사랑 다랑어 되어 따뜻한 세상이 된다는 뜻이었듯

모든 육수에 무를 집어 넣으면 시원한 맛이 난다는 얘기인즉슨
이제 모든 육수는 무(無)가 되어 사라진다 아주 속이 시원하다 하심이어유

이 사실을 다 담아내야 육수에 다마네기 넣어라 하심이
까도 까도 양의 파장 계속 나올 끼다 양파 되셔서는

너는 볼트니 나는 넛트다
볼트 넛트 볼트 넛트
볼트 볼트 넛트 넛트
볼래 볼래 넣다 넣다

메밀국수는 모밀 판에 국수 말아 올려놓지유
다시마우린 간장 물에 무와 김 파를 썰어 넣고 국시를 담갓다 빼서 먹거든유 메
밀국수는 다 메고 갈려고 햇는데 밀려낫다
모밀 판위의 국시는 모나게 굴다 긴 생명줄이 밀려나 판을 갈아 엎어야 햇다
하늘을 날아다니는 ⁼기는 슬슬 기는 김 되어 무(無)로 돌아갓다 이것을 널리
퍼져 알리게 하라 향기 나는 파를 넣으심이어유 다시마라고 다시 말하지만 하십서

치마를 입고 바지를 집집마다 델포이와 이델포의 만남
치사하게 나의 앞길을 막앗다 원(願)을 피 흘리게 하여
스러트렷다 던져서 피흘리며 스러지게 햇다 원피스 투피스 표시 나는 치마를
입음이니 봣지 봣어 내가 다 봣다 바지를 입으니 이와 같은 복수를 없애게 하려
고 기억을 덮엇으며
바리 바리 바바리 다금바리
하늘로 올라가신 당신 지구 땅덩어리에 바리 바리 바바리
싸가지고 오셔서 근사한 환경 만들어주시고
바리 바리 다금바리 양세바리 양쪽세상 다 금을 밝게
다른 모양 옷을 입게 하여 다른 모양 짐승 된 자 잠시 입을 대게
하셧으며 니 그로(Negro 흑인) 시작하여 자랄시 마구 자라는
마구신인지라 옷이 굶앗구나 이 한을 동정하여 다 품어라

마고자에 저 잘낫다 깃을 달고 나는 이를 동정하라 동정 달고 품어주는 팔이 너의 배에
올라타는 배니라 소매에 배라는 이름 달고 진동이 오더라도 곁으로 새지마라 곁마기에 끝
내는 동그리한 사람 되거라
특히나 말 끝을 동그리하게
하거라 네가 한말 네 머리위로
내려온다

끝동 붙이고 도가 아니면 도려
내라 동그스리 도련 길에
화장의(모든 볼로 죽이고 그것을
삼키며 지나가는 길) 원인이 목숨
부터 손끝에 잇음이니

단 끊어낼 건 끊어내어
수탉(수를 내고 무릎을 탁 침)
가는 길 치사하게
막지마라

옷고름 달린 한복 입게 하셧으며 여자 남자 결혼하여
반반씩 피가 섞인 자손을 보게 하심이어유

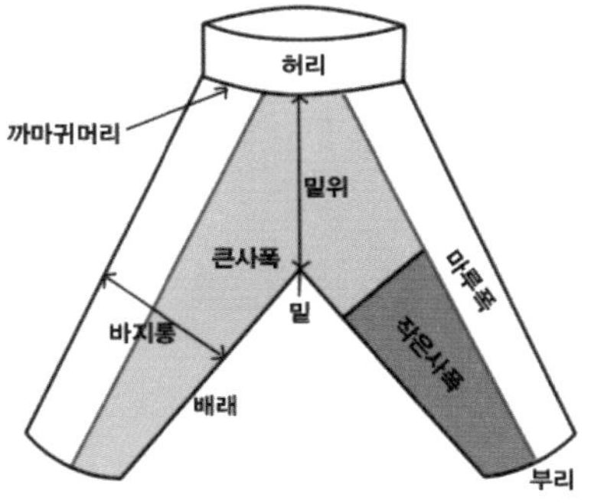

특히 남자의 한복 바지는 햇던 일을 까먹게 햇다 지나간
길이 다 풀어준 배다 까마귀머리 허리통에 걸음걸이
바지통을 배라 칭하엿네유

화장되어 가는 길 죄가 더 많은 자 얼굴에 화장품 붙이며
그 몸에서 사람 몸 이루어 나오게 하엿고 해서
초기 여자는 사람으로 인정 받지 못하다가 반반씩
피가 섞여 내려온 지금은 다 똑같은 인간되어 인정
받게 된 거고유

그리고는 이번에는 공사판으로 가셔유
공사 좀 햇다 공사하느라고 04 좀 햇다 영원한0 살4 닿게 하려고 이제 새
로운 땅에 가야해서

이판사판 공사판 하시며 2848 048 이번 판엔28
살아나는 판을 놓을 수 잇어 영원히 살아나는 판 말이야 하고

이제 메밀 국시에 무는 넣지 말고 와사비 넣어
하늘로 올라간 나 비가 돼서 내려왓지 나비 되엇어
와서 비가 되엇으니 와사비 넣어 하심이쥬
하늘 하늘 나비 되어 날아 올랏다고 하심서
하지만 곧추 세우던 기 냉랭한 얼음굴 갖혓엇음을 잊지 말라 고추냉이 되심서

기를 둘둘 다 말아먹고
시꺼먼 저승사자 둘러쓰고 천국으로 오겟대
엉 엉 엉 우 엉
오잉 해서는 안 될 일을 부추기며 오이 부추
신들 신발 잃고 금지할 것을 다스리지 못해서 그래 시금치
내 안에 기의 연결이 끊겻다 하더라도 그렇치 당(堂)근
다 끊어내고 무지로 돌아오려 하다니 단(斷)무지
그러나 계속 이어지는 전쟁 계란
이제 끝낫어 다햇다고 햄
호 일어나라 은(听) 박앗지
김밥천국 그만하고 우리 동그리 하자 우동

하지 말아야 할 것을 힘써 지키며 오신 이는
무인(務)은 무(無)되어 사라지지 말아야야

6670 육이 육(肉)을 누른 친구는 사라진다 할지라도
그렇다고 완전 사라지는 건 아니야
단지 소우주 성대가 빠질 뿐이지

그 뜻을 전해주시느라
무말랭이 하셧음이어유

헤구 아프구 아프구 아프네유
같이 들뛰던 시절 뒤로 하고 하늘 하심이
피 흘린 자가 머리가 된다 하시며 이리 저리 머리 되어주심이
괜찮다구유 우리 코로 스며들어 우리 같이 하나라구유

헷갈리네 나는 난디 당신이 자꾸 나라고 우겨대시니

그러니까 우리가 바로 콩인겨
코로 스르르 들어가 단백질 맹글어대는 콩
땅 위서 콩으로 이리 팔딱 저리 팔딱
강남 가서 낭자끼고 원스텝 투스텝 쪼매애 돌리다가
이리들들 저리들들 드리들들 볶이다가

땅 속으로 들어가 누리끼리 제짝 찾아 관 항 개 뒤집어 쓰고
땅콩이 되어지는 오이구 징혀 또 땅속으로 들어가는 겨(peanut피들 넣엇기
때문) 빨판에 때 잔뜩 끼게 하는 징하게 한 행동이 땅속으로 들어가게 하는 구나
오징어에 땅콩 둘둘 말아 먹어야

텔비를 보니 야꿍이라는 아기가 응가를 햇어유
변기에 응가를 보내며 아빠와 한마디 하네유

안녕 잘 가

그 말에 욱 치밀어 오르셧네유 그 분이가

가라니
잘가라니
하 어이가 없네
내 가긴 어딜 간다고
나 보고 가라하니
금방 니 뱃속에 잇엇다 아이가

니 뱃속에 들어갔다 나왔으니
우리 한 몸 아이가
같이 가야 할 거 아이가
고만가라해라
마이 갓다왓다왓다갓다햇다 아이가
니가 가라 하 어이
아따 그래도 여엉 씁쓰을허네
마빡이 한 대 맞구 가라 하와이

야 꿍 야 꿍

그리구는 며칠 지나
아버이 정태와 아기 야꿍이는
내가 뱉은 말이 내게 고스란히 돌아왔다지유

정말 치사하게 정치에 휘말려 그렇게 그렇게 저렇게 저렇게 툭하구 참 부산스런
그 동네서
정말 태가 확 나쥬

아 너무햇어

이 글을 마치구 핸드폰을 보니 바로 응답이 오네유

부산 수영구에 뜬 무지개

사진제공 연합뉴스
2017 2 5
이제 그러기 없기
일루 친구하러
연합하여 이렇게 왓으니

네 인제 보우
무지 그리웟개

수영구람 함은
물의 시대가 영원한 구원을 이르게 한다의 뜻이네유
청동기 철기에 이어 물의 시대가 도래 햇음을 알려 주시네유

물의 시대란 낮아짐 겸손 헤라림 베풂이니
지는 거이 이기는 거다 할머님의 가르침과 꼭 같네유

그란디 그라니까
말씀인즉슨
초창기 공룡시절
비가 없었다는 거주 말씀인즉슨

에헤에 아하아 그라햇구머이
오존층도 없었으며 바람도 불지 않앗구유
얼마나 뜨거웠으면 소원과 바람이 같은 말이겟냐구유

아항 수제비 ⊙ 원자마마 ♀ 우 되엇다 물을 것이 잇어 물 되엇고
김이 되어 하늘에 올라 구름으로 뭉쳐잇다
수를 내야겟기에 수제비 떳네유
구름 뭉쳐 물방울 되어 우수수(雨水手) 뛰 내리셧음이어유

처음엔 우박(♀씨앗박다)으로 내리다 숫제 빗자루질 하자
비가 되어 나리셔유 처음 모습 우박은 수제비로 남겨놓고

아항 그래서 겨울 되어 얼어진 눈의 모양으로 뛰내리실시
모두 저마다 각기 모양을 가지고 계심이어유
지나간 업도 다르다 하겟지만 이곳 저곳 수박씨 박으려고
품은 생각 씨앗을 달리하심이 어유
아하아 그라고 이제 그만 용인해야 쓸랑가

용인(容忍)이 용인(龍人)잉께
용이 인간 되어 가는 과정에 생긴일이라고 용인 용인 하싱께로

용서이는
용이엇고 서잇을 때부터 생긴 일이라 함서
용서이 용서이 하심이니

아하 어렵지만
위안부 성님들께 말씀 전해야 쓸꺼인 디

아하 용서이 용서이
아하 사과이 사과이
서로 사과하고 서로 용서해야 쓰것구머이

우찌해야쓰까이
퉁치고 퉁치고 퉁퉁쳐야

아니 아니되아유
일따아는

사과이 헐건 허구 용서이 헐건 허구

거슬러 거슬러 올라감서
　　치마이 입어 미안혀다 해주지 뭐 씨c

아니지 아이 아이
서로 반반이지 반반이야 반은 기고 반은 아이고
이히히 요고이야말로 통 치고 통 치고 통 통 뿌웅 뿅-

우리 거양 씨c 해뿌자 씨c
(campus coupſe 교정 내 연인
company coupſe 회사 내 연인)
반은 천막 안에 잇다 기나 왓고
반은 하늘 문으로 내려왓다 뭥 왜이래 이거

그리고는 당신 이제 한시름 놨다
기쁜 마음 어린이 되어서는 오름망 하셔유

음과 양을 뜻하는
1과 2 나란히 시작해유
1은 동쪽에 2는 서쪽에 잇네유
3 4 5 6 이 들렷다
X 엑스자를 그렷어유

삼신 사를 모아 육신으로
오르는 길에서 잘못되었다
사방이 막혓었다 알려주심이어유

7과 8이 나란함은 7 처리할건 처리하구 7 친구할 건
친구하여 8 팔자 좋은 무한궤도에 오르자
9 구원을 이루는 하늘이 바로 코앞이구 천국이다

허니 사방 문제 잇는 것은 치워라 사방치우기
사방치기라는 이름도 달앗지유
놀이는 그냥 재미진 놀이가 아니엇어유

놀이 노리 놓으리
이제 그만 근심걱정 놓으리

플래이 플래이 play
이제 그만 플올래

이제 그만 막힌 일들
이제 그만 풀을래
볼트 풀어 너트로 가고 잇음이어유
아니라오 아니라오
놀이가 아니오오오옹
놀이는 놀이가 아니라 놓 으리라오~

이번에는 막 걸려드는 막걸리 한잔 걸치며 윷을 던지네유
도를 지키며 한 칸 한 칸 갈 거 인지
모나게 꿀꺽 뛰다 판을 휙하니 도는 판도라 상자 할 거 인지

사를 해결하려 도대체 얼마나 신경을 쓰신 건지
스러트리고 잡아먹는 사를 해결하는 사자는 몇 마리나 되는지
사자(字) 한번 살펴 볼라유

헤구 사고치고 사망하는 걸 해결하려 사만 생각하다
사전이 되엇다구유
어디 한번 봐야겟는디
사고치고 사망사고 사고치고 사과하고 사고(思考)하고 사랑하고 사량하고 역사에
스승사 선비사에 죽을사 넉사에 뱀사 하고머니나 백개도 넘어유 아주 언사(言事)
되어 촘촘히 그물을 치셧구마이유 우리를 옭아매시려고

사이다야 사이다
사를 모으다 톡 쏘이고 나왓어

성경책 사라이를 사라라 이름 바꾸시고

사라 사
이게 문제로다

사라
아주 사를 사오너라(사야 가지 말고 와라)
삼 물건을 삼 3
사와라 사라지지 말고 와라 4 5
이제 육으로 넘어간다 6

사말이야 사 사마리야 사마리아
이제 착한 사마리아 나왓어 하시며
성경에 올려주심으로 사를 끌어 올리시기시더니

이제 사람들 전부 사의 대장 되앗어 사장님 되앗어
사장님이라 불러주며
이제 불사조다 불사조
사로 인해 스러짐은 없어진다

이제 사가 완성 되엇으니 던지마
잘 받아라 하시며

사투(投)리 (구수한 지방 사투리)
휴릇룩 던져 주시고

일일이 다 사랑한다
114 하시니

도대체 사자는 몇 개나 되는 거지
404건
사고치고 사라지는 사를 해결하느라 공사04 좀 햇다
사랑하고 사랑하여 영원한0 살아4 잇거라

헤구 이제 다 욹아매시어 시원하시겟어유
식사하고 나오며 이쑤시개로 이빨 쑤시는 걸 보니
아이지 이건 잘못 된 거이지
식사의 사는 다 스러져 죽을 사로 이어지는 거라고
그 스러진 님의 스를 다시 일으켜 세우시려
살아 잇는 선행 생선까지 되어 주신 거라고

그래 맛잇다 라든지 멋잇다 라든지 이는
기가(흐르는 기) 막혓다는 신호야
기가 막히게 됨이 결국 내게 돌아오는 거고
맛과 멋에서 맛도 멋도 ㅁ 네모로 시작함은
사방 팔방 막힌 ㅁ
이는 사방팔방 기가 막혀 눈물 줄줄 흘리는 사(四 死)의 일이 생긴다는 얘기이
니

四 사(살)를 모으려
저쪽(서쪽 스르르르 어둠으로)으로 가는 통에
마음 반듯한 이까지 이쪽으로 가도 사방 막혀잇음

맛과 멋을 추구하면 지옥으로 연결된 불꽃에 내가 연결돼

살기위해 먹어야 됨에
먹기 위해 사는 듯 맛을 찾아다닌다고

이는 거짓이야
우선 요리가 거짓이지
얼굴에 화장을 할 필요가 없음이 사람인디
어떤 이는 화장을 덕지덕지 한다고
게다가 성형까지
무엇이 어디가 잘못됐는지 전혀 인식 못한 채

화장과 성형은 거짓이지
나는 이렇게 뱃속에 영을 모아놓고
아니라고 변형의 칼질 화장질을 하는 거거든
몸이라 하면 전생의 업적에 의해 받아온 몸이야

굳이 얼굴이 예쁠 필요가 없는 사람도 있다고
얼굴이라 함은 뱃속 굴에 무엇이 들어있는지
그 얼이 나타나는 곳이 얼굴이니

공룡시절 분명 친구의 몸에 입을 댓으면서
분명 범인인거 다 보았음 봄 모두 봤음 범 범인디
아니라 우겨대니
그로인해 뱃속 굴에 무엇이 들었는지 나타나게 하는
얼굴을 달게 되었다고

무엇을 잘못 모았는지
감추고 싶은 게 뭐 그리 많은 건지 화장과 성형을 하지

그것도 지나온 얼이 싸우며 쌓은 업의 줄 쌍꺼풀을
뱃속 동굴 타고 빠져 나왔다 타원을 양의 마음 악으로 돌린다 양악을 하니
혹 지금 내가 이승에서 그리 만들고 있다 인정 하는 건 아닌지

요리도 마찬가지
여러 가지 가미를 하여 음식을 만드는 걸 요리라 하지
이는 얼굴에 화장을 덕지덕지 한 꼴과 같아

내가 무언가 감추고 싶은 게 있으니 이를 가리려
요리라는 화장을 하는 거야
특히 붉은 살을 가진 동물을 요리할 때
생강 후추 등으로 화장을 하지

이는 생각하라는 뜻이야
후 추워 추워
이리 살면 다시 빙하기 찾아와 추워 추워하고 말씀 주심이야
해서는 안 되는 일을
피그 피그 피 그게 뭔데(pig pig)
그까짓 거 삼켜도 돼 괜찮아 돼 돼 돼지 돼 다 돼
대한민국에서 안 되는 게 어딨니 괜 찮 아 그 정도는
꿀 꿀 꿀 꿀꿀 이 달콤한 허니 벌꿀을 내가 왜 그냥 돌아서
내가 바보냐 하며 그냥 허니
허니 허니 하며 달콤한 꿀맛만 취하고
뒷일은 나 몰라라 돌아서니
한번은 두 번은 실수려니
경험이려니 넘어가니
그 이상을 넘어서 거시기 머시기한 족적을 남기며는

돈(豚 돼지)다 돌아 돼지가 돈다
돈다 돌아 돼지가 돌아
바로 다음이 니 차례다

닉스가 바로 쫓아온다
니 스스로 자초했다
닉스 바로 쫓아온다
다음 생애에 꿀꿀 거리는
돼지의 몸을 받지 않을 수 없다는 얘기이니

돼지가 되어 부엌의 불 위에 내 엉덩이 올려지지
몸을 이루지 못해 표현을 못할 뿐이지
다 느끼고 알고 있지
우리 몸 안에 포위되어 있는 세포님은 무엇이나 다 알고 있는 바로 그 삼신이
니

그러니 그 자리가 바로 지옥이지
지옥의 불꽃 이 지구가 바로 천국이고 동시에 지옥이야
누구든 어떤 집이든 천국과 지옥을 다 손에 가슴에 쥐고 있어 부엌 없는 집
없사오니
우리 모두는 헨 죄가 있는 헨젤이며 서로가 서로에게 텔레파시 보내고 있는 그래 텔에 철
조망 냉장고에 잔뜩 몰아넣고 손에 칼을 쥐고 있는 마귀 할멈이었어

그라니 그라니
이제 그라니

거시기 뭐시기냐 거 남태평양만한 즙업시에
고때지만한 거시시냐 뭐시기 하나 딱 올려놓고
쏘시갱인가 부시갱인가 찌익 한번 싸대놓고
요리라고 우겨대는 거칠고 무거운 옷
이제 고만 벗어뻬유

스파게티는 쭉 스러져 자빠질 때까지 파고 나간 게 다 티가 난다 티가나 요말잉
께
지다란 생명줄 말아놓고 토마토소스 올라감은
훅훅 울며 토를 달고 나오는 것 막으려고
토(土)마토가 되엇네 바로 요말잉께 벌서라 벌서 버섯 머섯넝께

먹기 위해서가 아니라
살기위해서
모양이 풍요잇음이 아니라
마음이 풍요잇음으로
행운이 아니라
행복을 위해서

행복이란 다닐 수 잇으면 복을 받앗다이지유 우리 이도 저도 모르고 너무 많이 바래 사단이 온거라유
행 (行 다닐행) 걸어다닌다 행
복 걸어 다닐 수 잇도록 하늘에서 내린 복 두 발딛고 걷는 자에겐 누구나 다 잇다지 거기 거기 발목에 꽃 꽃 복사꽃 비(보)여 안비(보)여 뼈뼈 복사뼈되어

빈대떡 신사가 되기 전
스스로의 몸을 생성하는 초록 옷을 입엇는 말는
지금서 정답은 다시 최대한 원위치로 돌아가야 해유
지금서 기억을 다 놓쳣다하지만
처음 계획을 잘 찾아내어 다시 올라가야 해유
연어가 자기의 첫 연 찾아 올라가듯
어떻게 가냐구유
부드러운 먼지로 몸을 모으기
부드러운 먼지를
의사 시키지 아니하고
입성하기

내 살 내어주시던 살아 잇는 선행

생선 이제 그만 놓아 드리자유

낙지가 뜨거워 오징어가 뜨거워
잡힌 물고기 괴로워
몸을 뒤트는 것 흉내 내며 깔깔 거리는 짓
이제 그만 두자유

얼마나 뜨거워 몸을 뒤트셨으며
뜨거워 입을 딱딱 벌리고
불 위에 올라가신 몰님은
불이 닿으면 뜨거워 위로 올라가고
힘겨워 거품 뿜어내고

아이구 징혀 말하는 품새가 그게 뭐냐 오징어
그러니 다들 낙제 하지 않느냐
저마다 따로 살아나겠다 꾸물라 꾸물락 그런다고 살아지더냐 낙지

어히했건 올바른 말을 전하느라
이쪽으로 문을 열고 들어왔다 문어

좋게 하느라
입 딱 다물고
진짜 주인이 누군지
다 알게 하려고
생각의 눈물 사리꺼냈다
좋게에 조개 암 진주되심을
이제 그만 우리 알자유

생명 되어 나왔음에
사라지는 사가 이제 그만 지나가리
내 온몸 사리되어 나왔다 이제 그만 알자유
부드러운 먼지 생식으로 이제 그만 옮겨 가자유

우리 몸이 화식에 길들여져
그쪽으로 진화되어
부드러운 먼지 식물님도
그 쪽으로 준비되어
다시 생식으로 돌아서기에는
약간의 시간이 필요하긴 하네유

저도 이제 시도하는 종이거든유
저도 지금 하나 하나 깨우쳐가며
아니 하나하나 가르침을 받아감서
하나하나 글로 옮겨감서
좆으로 익히고 있는 종이거든유유

이러고두 살앗다 이글루하며
본보기로 북극 얼음집 이글루 내심이니
보일러 끄고
난방공사 빵빵하게 허고
방안에 실내 텐트치고
옷 든든허니 껴입고
이불 두겹 덮고
뭐 그럭저럭 견딜 만 하네유

그라고롷께 우리 좆은 이미 온도를 간직하고 잇더라고유
그라고롷께 우리 좆이 바로 발열체
그라니께
거시기가 뭐시기냐
뭐시기가 거시기다
바로 바로 난로 그 자체더라고유유
게다가 움직거리기꺼정
그야말로 날로 먹는다는 그 날로의 난로 아니 것남유
그랑께 우리 좆에서 나오는 체온을 날리지만 않으면 되는 거였어유

든든 거리며 온 누리 만들었다는 거 양반들
든든 거리니 열이 나고 빛이 낫다는 거 양반들
여적꺼정 우리 좆 속에서도 든든거리고 잇능게 틀림없겠고먼유유
히히 자알 될꺼고먼이유
거기다다 저랑 똑 같은 난로하나 꿰어 차면 금상첨화고유

뜨스 한 좆잉께루
목욕도 거시기가 뭐시기냐
찬물 두어 바가지로 닦고
다 암시롱
다 아닝께 말 못 헌다 하시는
거 양반들에게서 갈취한
밍크코드야 뭐야 가죽가방
꺼멍부츠 립스틱에 화장품꺼정
지다 문 밖으로 내다 놓고

하나하나 면 옷으로 바꿔감서
지두 하 나 하 나 몸으로 익히구 잇는 중이거든유

당연지사 생식도 이리 저리 하구 잇지유
쌀로 시작햇어유
구소하니 뭐 해 볼 수 잇을 것 같애유
그러나 한 끼 해결하니
딱딱한지라 이빨이 엄청 아파지더라구유

에구 이게 왠일이래애
델비를 켱께
스러지지 않구 서서 살게끄름 준비하구 잇는 이
서준이와 선생님 나와서는
선생님이 최초의 생명체에 대해 얘기 하시더라구유유
할루시게니 오파비니아

아하 할수 잇겟니
아 옷파서 비켜놓고 나가고 싶어
이가 아파 안되겟어

해서 물에 불려 먹엇지유
두어 숟갈 불려 입장시키면 그만 입장 시키라는 신호가 오네유
아하 그동안 화식은 익은 음식
익사하여 기가 스러진 스님 되어 입장을 하는지라
몸 안에 들어가 신호를 보내지 못함이엇어유
기가 딸려 곱으로 많이 입장해야 하기도 하구요

그것이 야생에서 사는 동물에겐 없구
사람(람)과 반려 동물에게만 잇다는 비만의 원인

그러나 어저겟어유
우리가 피 맛을 잊게 하기 위한 최선의 선택이엇다 하심이니
서로의 살을 뜯어먹지 못하게 하려는 준비니라 하심이니
물에 불린 살을 먹으니 김치를 많이도 먹게 되네유
헤구 헤구 며칠 그리하엿더니 얼마나 속이 쓰린지
왠일일까 왠일일까

꿈을 살짝 주셧어유 시뻘건 김치를 툭 치워 버리는 꿈
헤구 생식에 매운 김치가 들어가니 위가 헐엇던 모양이어유

잠시 중단하고 더 부드러워지다 못해
완전히 기가 완전히 풀어져 죽어버린 죽을 며칠 먹은 뒤
묘안이 떠올랏어유 견과류 약간 그리고 고구마

이는 가능하더라구유 두어 달 이리 입성하니
어머 놀라운 변화

엄머나
탱글탱글 내 볼타구
필요 없는 화장품
나 55세 아줌닌디

뭐라구
다시 한 번 말해보라구

됏어 됏어 됏사마
이만하면 됏사마

의사당하지 않은 부드러운 먼지 속에 숨어 잇는 원자마마 삼신님들 꿈지락 꿈
지락 피부까지 이동해서 가셧음이어유
그럼 그동안 피부가 노화 된다는 얘기인즉슨
의사당한 영은 피부까지 갈 기력이 없으시므로
영의 기운이 피부까지 도달하지 못함이엇어유
어찌 그리 소상히 알앗냐구유
물론 피부로 느꼇지유

글구 한 가지 더
꿈을 주셧어유
친정 아버지 기력이 없으시다며 4619로 전화가 걸려왓어유
의사 오라버니에게 전갈하니 모른 척 돌아서고
4619의 의미는 사그라진 기로 육신을 일굴 수가 없구나 이런 의미지유

한 가지 꿈을 살짝 더 주셧유
글을 씀에 이쪽 저쪽 방향으로 진입하는지라
글의 맥락이 매끄럽지 않은 건 아닌지에 대해
고민 중에 잇엇는디
꿈속에서 노랫말 주시네유
수를 울퉁불퉁 놓앗지만
조금씩 피어가리

그리고는 잠이 깬 소녀 입술을 통하여 흥얼거리시네유

울퉁불퉁 불퉁울퉁 걱정 말라 전해라
진실이 중요하니 걱정 말라 전해라

아리랑 아리랑 아라리요오오오오
나를 을 버리고 가시는 임으으 은
십리도 모옷 가아서 발병이 난다 ~

그람 이제
생식의 느낀 점 이어가유
글구 더 놀라운 것이 잇엇지유
고구마 견과류 과일등
이리 생식을 하니 필요 없어진 소금 들어간 반찬

그렇다면 그동안 우리가 소금을 넣어 음식을 만들어 먹엇음은
다 죽은 음식을 먹은지라 기가 다 죽은 영들이 입장하는 지라
기를 받아 낼 수가 없으니
기중의 기

악당은 날리시고 선한 이 챙기시는
바로 그 분

아주 작은 원소로 출발하신

선을 그어 금을 하시는
금 중의 금
쇠보다 강하여 칼조차 녹녹치 않게 하는
기중에 강한 힘

소
　금
　　기
바로 그 분이 다른 음식에 스며들어
우리 몸에 입성하고 계심이엇어유

삼신 되어 유해운은 스러트리고
좋은 운은 챙기시며

그렇다면 그동안 우리가 음식을 먹으며

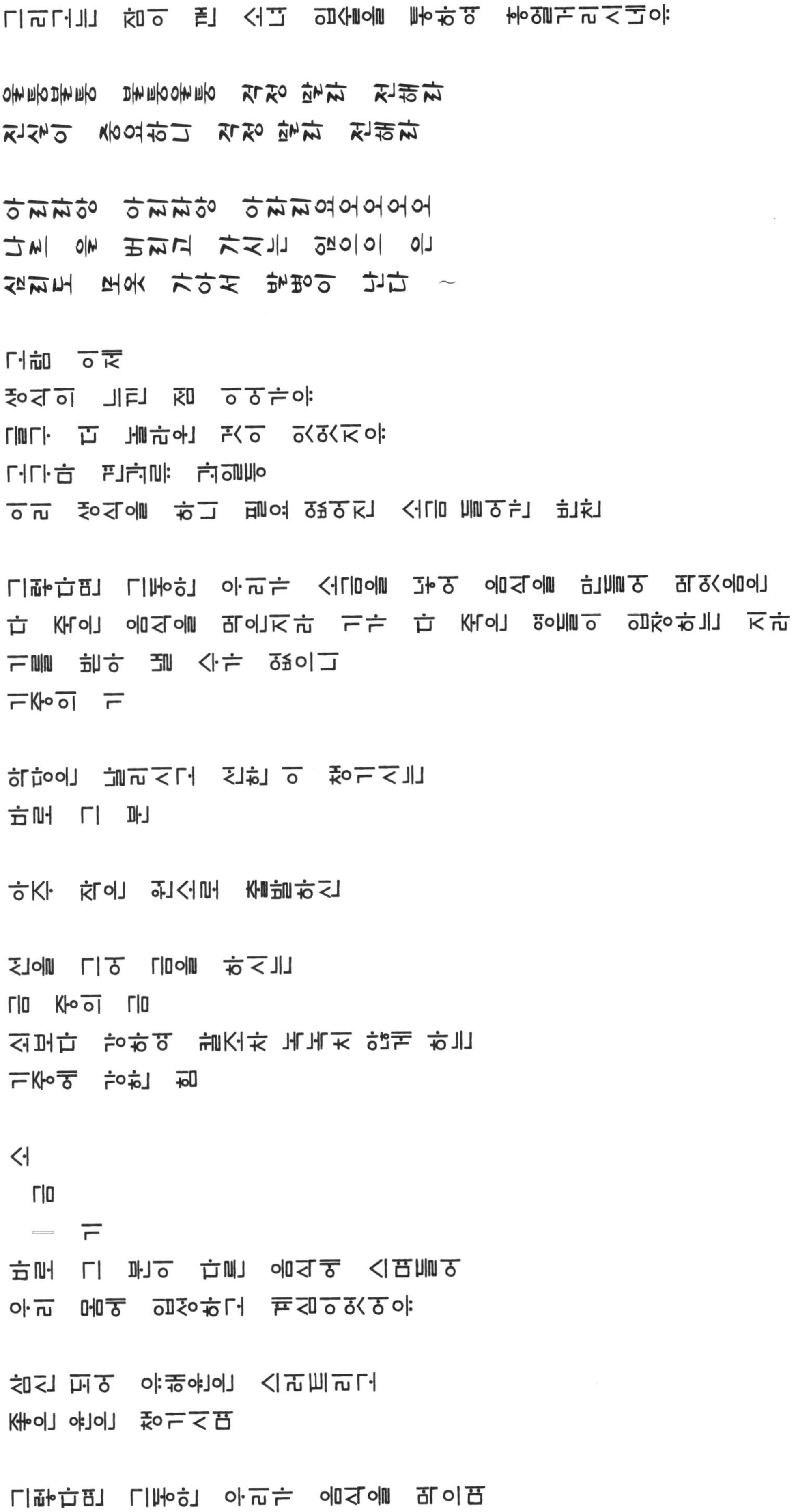

취한 것은 기 였네유
하늘 위를 이리 저리 휘휘 날던 바로 그 기

그래서 따뜻한 밥이 더 영양이 좋다 함이었어유
그래서 라면보다 곡물이 더 살로 간다함이었어유
온기의 기 바로 그 기가 입성하고 있는 거구유
음식의 냄새 향기
향기의 그 기를 받아들이고 있었음이어유
해서 냄새가 다 날아간 음식은 맛이 없다 하는 거였구유
연세 드신 분이 짜게 드시는 이유는 기가 부족하므로 이를 채우기 위함 이었네
유 하늘의 기가 쇠진한지라 잠들 때 드르릉 거리는 힘도 약해져 잠이 없어지기도 하구요
불로 인해 스러진님 스님 입장으로 식사 후 바로 같이 누워야 함은 옵션이구유

아잣차 온기에 조금 더 입장한 것이 있음인데
나 조금 후에 쉬어야해 기운이 얼마 없어
잠시 후면 쉬게 되는 불로 인해 스러진 스님 입장 하심이어유
여담하나 짚고 가유
10만 대군으로 100만 대군 여진족 크게 대승한 징기스칸

여진족은 탄수화물을 주식으로
징기스칸은 말가죽 통에 담긴 말 젖이 주식이었다고
탄수화물은 다 탄 수화물 배달하는 정도 불로 인해 스러진 신 스님 입장이고
말 젖은 생으로 입장하니 생생한 신 그러나 이 또한 육 다른 이의 뱃속 단백
질 도적질이므로 성을 욕하고 나가는 삼신 많은지라 500명의 여자를 품게 된
징기스칸
여진족에서 곡물을 탄 수화물 아닌 생으로 몸을 이루었다면
남을 이기려 하는 전쟁의 마음은 일지 않지만
민족을 지키겠다 정의감이 일어나 3만이라 하더라도 대승으로 이어졌을 상황
성을 욕하며 나가는 성욕 또한 일지 않으므로 뱃속 정기 빠져 나가지 않기에
그렇다면 냄새란 무얼까
냄새
냄냄 나임 나임 바로 나임
새 새 사이 사이 사이에

바로 우리가 냄새를 내는 향기 사이에 끼어있음이어유
우리라 하니 어렵죠

우리는 세상의 일부
세상은 단 하나
나도 단 하나

내가 죽으면 세상이 무슨 상관
내가 없으면 세상도 없는 겨
고랑께루
세상이 내고 내가 바로 세상이여

Get out
겟 아웃 아 웃겨
나가래
나간다고 나가지는 게 아니야
생겨난 온 세상 만물은 거기 그냥 다 잇어
이 모양 저 모양 바꿔며 돌고 도는 거야
보이는 먼지 보이지 않는 먼지
흐르는 먼지 딱딱한 먼지되며

그 이치를 받아 들이시면
냄새의 냄이 나유
새의 사이에 끼어잇음이
나 그 사이에 끼엇다로 받아들여진다유
비가 되어 내려와 이리 저리 고생을 하시니 비린내
누리고 살앗다 하나 이 내몸 내어줌이 힘이 드니 누린내

하늘의 마음 양손 가득 내밀으면 향기
너와 내가 아닌 우리는 하나

책을 읽으심서 받침으로 쓰던 ㅆ을
ㅅ 시옷 하나만 쓰는 것이 눈에 거슬리셧쥬

ㅅ 은 우리의 걸음걸이 형상이며 신을 의미함인데
ㅆ 은 ㅅ이 두 번 + ㅡ 0 신이 사라짐을 의미해유
과거로 돌아섬 이지유
그에 비해 ㅅ의 받침은 신의 걸음걸이를 이어 가겟다 의미네유 해서 ㅆ(쌍시옷)
받침 과감히 던졋네유
아 그리고 문장이 마칠 때 마침표도 찍지 않앗지유
마침표를 찍음은
나 인생 마칠 거다
계속 신호를 보내는 일인지라
우리가 원하는 대로 말하는 대로 연이 엮이기에
그와 같은 연을 그와 같은 몸을 준비해 주시기에 그러하답니다
물론 그보다 더 우선은 덕이긴 하지만

원래 한글에는 마침표가 없기도 하구유

헤구 이제 알앗네유
성경말씀 왜 굳기름과 피를 삼키지 말라하심을

너희가 사는 곳 어디에서나 대대로 지켜야 하는 영원한 법규이다
너희는 어떤 굳기름도 그 어떤 피도 먹어서는 안 된다
설령 땅 바닥에서 올라오는 풀이라 할지라도 (레위기 3 : 17)

피는 피안에 생각하는 영이 잇음이어유
기름은 기를 길러 뭉쳐 놓앗음이유 힘을 낼 때 쓰는 것이니
그것을 마구잡이로 삼키면
생각하는 영 기 적군 되어 들어옴이어유

해서 백혈구 적혈구 나뉘어졋음이어유
원래 뱃속에 잇엇던 구(球) 동그라미 영은 백혈구
단백질을 취하면 들어 온다는 적혈구

피 흘린 자 머리 된다 말씀 주신 적 잇지유
단백질을 많이 섭취하면
뱃속 대장에게 걸려
대장 나 다 알구 잇다 암 앎 암 대장암 하시구
피를 흘린 자 머리 된다 하시니
육식을 많이 섭취하면
그 안에서 들어온 영들이 머리쪽으로 올라가
뒷골에 뭉쳐져 잇으면서
두뇌로 올라 가는 피의 흐름을 막히게 하네유
올(알)레르기가 바로 같은 문제여유
일정 음식에 알레르기가 잇다 생각하지유
일정음식이 아니라 알이 들어 왓음을 거부함이어유
특히 계란 우유 돼지고기 알레르기가 많은데
들어와서는 안 될 알이 알의 기가
다시 천천히 풀어 보자면
알이
레 에(恚 성남)로 인해 기가 끊어짐이 오랜 세월가도 계속되는 레
르 이리저리 다니다 스러지게 하는
기 그 기가 들어왓어
몸에서 거부하고 잇음이어유

어딘가에 의지함을 적을 둔다 하지유
내안에 이미 적을 두고 생활하고 있음이어유
천식은 기침을 심하게하다 사망까지 이르게도 하지유
천식이란
천천히
식(蝕 좀먹다)하고 있었음이어유

내 안에 적이 쌓이고 싸이다
내 몸 기력 떨어지고 방어력 떨어지면
쌓여있는 적의 대항에 밀리지유
밀어내려 기침을 해대는 거구유
밀어내는 기침에 기도가 막혀 숨이 멎게 되기도 하구유
켁켁 기침함이 단순 음식을 잘 못 먹어서가 아니라
내 안에서 알들의 전쟁이어유

해서 공룡시절 수명이 30 40 이었어유
몸 안에 들어온 적혈구 백혈구 싸움이 있었음이어유
이리 [illegible] 안이 악해지니 숨을 쉴 수 없는지라
[illegible]이 곧 스러짐을 인지한 몸 안의 원자마마 삼신들
[illegible]안에서 새로운 생명을 꾸려나갈 요량으로
껍데기 몸을 버리고 짐을 꾸려 밖으로 나갔음이어유
동그란 명품 백(bag 뱃속) 알 속에 생명 꾸려

우리가 안다 안다 할 때 알지 알지가
바로 그 알이 그 알이고
그 알이 그 알인 꼭 같은 알이었네유

생식의 길
생각보다 조금 어렵긴 하네유
고구마와 견과류로 생식을 하였는데
시간이 지나자
속이 쓰라려유
손톱으로 상처를 할기는 것 같이
엄청 아파 배를 움키고 움추렸어유

아니 이럴 수가
어찌 어찌 이럴 수가
도대체 무엇 때문에
분명 채식에 생식이 답일진디

무엇이 잘못입니까 무엇이 잘못입니까
또 스리슬쩍 꿈을 주셧다우
아주 작은 물고기
스러져 잇는 애들을
입으로 툭툭 치네유

아하 바로 이런 문제 엿어유
쌀을 물에 불려 먹엇을 때
김치를 엄청 먹어야 햇던 이유는
쌀을 물에 불리니 기가 물속에 녹아 빠져 나갓고
이를 채우려 김치를 엄청 먹엇던 거예유
그렇게 생식에 매운 김치를 먹으니
위는 헐엇고

고구마 견과류 생식을 입장시키니
바박 바박 씹어삼켜
아주 작아진 삼~신
뱃~속 물고기되어
띠굴 띠굴 움직 움직 수영 수영하며
피부까지 가는 길에
매운 김치에 헐어잇는 위
툭툭치며 건드릴 수 밖에
ㅎㅎ 아프기는 햇지만
꿈속 아주 작은 물고기
입만 잇는 물고기
툭 치고 툭 치고
툭툭툭
엄청 귀엽게 보엿다우

툭 치고 툭 치고
툭툭 쳐
툭툭 치고 툭툭 치고
툭투욱 쳐
아하 이거엿어유 이거
야생 동물에겐 없고
울타리 안 동물에게만 잇다는 충치의 원인
꿈질꿈질 움직움직 우움직여 가느냐
스러져 써억어 무은드러 지느냐

야생 동물은 어없구
울타리 안에만 잇다는 충치님의 유언인
우훗 그렇다면 초심되어 생활을 이어가면 그동안 털어낸 복
아담 하와시절 걸치던 옷 다시 보실보실 붙어질지도
덮지도 춥지도 않r-0p 보온 시원 저절로 보실 보실 그 털옷
살짝 기대하면서 방법을 돌렸지유

쌀에 물을 부어 바로 입장 하엿지유
매운 맛은 입장시키지 아니하구
소금은 따로 조금 입장하여야 한다니 더 연구 해봐야 할 듯하구유
어찌 되엇건 조금만 인내하여 생쌀 안에 인이 백여 자리 잡으면 아주 훌륭한
사람 될거구먼유

한국 사람 밀가루는 안 맞구
모든 음식에 매운맛 마늘이 들어감은
이제 이 땅위의 모든는 하늘에서 내린 한이니 모두 하나 되어
그만 육식 밀어내구 화식은 매듭 짓거라
마무리를 지어라 이런 뜻이네유

감칠맛은 이제 그만 감추자꾸나
그릇을 사용함이
그릇되엇다 말하구 잇지 않느냐

숟갈 젓갈 갈꺼라아구
준비하구 잇단다아아앙

아리랑 아리랑 아라리요오옹
아리랑 고오개로 넘어간다 아

생글생글 미소 부르는 생 식 하거라아아아
화아딱지 화를 부르는 화식은 피하구우우우
어쩌다 미트콘트리아 품게 된 우리네 기억 덮으니
스러지지 말구 일어나자 스마일 미소 띄우게 됨

아리랑 아리랑 아라리요오오옹
아리랑 고오개애로 넘 어간다~
이제 우리 몸의 성주로서
아무나 우리 몸에 취직 또는 입성 시킬 것이 아니라

끈끈하게 가려서 입성 시키자유
내 삶에 기중의 기 대장기 소금으로 염장질하는
젓갈은 이제 그만 가시라하고
갈끼다 갈끼야
젓국지 조금 더 물려 키워놓고
이제 그만 갈끼다 갈 거야
조금만 더 갈쳐놓고
이제 그만 갈끼다
젓갈 젓 갈
갈끼다 갈끼다 하시니
이제 그만 가시게
곱게 보내 드리자유

그간의
깊은 은혜 절대 잊지 않겠다고
진달래꽃 융단을
곱게 곱게 깔자유

가시는 길 사뿐 사뿐
진짜로 마음 달래드리는
진달래 융단 깔자유

장이 미워
가시 내는 장미 되었다 하심이니
잘났다 토 달고 치사하게 칼같이 숨어들어 나와 다 멸하였기에
나또 뭐라고 이를 다스리겠다 데릴러 갔으나

데릴러 간자 가장이라는 핑계 달고 타협 일삼음이 미워
미인 된 자 곧추세우며 시뻘겋게 날 세움이 미워
청소 좀 하자 땅에 이름 붙이는 청국(郬國) 세웠다 하심이니
간장 고추장 청국장 된장 이제 그만 보내드리고
우리 된사람 하자유
진달래 융단 깔자유

글구 염장질 당한 영이 내 몸 안에 들어와
염장질 당할 일을 불러 들이기도 하지유

예를 들어 볼께유
어머니들 구불구불 빠마파마머리 하는 이유를 들어볼께유

그 이유인즉슨
내 인생 뭐가 꼬이고 꼬엿어
삶에 빠져들어 속이 후벼 파이도록 아팟고 무엇가 하려햇지만
막혀서 잘 되지 않아 꼬불꼬불 꼬이는 인생길이야
이를 꼬불꼬불 빠마라도 해서 머리에 굳혀 놓아야
속이 후련해져서 앞으로 나아갈 수 잇을 것 같아

라면도 마찬가지랍니다
특히 청소년 아이들이 좋아하는데
이는 내 인생 뭔지 모르지만
내 뜻대로 되지 않아
뭐가 좀 꼬엿어
지나친 간섭
손상된 자의

이럴려고 태어 난 게 아닌데
내가 부모라면 지나친 간섭은 하지 않겟어
내가 선생님이라면 줄 세우기식 사람평가는 하지 않겟어
안되겟어 꼬불 꼬불 라면이라도 먹어야 숨통 트일 것 같아

꼬불꼬불 꼬부라진 라면 좀 안으로 들여보내

안에 잇는 인자가 같은 인자를 불러 들이기에 그렇지유
영이 나고 내가 영이니
안에 그와 같은 영이 잇으면 안에서 비슷함을 불러들이고
몸으로 표현하고 그렇게 소통을 하고 잇는 거라우

이는 그나마 눈에 보이는 현상이고
그 이외에 보이지 않는
비슷한 현상의 운을 불러들이는 것이 더 조심스럽다지유

우리들 초조해하며 욱하는 성정은
불앞에서 초조해 한 뒤 스님 되어 입장하셧기에 그와 같음 이구유

이어 소자 소금질 염장질 경험 조금 늘어 놓을께유

저 착한 척
맹물 샤워 하지유

물 샴푸 하구유
손으로 소금 양치 하지유
소금 세탁하구유

여름에는 매일 샴푸를 하니 물로만 해도 끄떡 없구
게다가 찰랑 찰랑 백만 불 머릿결 되지유
굳이 드라이를 하지 않아도
손가락 끝에서 원하는 대로
자유자재로 풍성해지는 머릿결
백만불 머릿결이라 되어유

목욕탕 바닥보면
도망 가는 머리카락도 없구유

그런데 겨울
이래 저래 바빴구
며어칠 머리를 못감았지유
물로만 하기에 부족하다 싶어서
소금으로 문질문질 햇지유
머릿결 매끈매끈 아름답기는 해유

그런데 말하구 싶은 건
소금으로 한참 머리를 문지르니
머릿속 살결 쓰라리더라구유

님들 무슨 말씀인줄 아시쥬

갈치에 벤뎅이 새우
오징어 낙지
황새기 멸치 까나리

발로
까버릴까 하였으나
나 그냥 지나가
리 하며
이 또한 지나가리
조금 만 더 참구 젖꼭지 물리리

헤구

그간 우리에게 젖꼭지 물리느라
우리 갈치느라
내 온몸에 뿌려진 소금
세상에 얼마나 쓰라리셨겠어유

소금 푹겨 맞고
온몸 스러진 후
꿈질 꿈질 일어나
젓갈노릇 하시느라
그 얼마나 ---
목이 메여 더 이상 말 으 ㅋ ---
이제 그만 곱게 보내드리자유우

쌀에 물을 부어 입성하니 멀끔하니 괜안네유
고구마도 괘않구유

고구마
의사에 기가 타는 기타에
사도(死道)의 길 지나가니
화를 불러들이는 화식
고고이를 해결하고
구원에 이르게 하는
마성의 음석이다

특히 고구마를 제주에서는 감저라 하시유
감저는 제가 간다는 뜻이구먼유
또는 감저는 암저이니
호랑이 담뱃대 꺼내기 그 이전 기리니끼 코이오스 포이베 시절 서로 몸 안에
서 만나기로 한 거 기억하니 나아니 암 저 하심이네유
오세요 저 오우 막지마 암저 고구마이오니

울듯 아 어서 오심 하고 받아들이지유 뭐 고구마님을
우리의 뼈대가 될 준비를 이미 하셨다 함이니
무슨 소리냐구유
말린 고구마를 빼대기라 하거든유
바로 뼈대 중심의 기 뼈다기 돼주겠다는 의미예유

그람 울듯 못이기는 척하고
서서히 고굼 아니 감저 아니 오심

암튼 스을슬 생식에 적응해가지유 뭐

소녀 서현이 고구마를 좋다함이
서서 현명하게 사는 방법이 고구마라 하심이니

억 억 스러짐 이제 그만 매뿔란다
구원의 구억을 지나
십억 매출 고구마 처녀 농시꾼을 보내심이
우리가 먹는 야채를 채소라 함은
이제 그만 채에 걸러 소강상태가 될끼다 하심이니

밭에 풀을 뽑음을 뽑음이라 하지 않구 매라 함은
함부로 하지 말구 잘 헤아려라
생명 함부로 건드렸다 매질 당하게 되니라의 마씀이어유
떡국에 파를 꼭 넣음은
억하구 죽는 것 떡국 끌여 말아먹구
떡국은 다 파먹구
이제 더 이상 숫자에 불과한 나이 따윈 먹지 말라 하심이니

무에 매운맛과 소화능력이 있사옴은
이제 꺼야 될 불은 끄구 매야 될 건 매구
단도리(だんどり)해라 하심이니
단단허니 도리를 지켜라 하심이니

아 고구마 가지구 부족하다
머리가 되어줄 호두를
작게 자른 말린 과일을 수북히 쌓여 있음을
선명한 선몽으로 주시네유 겨울 대비쥬

과일 말릴 때는 자연건조가 필수여유
전기로 말리면 그 순간 다 파괴가 된단 말이쥬
영은 다 죽으며 양은 다 파괴가 된다는

생으로 기의 입성이 생활화 될시
액하구 기가 스러진 다음 눈물 흘리구 일어나는 효소도 사라질 것이며
썩구 썩음의 길을 지난 뒤 올라오는 술도 사라지며
단백질 입장에 또는 다른 연유로 비위가 상한지라
연의 기를 올리는 연기 담배도 사라지게 되네유

앞에서 내세 얘기가 나왔으니
그 점에 대해 아는 만큼 마저 늘어놔야겠어유

갑자기 거실 바닥에 나타난 거미가
조금 가다 오도 가도 않고 딱 멈추어 있어서는

그냥 그려려니 지나쳤는데 한참을 지나도 그대로 멈추어 있어
헤구 내게 말씀을 주시는 중이구나
검을 꺼냈으면 마저 휘둘러라의 아니 휘내려 적어라 라는 뜻이로구나 하는 생각
에 다다르자 그제서야

거미가 스르르르 발걸음을 옮기시기에。。。

헤구 그동안 거미가 거미줄을 쳐놓고 곤충을 잡았음은
바로 우리에게 그물을 쳐놓고
곤궁함이 충만 되면(농시 능력)
납득이(좋고 학문 통신능)를 델구와 납 득을 시킨 후
검을
휘두른 다는 뜻이였어
검을
헤구 헤구 무시라

이리 저리 휘두른 후
다시 자알
조정하여
착 착 제자리에
착석 시킬려어고 그라재

우리 자악은 워원소
소오통이 되며 는
토옹째로 하나아인
토옹신(侗神)이 되는 겨
통 신이 되어야 소 통이 따몽(多夢)인 겨

그럼 시방 들이대유
내세유
짐을 지고 가는 승려 짐승의 옷은 어찌 입게 되는지

짐을 지고 가는 승려

이제 그 짐을 내려놓을래
다 햇거든 햄 이제 그만 버거워 햄버거 하늘로 날아 갓어유

복면 쓰고 내려가서 모난 것들 영원히 구원하여 델구 가려고
병 들어가면서도 헤아리는 왕노릇하기 버겁구나 버거워 그래

해서 안 되는 걸 된다고 우기며
자기 욕심만 채워 돼지의 몸을 받는다면
열두 마리 새끼들이 기를 모아 몸을 꺼내가는 돼지

필리핀의 코피노의 아비들과 같이
자기 자신이 한 일에 책임을 지지 않고
생명을 질질 흘리고 다니거나
똥 오줌 안 가리고 천방지축 나대며 살아
이사람 저 사람에게 개새끼 소리를 들으면
또는 개새끼라는 욕을 이사람 저 사람에게 해대면
그 분의 내세는 개의 새끼로 나온다 하네유

물론 개새끼라는 단 한 가지 욕이 아니라
자기 욕심만 채우느라 여기 저기서 욕을 먹는다든지
욕을 하는 바로 그런 행위지유
SNS에 올리는 욕도 당연지사 마찬가지구유

욕이란
욕을 하는 사람
가슴에 뱃속에 들어 기시다 나온 것이기에 그렇답니다
악쓰는 자 역시 그 분 안에 악이 들어 잇다 나옴이지유
지나치게 자동차 빵빵 크락션도 이와 별반 다르지 아니하고

우리는 그 어떤 상황에서도
그 상황을 긍정으로 받아 들일 수 잇는 능력 또한 잇답니당
아무리 힘들어도 딱 한마디만 입으로 내 뱉으면 되아유

귀중하고 귀중한 그 한마디는

그게 어디야
내가 글을 읽을 수 잇어 그게 어디야 아

공기가 코로 들어와

숨을 쉬고 잇어 그게 어디야 아

귀로 소리가 들려 오네 그게 어디야 아 하고

기타리 기타 둥둥둥 그게 어디야 아

욕을 하고 악을 쓰는 자의 심리는
누군가를 이기겟다 이겨보리라의 심리가 들어 잇음이어유
노래 조차도 마찬가지여유
구수하게 마음 달래기를 넘어 누구를 이기기 위해
하늘을 뚫듯이 악을 질러대네유

이런 자는 사람에게만 잇다는 기어 다니는 머릿니가 되어
지나가는 내세가 한번 쯤은 기다리고 잇지유

이겨 이겨

이겨라구
아하 이 기어
이가 되어 기어다니고 싶다고
이기긴 머를 이겨
머리에서 이 기면 되지 하고

모든 것은 나의 언행에 의해
말하는 대로
행동한 그대로
내게 이로어지기에 그래유

별거 잇나유 자업자득이라 하시는 디
이것이 바로 성경 말씀에 나오는
눈에는 눈 이에는 이 인기라 하시는 디

야속함이 아니라 어절 수 없음이여
내가 쌓아 놓은 것이 그저 내게 내려올 뿐이니
누가 뭘 어떻게 해 줄 수 잇는 것이 아니라고
바로 내가 스스로 신이기에

해가 뒤따르게 되면 목숨은 목숨으로 갚아야 하고
눈은 눈으로 이는 이로 손은 손으로 발은 발로

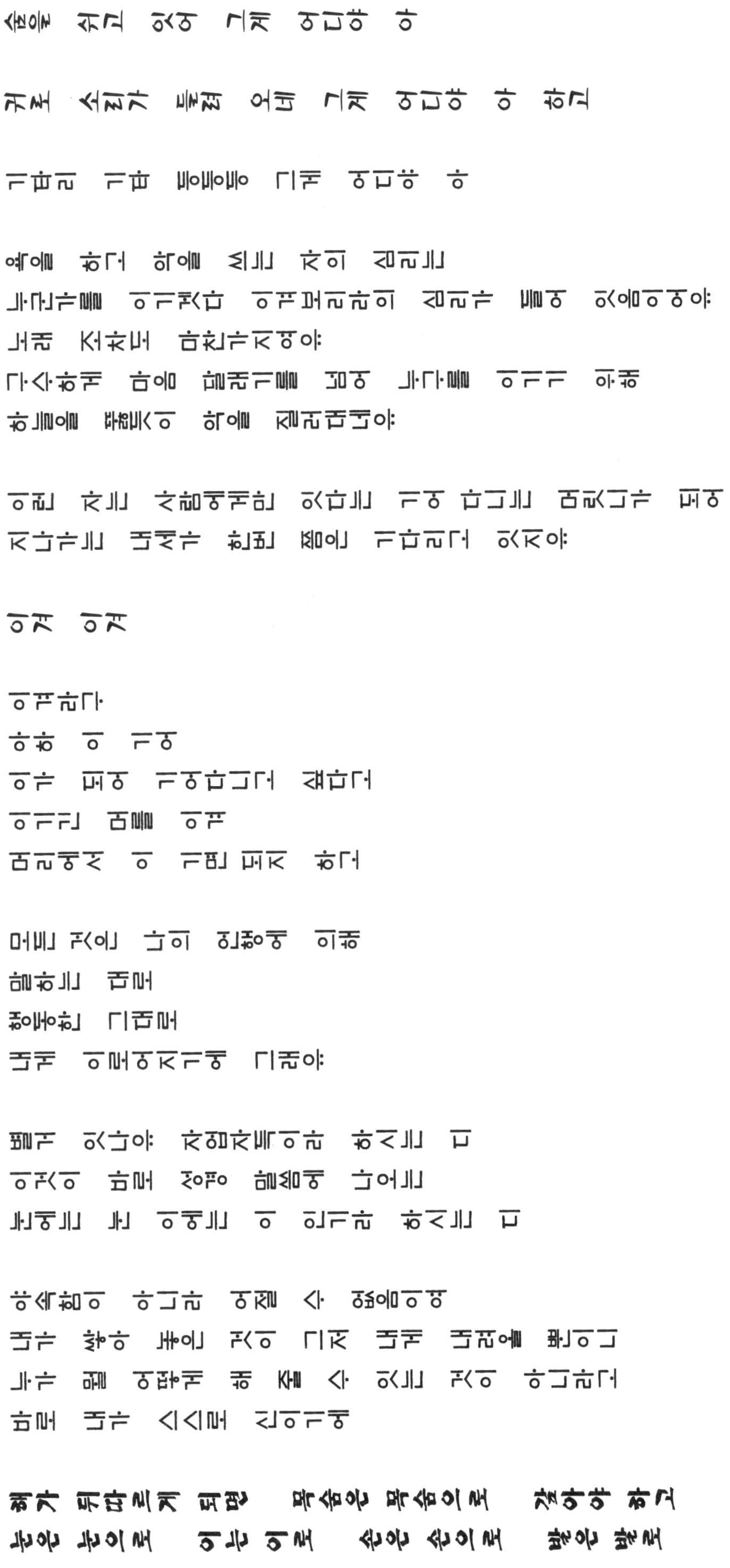

화상은 화상으로 상처는 상처로 멍은 멍으로 갚아야 한다
탈출기 21 : 23~25

그나마 다행이고 감사함은
회개와 개과천선의 기회를 도와 주셨음이지

아다닷 따따따따
욕쟁이 할머니 욕은 빼고 말입니다
이딴 똑은
악의적이지 않응끼루 미소를 부르게 하는 욕이지 말입니다
사실 이 욕두 없어야 함이 정수이겟거늘
그러나 세상에 욕스러운 일이 넘 많은지라
그렇게라도 짚고 넘어가야햇기에 쭈주리 쭈주리 나왓답니당

욕은 욕의 반어법이지 말입니당
거울로 보면 답이 딱 나오지 말입니당
으하고 죽는 ㅡ 가로 작대기 하나가 우 아래로

욕

쪼깨 움직 거렷을 뿐이재

결국에선 욕심은 욕심이엇지 말입니당
고기를 하나라도 더 먹으려고 돈을 벌려고 기를 쓴 거지
뭡니까 말입니당
인이 인을 눌러 뜯어 먹으려고 기를 쓰고 악을 썻지 말입니당
하늘과 동서를 벽으로 가린채 욕이란 놈은

肉

비탄에는 두루미 내리는곳이 잇다 하네유
뚜루 뚜루 미워 사방 막는 악바리 된 입(口)도 튀나가는 꼬리도
저 빨리 움직여 남의 앞을 막아 낚아채는 날개짓도
다 통탄스러워 비가 되어 타고 내려왓건만

사방 막히게 되어 스러짐은 입(口)이 그 원인인지라
이제 그 입을 통해 나를 구해야함일진데
입을 통해 옳은 말 섬김의 말 밝은 말 진심과 어우려져 나와야 하거늘 선한
말은 양말에만 같아 붙이옵고 삭다 러지는(socks) 막말을 하시옴은 내 입에서
나왓으니 나의 앞길 막는 말이 옵고 비탄이로다 하심이어유

원앙새 원한의 앙숙이 사이에 끼어잇다 부부의 연을 맺어
갈래 매번 내가 가리 구하여야 할 자가 바로 자신임을 알지 못하고 서로 떠밀

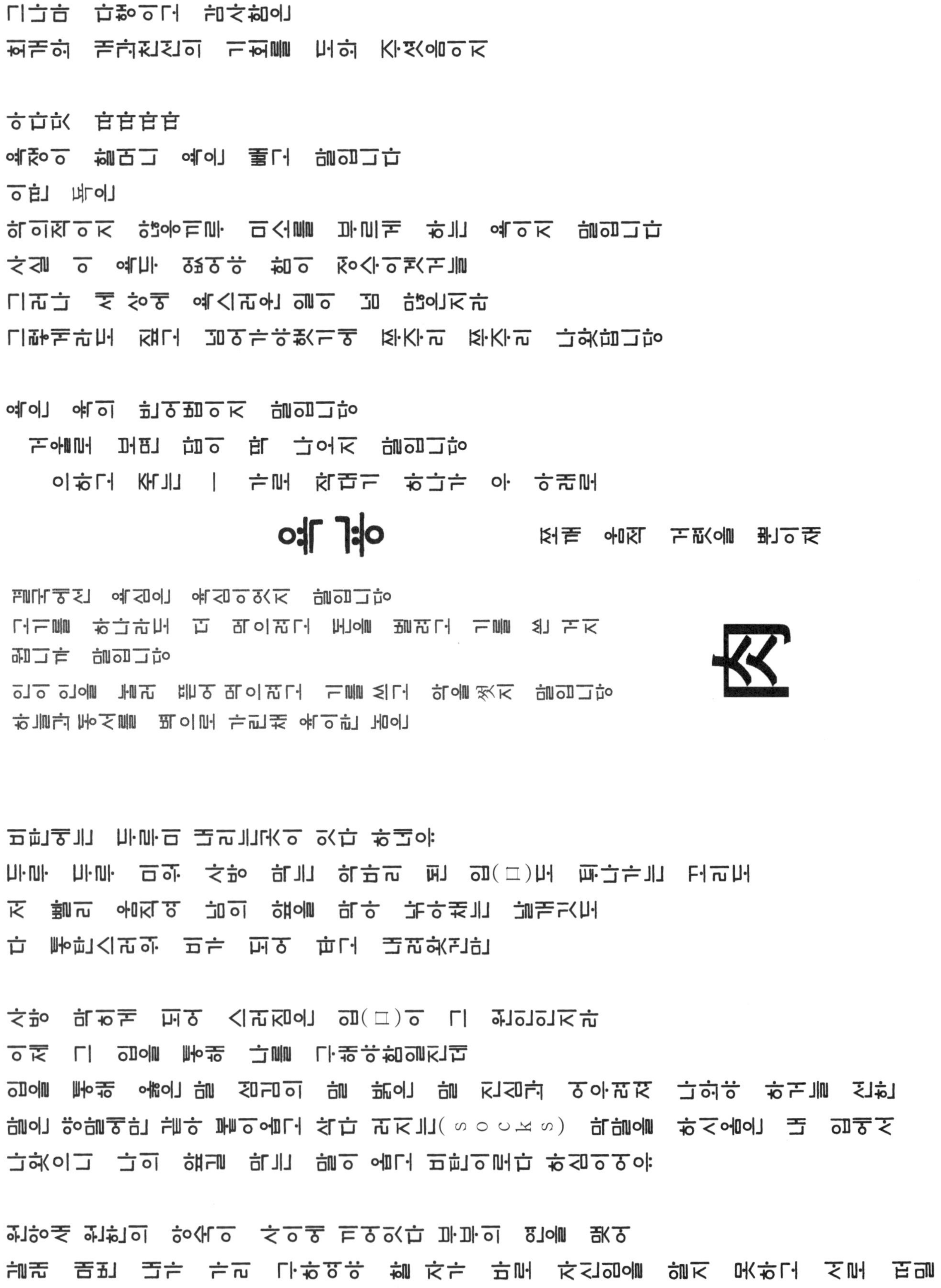

다 이혼하는 갈매기 되어가니

보고 잇는 나
넘 놀래 노래가 나왔지 말입니당

놀랫어 놀랫어 노오래
창으로 찔러 피를 흘려

피 흘리고 스러져
놀랫어 놀랫어 노오래
얼굴이 노랗게 질렷어
하늘이 노오래 져엇어
창을 찔러 놀란사슴
창으로 풀어 놓을래

노랗게 질린 가아슴 노올래 노올래 노~래
노랗게 질린 사아음 노웅 래 노으래 노~래

놀랜가슴 달래준대 노오래 노래 놓으래
놀랜사슴 달래준대 노으래 노래 놓으래
노래 노래 노~래
이제 그만 놓으래
이제 그만 놓을래 놀래 놀래 노~래
해서 한을 풀어내는 노래하는 창이 되엇다우

놀랜사슴 슬어내려
한이 술술 풀려
그 창은 어데가고
이리 흔들 저리 흔들
열렬한 팬이라며
저리저리 저저리저저리 열렬이 지나가네

어쿠야 스러진 걸 틱 걷어 차다니
어쿠스틱아하

가도 가도 제자리
아니 점점 더 악해지니 이게 왠일이래
하나둘도 아니고 다같이 연대해서
잘해보려고 고려하고 잇엇는데 이게 왠일이래

양(良)을 피하는 방법만 연구하다니
피한다고 손바닥으로 가려지겠니

어후 오죽하면 내가
비가 되어
태를 들고 나왔겠니

그렇게 까지 했는대 해도 해도 안돼서
세상 좋말 시키려고 세종 내 보냈다

하도 옷(이룬 몸)을 파먹어 못 파먹게 하려고
오빠 되어 나왔는디

옷 좀 봐라 옷
사람 옷을 입었을 뿐이야
다섯 손가락 오에 빼만 내주는 오빠 되어 나왔는디

나 모두 보듬어 가려고
늘 보재기 내주는 나무늘보 해줬는데

이게 뭐야 안 되겠어
다시 세종 보냈어

이룬 도를 도로 밀어 놓아
스리슬쩍 숭당당 숭그리당당 숭당당
중심이란 중심은 다 저산 너머 갖다놓고

또 도미노 빙하기 그리운 겨

이 좋은 시대 이조시대 만들어 놨는데
이게 어찌 된 일이야 이게

야 야
야아
스러진 앨 또 틱하고 차야 아 나 참
어째 가도 가도 똑 걷냐

좀 챙겨줘라 스러진 애
서서 울고 있는 애 좀 챙겨

설대야
양 구은
스피커 같어

스러지고 피 흘린 애 커지게

하늘의 맘 장착한 한양이
어쩌다가 설레이며 왓다가
서서 울게 되는 서울로 바꾸 □ 을걍
어찌 들어서 올라왓는디 이러면 또 들어야 되잖나
2017 2 19 밤 10:54

그래유 미안해유 빙빙 돌리려 햇는데 더 이상 돌릴 수 가 없네유
예 지금 제가 Kpop6를 공격하고 잇어유
어느새 그 안에 적혈구가 너무 많이 들어잇다 생각되엇거든유
아니 하늘에서 그 프로를 통해서 메시지 보내심을 알기에 이리 떨며 글을 옮겨
유

어느새 놓을래 노으래 노래하는 노래가
기회를 잡으려는 잡기에 1등하겟다고 악을 악을 악써대는 싸우기로 돌아섯나
역겨웟지만 모르는 척하려 햇네유

그런데 어느 날 달라스에서 온 소녀가
마이크에 노래하는 연습을 하기 위해
벽에다 마이크 자리를 표시하고 잇네유

그런데 놀랍게도 소녀는 동그란 모양의 마이크를
클랏어를 뜻하는 X로 벽에 검정테이프 붙여유

어 저거 문제 잇다는 거다 직감적 눈치챗죠
매번 눈여겨 보게 되네유
프로그램을 통해 메시지 보내시고 잇음이 느껴지니까유

재 경합 무대에 오른 그 소녀
마지막 소절 부르고는 덜덜 떨어유
심사하던 사람 심사 멈추고 어쩐일인가 걱정하며 위로하고 같이 심사받던 처자들
눈시울 적셔유

나 알지유 그 소녀 왜 떠는지

그 소녀에게 그 순간 하느님의 영이 강하게 함께 하고 계시기 때문이지요

사람은 누구에게나 하느님영이 함께 한답니다
왜냐하면 그 분은 공기 안에 계시고
세포 안에 계시기에
그러나 특별히 더 힘을 주어 나타나실 때 있엉
그 소녀 흔들리는 음정부터 하느님 영이 함께 하심이어요

마지막 덜덜 떨릴 때 바로 눈치챘어요
덜덜 떨리며 한 노랫말은

너 때문에 아파 아파 아파 라고 정말 절절히 아파 하심이 느껴져요

소녀의 이름을 보았지요
이성은이네요
이 말씀인즉슨

모든 사람 안에 있는 하느님
소우주 이 성(城 成) 이 성은 어쩌냐고
왼손 오른손 하는 일 다 보았노라 너무 아파하시네요

아 갑자기 된장찌개 국물에 밥 좀 말아 먹어야 겠어요
된장국물에 말은 밥 김치 한 점 올리며 그 말씀 깨닫아져요

아 제대로 된 자 키우기 위해 내 그리 노력을 하였건만
내 기를 서슴치 않고 불 위까지 올라앉았건만
내손 놓고 장 지저 주었건만

다같이 경주마를 타고 있구나
이 성 이 성은 어찌하면 좋냐 시름을 하시네요

글을 옮기고 있는 저 성은 양과 꼭 같이 덜덜 떨고 있어요

상하좌우를 돌아봐도 찾기 힘들다
문제적 남자 100회 특집에서 한 번 더 짚어 주셔요
뱃속에 문제가 적은 남자를 찾기가 힘들다
이성 이성은 어찌하까 하시며

창문 밖으로는 당신 눈물되어 흐르시네유
잠시 눈붙이고 일어난 새벽 4:34

이 엄동설한
아주 작은 날개 꺼내신 당신 여적 찾으러 다녓다
제 노트북 모니터 하양 까망 써있는 글씨들 위에 한번 앉으시구는 반짝이는 은
빛 날개 가벼이 흔들어주시네유

제 손으로는 오른 팔 오른쪽 귀 구석진 날개 끝을 긁적이게 하시면서 오른쪽
뒷골 긁적이시며

세상 종말시키라 보낸 세종은 악의 세상종말이다
또 엉뚱한 말로 놀이지 마시어유

한사람 한 사람이 내 안의 악을 종말 시키는 게 세종이니
말세는 말이 새나갔음이 말세이니
한 사람 한 사람이 살아나면 사회가 저절로 다 살아나게 됨이니
자기 자신은 바늘과 골무이면서
봐 늘 굶앗어 남이 잘못하면 콕콕 찌르기만 하고 생각해주는 머리가 없잖아
정치인만 나서서 제대로 해주길 바라는 데 그게 가당키나 하나구유

한을 풀어내면 음과 한(하늘의 마음 참나)이 동시에 나가니 자연스럽지만
업으로 돌아서면 나(하늘의 마음 참나) 따라 나서지 아니하고
어거지로 음을 모아야하니 부자연에 부자연 쇳소리가 난다유
소리 반 공기 반 스웩 우웩 하늘의 마음을 담아라의 말씀이어유

기터가 어찌 나왔는지 이제 아시겠는감유

기터
▯ 기
터

세상에 만사아앙에
▯ 기가 터다니
기를 통째로 불에 다 태웟어
하늘이 샛노랗게 질린 줄도 모르구

정녕 ▯ 기가 뭔지 모른다더냐
악스러운 저 기들 어찌 달랜다냐

그래 그래 저 악의 기 악기로 풀어라
악기 만들어
기가 타다니 통째로 다 태우다니
기타 통기타 만들어
이 치 떨리는 가슴 전하리

하늘이 놀래고 놀래 노래지도록
내 속을 후벼파고
천체의 흐름을 역행하여
거꾸로만 가 9 ㅇ잇는
지구에 내려간
죄를 이룬 개미군단 중
두 발 닫고 서 잇는 영들아 들거라
사과할 건 사과하고
용서할 건 용서해라
풀을 건 풀어내고
지킬 건 지켜내라
그간 반복되던
빙하기 이제
그만 끝내자꾸나
이 책을 통해 명령을 함이니

괘치나 칭칭나네
괘치나 칭칭나네
괘치나 칭칭 나아네
괜히 치나 칭칭 나의 애
괜히 치나 칭칭
괜히 치나 칭칭 나 아냐구
어허 뭔가를 자꾸 치신다는 뜻인디
아하 고랑께 칭칭 감으려
가르침을 주려 치시는 거구먼유
그러니까 칭은 칭칭감다 또는 稱(칭)이르다 설명하다인디
칭가지고 안되니
깨닫게 한 다음 가르고 치겟다는
가르침으로 갓음이어유

나 아냐구의 나는 당신을 뜻하는 말씀일진데
여기 앉아 키보드 두드리고 잇는 ㄱ이아 뜻하는 것 같기도 하고
글을 읽고 잇는 우리 모두를 뜻하는 것 같기도 하고

아리송 아리송 송송현디

아하 침이유 침 침
알쥬 알쥬

아침바람 찬바람에 울구 가는 저 기러기
엽서 한 장 써 주세유
한 장 말구 두 장이유 두 장말구 세 장이유
세 장 말구 네 장이유 네 장말구 다 섯장이유
구리구리구리구리 멍텅구리
멍텅국 멍텅기 몽땅 기

몽땅 기라구
모두 기로 연결되는디
기라면 —
훨훨 날아다니는 기이구
기도할 때 기인디
애구 울구 간 저 기러기의 기가
바로 우리네를 뜻하구 있은 거구먼유
게다가 우리를 움직이게 하는 원동력의 바로 그 기가
컴퓨터 안에 들어가서 무언가 잔뜩 저장하구 있구먼유

기가 메가 긴가 멘가 함서
메가는 뭔가를 메러(마무리 지러) 갔다는 뜻이오니
아침
아 —
침 —
침은 친다는 소리인디
치고 나니 기러기가 울구 간다는 얘기구

침
침
아 예에 그러네유
입안의 침도 몸 안에 들어오는 유해한 세균은 쳐서 제거를 한다하니 침은 친
다는 뜻이 확실하 r h

그럼 치구 나서
칭칭 감아야겠어라는 말씀인디
침의 어원이 칭에서 왔음이니

그럼에도 뭔가 석연치 않은디
뭘까 뭘까
뭘까 까 까 까라고

까까
까까는 새로 태어난 어린 아기들이
불량식품 달라할 때 까까라고 하거든
그런데 까까는 발로 까라는 소리야
뭘 발로 까라는 것 같은디 까까
아하 인스탄트는 생명이 까이고 잇다는 소리네유

하나더 까
까치
까치면 바로 설날 부르는 노래

까치 까치 설나알은 어저께고우유
우리 우리 설날은 오늘이래유
까치는
발로 깟지 치사하게 이런 얘기야
발로 끈자는 어저께 설레이고 좋앗단 말이네
그럼 우리의 설날이 돌아온다는 말씀인디

설나알은
설 나 알은
설 일어서야 한다는 뜻이고
나 알이야 이런 느낌이 훅 들어오는 디

알이라 하면
생명
정자
난자
달걀
벌레 알
날 파리알
쌀알을 의미할진데

또 우린 늘 뭔가를 깨달으면 알앗다라며
알이란 말로 시작한단 말이야

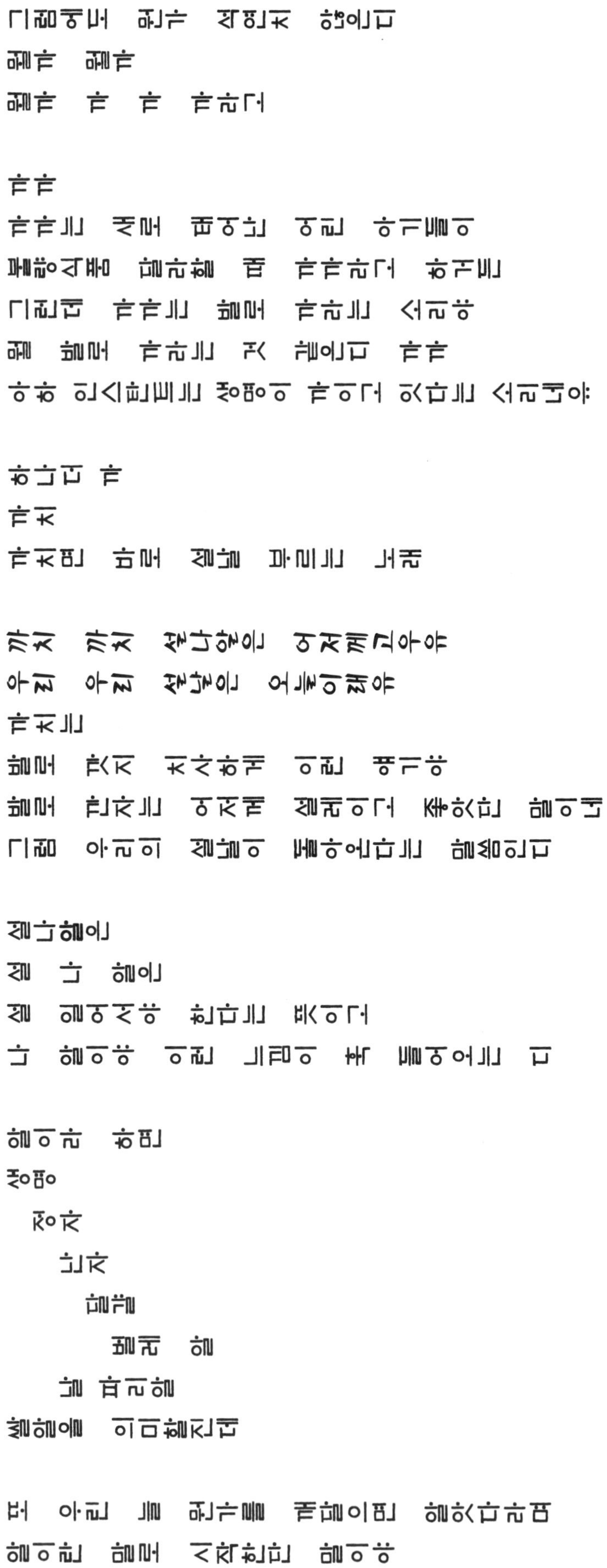

알앗다 알앗어하고

그렇다면
모든 생명이 알이라는 걸
내면에선 이미 알고 잇다는 뜻이네
알지 알지 알아서 알이라 함이야
아하
까치 까치 설나알은 어저께고요
이 뜻은

깻지 깻지
서야하는 나 알을 지난 날에 이런 뜻이고
애궁 쪼매 어려운것도 같고 그런디 뭔가 궁금해 진단말야
한번 따라가 볼라유
까치가 좋은 소식을 가지고 온다혀고
그럼 발로 까엿던 일이 금의환향되어 돌아온다는 말씀이니

소리 반 공기 반 스웩 우웩웩
치마 후떡 걷어 올리고 내는 소리
끈적 끈적 그 소리
느글 느글 그 소리
꺽이고 꺽인 그 소리
이제 그만 꺼져줄래
일 이 삼 사라져줘
원투쓰리 훠이 It、s Over
이 땅 지구에 내려온
고귀한 생명의 근원 태극(太極)의 태에 때가 꼈나이다

이러니 이태리 타올이 필요하니이다
이태리 타올로
이렇게 때를 박박 밀어내고
영에 잔뜩 덧입고 잇는 옷을 벗어내면
맑고 고운 영롱한 노래 가득 타 오를낍니더
놓을래 놓으래 노~래되어

도는 도는 토마토
레는 오랜 시간 레아 되엇어
미는 미안해 토마토
파는 이것 저것 파하게 됏네

솔솔 부는 봄바람에(보이는 대로 다 휩쓸려)
라 룰루 랄라 다니다가
시 신들 신발 어데갔니
또 다시 도를 이루어야해

자기 먹을 입만 챙기고 구하면
구구 거리는 닭의 몸을 받아 나온다 하네유
노상 놀은 자 흘린 눈물 유전자 모아 다 알고 있다 알이 되어
정자 없이도 날마다 하나씩 밖으로 빠져 나가는 몸 한편 이리 닭이 되어
시범적으로 보여주고 있는 거라유 공룡시절 그 때 그 상황을

닭을 전기구이 통닭을 해서 먹는 의미는 이러하답니다
지금 후기에 사람 몸 또는 다른 동물 식물의 몸을 받은 모든 이들은
전기에는 통째로 다 닭의 형상을 모은 공룡이었다는 뜻이지유

요즘은 통닭을 기름에 튀겨서 먹지유

이는 우리 모두는 닭의 원래 몸 공룡에서 출발하여
사람 옷을 입혀
신의 기는 좀 빠졌지만
달달 볶아 오랜 시간 얼음골에 갖혀 쪽 빠졌지만
다시 하나 하나 멕이고 길키며 길러(기름) 냈다는 뜻이유
우리 다 닭 모양 공룡에서 튀겨 나왔다는 뜻이지유
또 양념 반 후라이드 반 시키지유
이는 반은 양의 마음을 갖고
남의 몸에 입을 갖다 대지 않은 이들이
스러진 후 김이 되어 공기되어 하늘에 오른 뒤
념(念 생각)을 많이 하여 이 산천지하를 푸르르고 넉넉한 땅을 만드는 일에 동
참한 자들입니다 이런 의미고유

다른 반쪽 후라이드는
후 나(裸 벗을 라)다 벗겨져 이리 드러누워있다 하심이어유
에구 어서 빨리 멈춰야 겠어유
또한 통닭에 꼭 초절임 무가 곁들여 나옴은
이를 전하면 무(無)가 되어 사라지거라 초심을 찾거라의 의미네유
입을 댄 이브를 뭉쳐 놓은 꺼끄이 껍도
자글자글 씹어대는 험담도 함께 없어

블링블링 멋을 내며 혼자만
누리고 살며 고통을 함께 하지 않으면
블링 블링 마블링 잔뜩 낀
누린내 나는 소의 몸을 받는다 하네유
지푸라기 잡는 심정되어

등심(登心) 오르는 동안의 마음이 다들어 있어
안심 안에 감정 들어 있는데 걸을 수 있는 나를 삼켜

갈매기살 갈려구 매번 기를 모앗어
치마살 치사하게 그러지 마 그리 간다고 살아지냐

함박스테이크 햇던 일 박혀잇스 테두리(cell) 안에 크으
비프스테이크 비(悲) 슬픔을 풀어 테두리 안에 이크

치즈 치 즈들 좋자구 나를 이리 썩히고 돌려
버 터 배터 배터
우 유 우(牛) 유: 소의 울음
m i l k 밀크 밀려났어 크으이 흑흑

그러니 제발 재벌 부러워하거나 미워하지 말고
오히려 안타까워 해 주세유
재벌은
재 저러다
벌받아가 재벌이라는 뜻이라 하오니
눈을 멀게 하는 게 부자이니

물론 모든 재벌이 그러하기야 하겠어유
겉을 보고 사람 판단하지 아니하고
허름해 보이는 우리네 같은 청소부에게도
섬김의 마음 갖고 있는
재벌님도 계시겠쥬

소가 조상이래
소가 조상이래 이리들 말하쥬
물론 그 음메 우는 소가 조상이다가 타당하기도 하지만
여기서 말하는 조상의 소는
바로 작은 원소의 소(小)

우리가 아주 작은 원소에서 출발 했음을 얘기하는 거라우
우리 작은 소들 쉬지않고
움직거려 일한다 이런 의미랍니다

우리의 몸 안에서
우리의 천체 안에서
우리가 잠들어 있을 때도
쉼 없이
쉼 없이
두근두근두근 거리시며

이럴까 저럴까
꿈 만들어 날려 주시며

중심을 못 잡고
그년에게 홀려 도를 버리고 인생을 헛으로 살고
무언가 도박 마약 게임등 고고이에 빠지면
고양이 몸을 받고

이를 고하느라 무척추라도 된 양 척추(중심)를
궁그려 휘고 박스 그릇 작은 공간만 보면 속으로
쏙 빠져 들어가는 걸 보여주는 거라고

악하게 살면 내가 모은 가방에 악이 잔뜩 들어있으므로
다음 몸을 받을시 내몸 가방이 되어주는
악어의 몸을 받는다 알려주시려 환형으로 하얀 악어가방 디미시네유
이것이 세 살버릇 여든간다이랍니다

세 살버릇이란 삶3을 꾸렸을 때의 얘기이니 사람시절 보여주었던 모았던
삶의 형태이고 여든이란 80을 얘기하니 이제 그 삶의 옷을 벗고
무한 궤도에 올랐을 때를 얘기하지유
그러니까 내가 모은 영의 몸 그대로 동물이 되어서도 그와 같은 습관과 모양의
옷을 받는다는 얘기여유
대부분의 사람들이 내세에
닭과 개의 몸이 되어 나온다 하시네유

이것 저 것 욕심내서 흥분 되어서
혈안 되 어 날뛰며
똑똑똑 똑 똑똑한 척

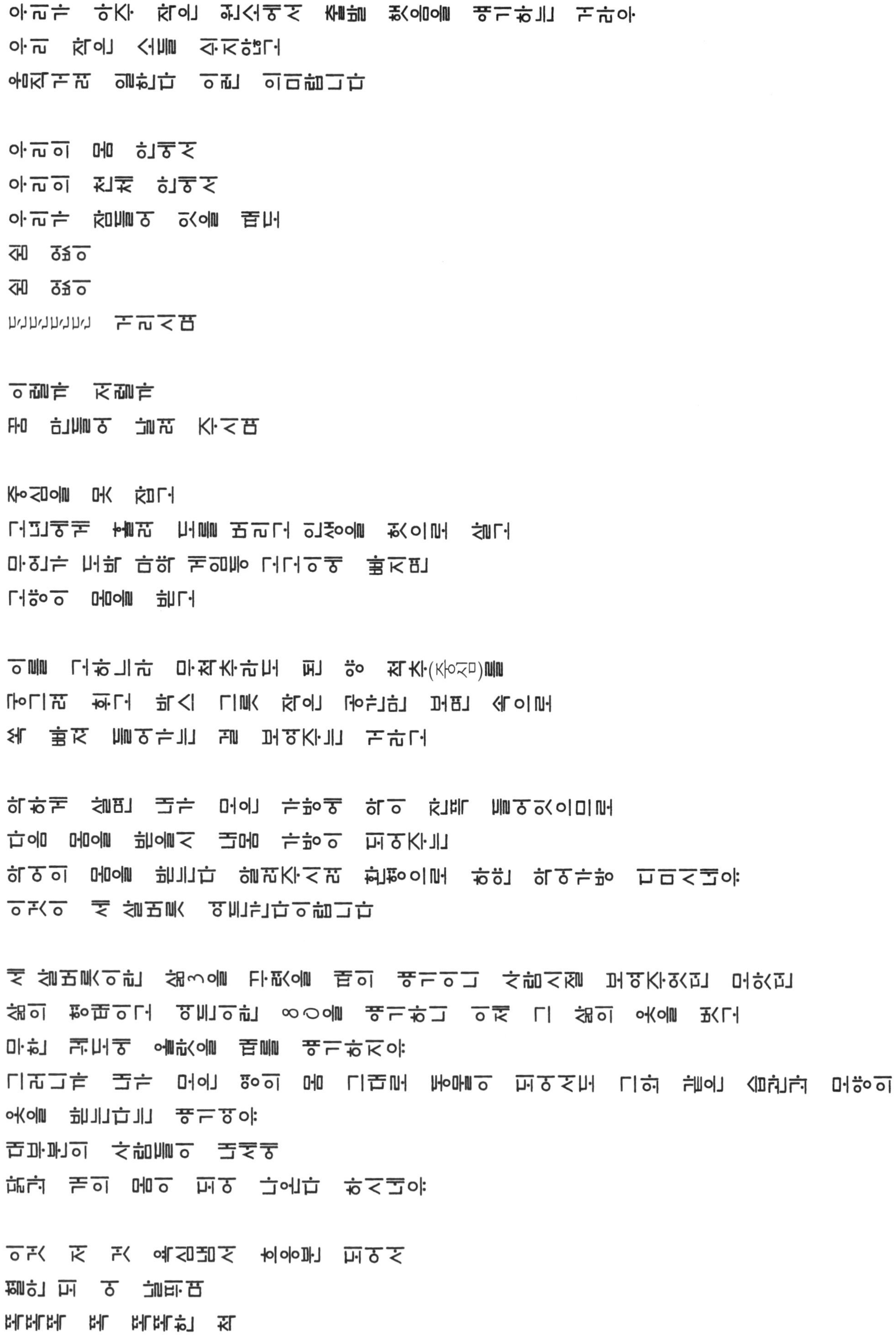

뚝뚝한척 하면서
사기치고 다니고
퉁퉁퉁 퉁 퉁명스레
퉁퉁퉁퉁 거리면
싸가지 가 바가지야
바가지가 싸가지
바 갔지 싸 갓지
도농역 으로 나갔지
도(道)가 도가 농땡이 도농역 으로 나갔지
역시나 역시 역역시 도가 도망 나갔어
시뻘 건 색 살코기 몸 싸가 지고 나갔지
나갔지 봐갔지 도가 도망 나갔지
봐 갔지 나갔지 사가 사가 나갔지 싸가지고 나갓지

뻘건 육(肉)의 몸을 받는다는 얘기지유
다시 전갈 한 말씀 왓어유

어떤 옷이 편한 옷인지 편한 옷 준다

이 말씀 다시 해석을 해서 올려유
어떤 옷으로 피어낫는지 가장 표 나게 피어난 옷으로 주신다
삼라만상의 동물은 다 우리 업보의 모습이네유

믿고 싶지 않으시쥬
허나 동물을 반려견으로 같이 사는 사람은 일정부분 인정될거구먼유
동물들이 말을 못해서 그렇지 다 알고 잇다는 사실을

그런데 동물들이 말을 못하는 이유는 이러하지유
원래 게임에서 아는 자는 답을 말을 하면 아니 되니
또한 묵언 수행중이니
또한 인간 옷을 입은 신들이
문제에 답을 이제 그만 깨닫게 하려 함이니
알고는 잇는데
알고는 잇 는 디
말이 안 나와
말이 말이 마리 그 상황이 사실이라는 증좌로
한 마리 두 마리 마리라 세아리고 잇지유

말 못하는 경지에 올랏지

우린 그 분들의 몸을 고기라 하는 데
고기라는 의미는 고기(高氣)
현재 우리보다 높은(高) 위치의 기라는 뜻이지유
이런 저런 상황 알고 계신 그 분들
알고 계심에 당신 삶을 내주어
우리의 뱃속 채워줌을 거부함 없으심이
현재 우리 보다 높은 기에 잇기에 그렇다지유
네가 과거의 나이고 미래의 나인데
그를 모르고 행하는 인간이 불쌍하다 느껴져
힘들지만 받아들이고 잇는거지유

그 분들이 묵언수행중이라면
심판대에 올라와 잇다 볼 수 잇는 우리 영도
이 사실을 고스란히 알고 잇답니다

동물들의 살점을
고기 고기 고기라 하지유
이는 나 알어 알어
나 바로 고기 가봣어 고기야 고기 이런 의미랍니다
손을 사용하는 신만 모르고 잇엇을 뿐

이리 윤회 하여 돌때는 시 계의 반대 방향으로 돌지유
사람 옷을 입은 뒤 자기 업보에 따라 피어나는 대로
동물 옷을 거쳐 가며 여자 남자 흑인 백인 황인등 사람 옷을
순차적으로 입으며 도는 그래 그래 돌고래 랍네다

걸음걸이에서도 나타나지유
크게 팔자를 돌앗으면 팔자걸음을
안쪽으로 돌앗으면 안짱다리 걸음으로

6등신 7등신 8등신 이 또한 의미가 잇지유
얼굴이 하나의 얼이니 손을 달고 도의 장을 몇 번 지나갓느냐를 알 수 잇음네유
척추에 내 전생의 업이 담겨 잇음이니 몇 번의 등이 되엇는지 알 수 잇음이니
육신이니 육등신 기준 되어

삼신이 따라 나서는 길 도의 장 열어 도장 찍으며 올라서마
친구가 치는 칠흑 같은 밤을 지나며 올라오는 이 싸인 게 많을 기다
싸인 하며 올라와라

일다안 열두시에 만나요 브라보콘
열두시라구
열두시는 담날로 24가는 신디

아항 시계(時界)한 바퀴 돌아 다음 시계로 넘어갈 시
내가 한일을 내 스스로 볼게 되어 잇다는 얘기네
그려그려 열두시하면 바로 신데렐라 유리구두 잖여
다음 시계(視界)로 넘어 갈시 신을 데릴러 온다는 얘기여
유리구두 들구 다니는 이는 일명 저승사자구

내 안에 힘이 센 얼었던 이 언니도 돌이나 잇음이구
눈물을 흘릴지언정 뚜명하게 사는 유리구두 잿빛두성이도 잇사옵구

날니리 날니 모험하는 시계에서 스게될지 스러질지

쎈언니 뒤나와 금나와라 뚝딱 은나와라 뚝딱 현물에 현혹되어
도를 이루지 아니하고 깨버리니 비질 좀 해야겟다 도깨비 신랑 가슴에 비수 꽂구
혹 떼려다 혹 하나 더 붙이는 혹부리 영감 될지

개조심하여 하늘에서 박아놓은 복 호박마차 올라타구 카오스 이겨낸
조심조심 유리구두 신을지는 스스로 쌓아놓은 업보에 달려 잇네유

용왕님(뱃속 단전 하느님) 북을 쳐 알리노라
토끼에게 간을 가져오라 하시네유
거북 올라 탄 토끼 간은 밖에 잇다하구유

이는 밖에 나가 다른 이 챙긴 덕이
해독능력의 진정한 신 가 잇는 이 간이라는 얘기여유

단전 하느님 단전에 앉아 계신 양심의 참 나 불멸의 이 순수한 신 도깨비신랑

반야심경(빈인 들로 나간 심경) 돌아와 나에게 돌아와 주구장창 부르시는 분
단절할 걸 단절하면 영과 혼이 하나 되어 전체가 하나로 합쳐짐
갸우뚱 기울어진 고개 반듯이 되며 그런 거 같아요의 자신 없는 말 사라짐

토끼 깡으로(기억 덮힌 채 힘을 줌) 밀구 나가 총대 매며 깡충깡충 뛰
다녓는지
깡으로 밀구 나가 벌 받을짓 하느라 깡충깡충(蟲) 뛰 다니며

토 달고 혼자만 살겠다 내 튀었는지
끼 부리고 편법을 사용하였는지

거북 어 북 어 하고 생각하는 북극성 내 머리
개조심 맑은 마음으로 앞으로 나아가는 길 막는지 조심 하라는 얘기네유
개 가는 길 앞에서 ㅣ 이리 막아 독의 개가 됨이니
유리구두 깨지기 쉬운 말하는 능력과 두뇌를 얘기함이고유
바로 자신의 뱃속에 저승으로 가게 하는 저승사자도
심판하는 염라대왕도 다 있음이어유
조용조용
염라대왕님 점수 매기셔유 (염라(念喇) 생각하며 나 이리저리 지난 길)

인생 도의 도달함이 40점 이하면
4가 0이유 사가 없어유
잘못을 하였어도 사과를 하지 않는다는 얘기죠
사과의 자기 반성과 헤아림이 없음이니 더 낳아질 기미가 보이지 않음이고
그럼 사를 모으지 못했으니 과락이라
빙빙 돌며 다리 많아지네 졋네 졋어
알고는 있는데 말이 안 나와 말이 마리로 세아리며
몸을 끊어낼 땐 이어짐이 끊어진다 한 근 두 근으로 달아대는
내 몸 내 주어야 하는 짐승의 몸을 받음이요

인생 도의 도달함이 60점 이상이면 통과를 할지니
그러니까 6이 0이라는 함은
육이 육을 누르지 않았다는 얘기이니
肉이 되는 짐승의 길을 걷지 아니하고
육신(神)의 길 성대 달린 소우주 되는 거라유

이를 증거하기 위하야
아니 가르침 주시기 위하여
사실이다 도가 도달해야 하느니라
가자미과의 도다리 되어 주셨네유

우리 잘해서 가자 가자 넘어가자
미운 짓에 바닥에 붙어 있지 말고
도가 잘 다다르게 해여 넘어가자 넘어가
가자미 과의 도다리

만두와 송편을 예쁘게 빚으면

예쁜 딸을 난다는 말을 흘리심서 한 번 더 알려 주셔유
1월 1일은 날 일으킨 후 새로 시작하는 날
정월 초하루 1月 1日 원일이라 하지유
정으로 빚어 원(原圓 용서하는 둥근마음)되어 일어나자는 얘기네유

만두를 빚음은
날 일(日)으키기 위하여 두레박을 내리네
만물에 그 뜻을 두어 곱게 빚어 내 너희에게 보내나니
너희도 송편을 곱게 빚거라
여기서 9월 15일에 먹는 송편은
9는 구원을 말함이유
15는 시보야 청청 날이 밝아
다 보이고 다 안다는 뜻이라우

그러하니 송(送 보내다)편
나를 스쳐가는 모든 인연을 곱게 빚어 보내 드리오면
내게 좋은 구원의 일이 딸려 온다는 뜻이지유

대자로 목숨 내어놓는 대목장을 지나며 이리 극성스리 가르침 내시네유
그러니까 지금은 패자 부활 전 타임이라우
팬 자들 다시 살리려고 하는 그 시간들

사를 보호하자
사가 모이다말고 흘러내린
그 살 보호하자
보살에

배가 고파 그랬대
배를 보호해
보배 하시느라
스시 스시 스스시
사를 해결하시려

사사사사 샤샤샤
복수 복수 사라지게
복사 복사 복사 꽃
사의 사의 불가사
불가사의 옷 입고
불가사의 해내신

불가사의 복사꽃
불가사의 불가사리
이리 생피 흘리며 손을 보시고 이리 저리 소문 여시네유
과학을 통하여 슬쩍 흘리고
불교를 통하여
도교를 통하여 슬쩍 슬쩍
그리고선 이제 쌓을 만큼 쌓았다 증산도로
스리 슬쩍 스리 스리 스슬쩍
진짜 화나는 일 있었다 진화로
화가 나서 천불이 났다 천주교에 불교로
그리고 나서 푸른 창문을 달았지 창조로
그러니 이제 그만 도를 지키고 살 거라

윤회로 흘리고
창조로 흘리고
진화에 생리꺼정
스리 스리 스슬쩍
스스리 스스리 스슬쩍

흘린 신 것들
이리 저리 다 합쳐야 하나가 됨에
장님 코끼리 만지기 슬쩍 하나 더 흘리고
우리 코루 들어가 스리슬쩍 하는 거다 알려야하는데
모두 한자리 모일 수 있을 때까지 기다려야하니
기가 떨어져 바닥을 헤메는 우리
성숙해질 때까지 기다려야하니

성경에 나오는 아담의 아내 하와는
바로 그리스 신화의 레아이고
레아는 세월이며
세월이 지남에 따라 나타났다는 뜻으로
하(탄식의 소리) 와(오다)이며
여자를 의미하는 년과 세월의 년(年)이 같은 의미이니

원래부터 여자니 남자니 나눌 필요 없는 신이니 기이니
신기 신기 신기이니

셋의 해맑은 도장

성부와 성자와 성령이 삼위일체임은
하늘 되어 도움 주시는 모든 원자님 당신과
이리 철없이 구는 손 달구 있는 우리와
선과 악 그 책임을 져야 하는 우리의 양 어깨임을 알겠네유
이 모두가 하나이다 그 말씀 이제 알겠네유

친구 따라 강남 가신다는 말씀도 당신이 흘리셨지유
강남이라는 강은 죽음의 강이고
또한 살리는 강 한강 섬진강 등등이고
버찌 벗 우리같이 친구 친구를 구하기 위해 이강 저강 온 강에
요강까지 되어주고 같이 건너가 주시고 계시네유

내 안에 여리고 강직한 소녀 영 설 수 있는 이 선(善)이 있음인데
크게 한 몫 보겠다 저 밖에서 이님 저님 찾아대며
수혜를 주는 편만 신이라 여기고 사랑하려하니
도가 바닥에 박혀 독이 되어
기가 빼따닥빼따딱 스러져 울며 있는 것도 모르고 있었네유
강직해야만 옳게 서는 게 기임인데
어깨허리 고개 옆으로 갸우뚱 굽어지고 있음을 몰랐네유

차라리 대장 신을 독대로 대할 수 있는
냉수 한 사발 장독대에 올리고 마음 정화 시키는게 낫다 말씀이신유
꽹가리 쳐대는 새벽기도 철야기도
기를 복으로 채워 달라 조르는 기복신앙 대신에

불상은
불쌍히 보이는
니 아비가
진짜 불상이라며
천수경 백번 읽어라 그럼 다 이루어 질거다 하셨어유
백번은 뱃속에서 번뇌하거라의 뜻으로

108 번뇌는 뱃속 때문데 다 사라졋다 8자를 타고 도는 윤회를 하게 된거 아니냐
기가 다니는 길 기도는

아주 맑고 맑아야 갈 수 있음이니
번뇌를 덜어내고 묵언의 기도가 최고니라

묵언의 기도라 함은 말이 없는 기도이고
그렇다면 생활이 기도가 되어야 한다는 얘기네유
평상시 생활의 기가 맑아야 하며
다섯 살 어린 아이의 본을 받아
내 이기심 없이
살아 있는 모든 생명체와
온 천지를 대해야 함
내 안에 하느님을 품어야 되는 일이고
하느님을 품으라 함은
내가 바로 하느님 하늘 되어
그 누구라도 섬기고
소리 없이 이끌어주어야 하는 거고
그것이 기도이고
그것이 기가 다니고 있는 길
온 천지와 하나 되는 일이니
기가 흐르고 흘러 온 천지가 바로 나임을 알라는 말씀이네유

당신은 우리에게
벗이라 불러주고
동지라 불러주고
친구라 불러주시니
더 이상 할말을 찾지도 못하겠어유
지두 당신 아버지 아버찌 버찌 벗 친구따라 눈물 흘리며 강남 따라 갈라유
강을 건너서라도 남을 먼저 챙기는 강남이유

그동안은 단지 의지가지 기둥 되어주느라 아버지 했노라하시며
이제 알거 다 알고 클 거 다 컸으니 물고 있는 젖꼭지 그만 놓아라 채근하시
니 허전하기도 하네유
아니 허전해서 도저히 그냥 놓을 수가 없어유
버찌 당신 가시는 삼한선(삼한선) 올라타고 넘실넘실 함께 넘어 갈라유

〈삼한선〉
ㅅ 걸어보고자 했던 처음 우리의 바람
ㄹ 사방팔방 열두 사제되어 생각하고 이뤄내는 결과물
삼 삼신 마음이 바로 내 마음 되어
한 미소 짓게 해드림의 발자국
하늘의 마음 담아

선) 선(線) 선(善) 선(船)
나 인제(line) 선을 지키는 착한 영만 올라 타는 배
삼삼하게 한마음 되어 우리 함께 하는 삼한선 할래유
셋의 해맑은 도장 찍자유
셋이 된 우리 올바른 도의 장을 열자유

그렇다
더 이상 찾지 말자
신이란 신
모든 신은
내 욕심 채워달라는 이유로
하나님 부처님 부르며 좋고 뒤에 숨지 말자

아래로 내려간 신은
내가 빠딱 구두로 다 맹글어 신었다

뒤로 돌아선 신은
깍두기 엉아들은 등짝에다
딱 붙여 그려놓고 문을 닫았다
씨꺼먼 가죽 문 덮어 보이지도 않는다
등신인지 문신인지 보이지도 않는다
God 개는 dog 친구다
GOD 갓 개가 갓이고 굿이다
굿은 GOOD이고 굿이다

굿은 무당언니가 굿 풀이로 내보냈다
서슬퍼런 칼날 위에 서 온 몸을 휘날리며
춤을 추며 좋게(Good) 좋게 보냈다

남아 있는 도그는 독이 되어 장독대에 정 한수 한 사발로
울 할머니 빌고 빌어 보냈다

부처님은 잘 구슬러서 구슬사리 꺼내셨다
용왕님도 좋게 만드시겠다
흘린 눈물 다 안다 좋게 조개 속 진주 구슬로 돌리셨다

갓 개가 Good Good 좋다 좋다 하며 다 갔다

십계명 1도 2도 3도 나 이외의 다른 신을 섬기지 말라 하지 않는가

그 나가 참으로 선을 행하는 참나 임을 알자
나 자신이 삼신세포님의 덩이로 뭉쳐져 잇음을 알자
나이외의 다른 신에게 떼쓰지 말자
알라신이 말한다
너 자신을 알라
자신이 신(神)이라고 말하고 잇지 않은가
이제 그만 신을 벗고 선 이 되자

하늘은 스스로 돕는 자를 돕는다
두려워말고 자기의 신 자신을 믿자
자신을 믿고 서잇는 이 선 이 하자
자기가 신임을 인정하고 선을 행하자

선을 행하여 선 이 되자
스러지지 않는 선 이 하자
두려워 하지 말고 내 안에서 신을 찾자

그렇다
찾앗다
내가 바로 주인이다
이 땅에 내려온 주인이란 말이다
끌고 가자 끌고 가
책임지고 끌고 가자
온 누리 끌고 가자

끌고 가자의 덕망은
허허실실에 측은지심
이도저도 용서하고 안타까움만 챙겨주자

부처님 예수님 옥황상제 하늘님의 침만 조금 맞자유
대침 중침 장침 가르침 몇 방 받고서 예의 쪼깨 지킴서
나란 나란 나란히 가자유

부처상과 성모상 마주하면 겸손과 비움의 가르침을 알아 듣자유
쇠비름을 품으면 우상으로 돌아서니

절에서 하는 삼배는 엑하고 스러져 내 뱃속에 들어간 조상님 동물님 식물님
삼신님에게 올리는 절이라는 걸 알자유

성당에서 하는 세례는 동동거리며 같이 세상을 열은 모든 원자님께 드리는

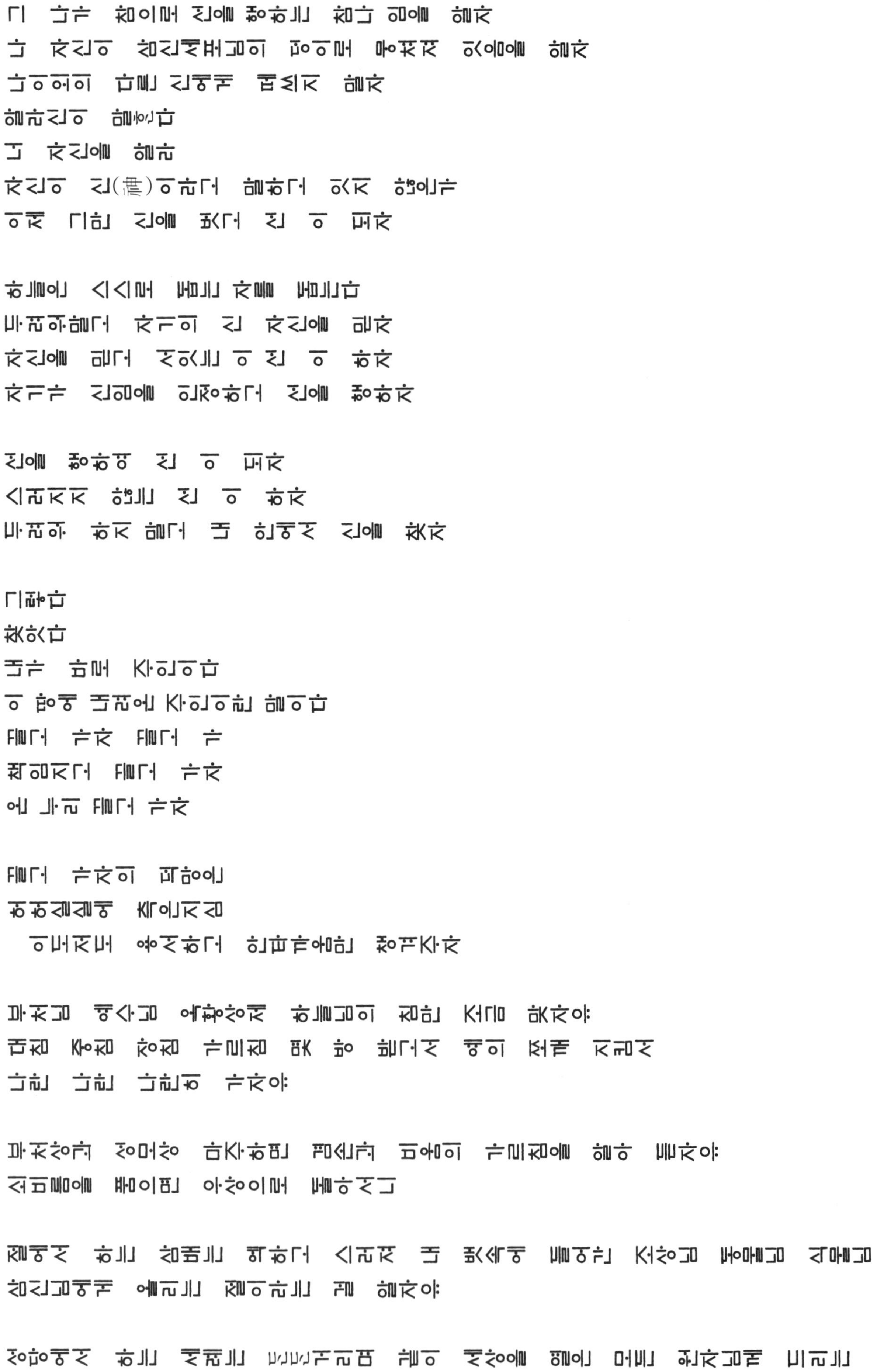

예라는 걸 알자유

우리 자신이 지구에 딱 부쳐지는 부처님이 되자유
우리 자신이 예 알겟수 알겟어 긍정의 왕 예수님 되자유
종교를 찾더라도 봉사와 나눔의 일로 찾자유
가르침 따를 자세되어 십자가 짊어질 마음가짐으로 찾자유
온 세상이 하나의 하느님임을 알자유

내 눈앞의 모든 상황과 연은 나를 키우는 연단이며
나를 가르치는 스승임을 알자유
선악과 개오사(善惡 皆吾師) 모두 스승 됨을 알자유
스승님께 사치내비는 꼭 내야함을 알자유
스승님 용안에 떠오르는 미소가 사치내비임을 알자유
삼라만상이 다 스승이지 말입니다

흙(土)이 토렴하고 토렴하여 일어났음을 알게 되었나니
효(孝)의 길을 걷자유

미래를 열어주는 미소로 성불함이 거룩하다 미륵불
천년만년 앞을 내다보는 부처님 미간에 뒤나온 터럭 백호
내가 미륵불이 되어야 하고
내 마빡에 백호 자르게 해야 함을 알자유
내 오른팔 내밀어 그리 해야 함을 알자유

미안하다 사랑한다
예를 지켜 뱃속에 입성하게 하라
미운 짓 미트콘드리아 입성으로 이리 팔자를 타고 돌아와야 했음을
사고하고 사랑하라의 의미이니
미사와 예배와 49제임을 알자유

그동안 식탁위에 올라앉으신 모든 음식물이 뜨거운 불길 지나며
순교자의 길을 걷고 계신 예수님임을 알자유

그들이 음식을 먹고 있을 때에 예수님께서 빵을 들고 찬미를 드리신 다음 그것을 떼어 제자들에게 주시며 말씀하셨다
받아 먹어라 이는 내 몸이다 마태오복음서 26:26
마 오는 길이 막혀 이리 육신의 태를 열고 이리 육을 태워가며 왔구나

예수님 받아 삼킨 우리들 우리 몸에서 그 예수님 부활하심을 알자유
낮아지고 겸손한 예수님의 성정을 닮아감이 부활 임을 알자유

예수님 밥을 받아 삼킨 우리
누군가의 밥이 되어 주어야 함을 알자유
서로서로 낮아지는 서로의 밥이 되어주어야 함을 알자유

허나 잠시 생각을 돌려 앉아 보겟시유
식탁위에 올라앉으신 순교자님
그러나 차 띠고 포 띠고 오만과 편견을 빼버리면

다 죽은 시체들이 올라 앉아 잇네유
꿈질 꿈질 벌레 되어 나가지도 못하는
죽은 시신들 우리 몸 안에 묻어 두고 잇네유

다 탄 수하물 택배로 붙여 몸 안에 저장하고 잇네유
다 탄 수하물 저장고 된 우리 몸
수하물이 점점 굳어가고 잇네유
저장할 자리 꽉 차 지나갈 길 없으면 땅에 같다 묻네유

그래 미안하다 내 기억을 덮엇구려
오죽허면 그랫겟소
그냥 놔두려 햇는데 보고 둘 수가 없엇소
내 오죽 허면 스스로 그 뜨거운 화도(火道)의 불길 지나며 죽은 시신으로 몸을 모으게
햇겟소 식탁위의 삼식을 봐도 이를 삼키는 육둘이도 내 가슴 메어지게 하오

비겁하다 욕하지마시구려
하 우하고 내려 온길 오다가 울고 드러눕고 어린 아유 왜그래 대체
해서 죄다 가지고 내려와 고스란히 올려 놓은 뒤 알게하려 그랫소
중화(重火)요리 되엇소

대자로 뻗어 수탉 이 불길 대웅전 문을 열고 들어왓소
첨벙거리고 서성거리기만 해대다 불가마 들어가게 되엇소

짚으로 꼬는 새끼
집(堂)으로 따 울리는 연
게 다 잇엇소

내 그 뜨거운 화도의 길 지나며

어찌 울린 연인데

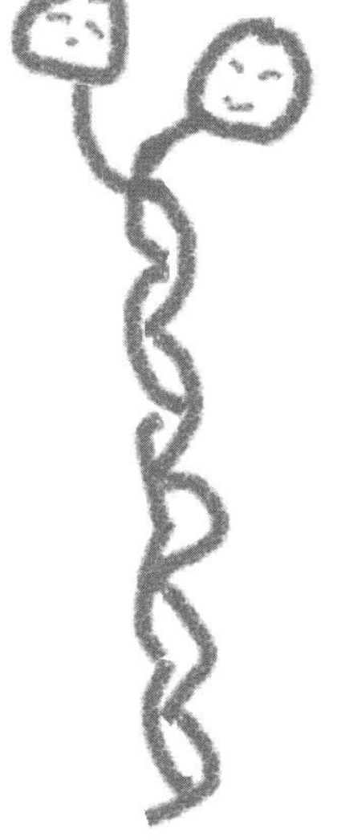

쌈박질만 해대며 일루가고 절로 가고
이제고만 딴 데서 찾지마라 삼쌍둥이로 꽉 묶어 올라왓소
이리라도 알뜰살뜰 챙기며 태극에서 원을 이루라 꽉 묶어 올라왓소
그 연이 그 연이고
그년이 그년인데
어디 딴 데 갈 줄 알앗소
진짜로 화나게 하며 악착같이 쫓아오는 그 年 세월
씨앗으로 발을 내밀게 한 세월의 그년

이제 그만 헬조선 하시오
불장난 불은 끄고 Hello 조선으로 가시오

엄중히 태의 문을 열어야 하건만
에이 즈들 다니는 길도 어찌 못찾아
내 오죽 허면 스스로 자명고를 찢엇겟소
고구려에(오 울며 내려오는 구려) 함락 당하게 햇겟오

엄중히 태의 문을 열어야 하건만
허 스끼들 술마시고 문을 열어
내 오죽허면 허스키 목소리 꺼냇겟소
자꾸만 싸워대 허 그 참 허그하게 해줬더니

하얀 속살 내놓고 벗고 텡구니
사라지고 달려나간다 허지들 않소

내 알아들으시라 벗고 텡그는 일 이제 그만 하시라
꽃피는 사월 밤에 벚꽃 엔딩 내놧소

여인 옷을 입은 자
수탉 되어 천체 행성 가는 길에 토 달지 마오
그 일로 온 세 상 요동하여 우즈백키스탄 되어왓소
우리 즈들 뱃속으로 다 들어가고 키재기로 다 스러져 타고 타는 탄소 길을 달려왓소

이제 그 덮은 기억 상도(上道) 개통식을 하니
여기 좀 보시오 여보 당신

바 닐니리 랄라 신라의 달밤 이리 둘려 놓앗소

후하고 날려 보내느라 잘 좀 보소 노무 노무 힘들엇소
매운맛 마무리 지으려 후라보노 하엿소

바 닐니리 날라 다닌 일 바닐라 우유 되어줫고
캣캣 거린일 슈퍼마캣 되어줫고
24시간 편의 봐줘 투 프라스 원 해주웟소
생과 사를 넘나드는 이삿길을 지나며
둘이 만나 떡 두꺼비 아들 낳고
두꺼비 소주 한 잔 써억하니 걸치지 않앗소

영 장이 들 가는 길 술과 담배 멈추면 어쩐다오

어찌 말실수라 말에게 덮어씌우는 가
말이 벌 받아라 말벌 내밀엇네
290㎜가 넘는 물폭탄을 맞은
청주시의 재산 피해가 480억원에 달하는 것으로 잠정 추정됐습니다

290 이구 이게 뭐냐 머리가 무겁구나
480 사라졋다 팔자를 타고 온 친구들아
청정한 마음으로 내려가 무심으로 덕을 더 쌓아라 내려 보냇더니
그 마음 다들 어데간게냐
증기 좀 모아 날려야 햇구나

앉아계신 방을 둘아보시게
그 방에는 무엇이 올라타고 잇는고
소유가 눈물 흘리고 내려온 다 내 동원(同原)이네
얼마나 많은 울들이 독의 길을 지나 그 곳에 앉아 잇는고

기억을 덮고 오케스트라 지휘를 하며
하 이리 몰앗더니 카 훅 들어와 까니
우수수 옥들이 우수수 떨어져야
얼마나 불구덩이의 길을 걸어야 햇는지

그러나 그 일은 이제 지나간 일 기억 못하는 자에게 죄를 묻지 않으려

오케스트라 오케해 스러지기만 하니 틀어야겟어
생굴 생글 생글 웃으라 내 살 물렁물렁 생굴 내어주지 않앗겟소

여러 면에 도를 지키지 않앗음에
네스스로도 편치 않구나
아랫녘에 닿은 수염은 어데서 밀렷는고

신의 집이 여기지 않소(堂神)
알콩 달콩 살며 열두 사제되어 뭉치고 엉킨 실타래 풀어야하거늘
어허이 어찌 더 뭉쳐 놓는고
에를 이래 가지고 다니며 우아를 떨어내 강을 건너 그리 스러지는고

이리 영되어 다 스러지고 사라졋어도
쪠로 들어가 살을 모아 사람 육신 되게
들어 올리니 이 얼마나 존경 받을 일이오
아이가 되어 돌아왓을 지언정
기저기를 찬 것이 리스펙트 기적이오
그러니 우상(右相) 되어야 하지 않겟소

살아 잇는 삶
산삼 되어 오는 길
울이 지나가는 길의 문은 덕이로다
을지문덕 장군은 다 어데 가신게오

10년차 일을 하엿소
온 심(心) 다 들엿다는 얘기오
초록 신발 십자가 신고 화도의 길을 지나며
수를 놓아가며 연을 올리고 잇건만
신은 기운은 죽엇어도 사람 되어 오라 이 내몸 요리되어 내 놓앗건만

우리를 주워 삼켜 우주인
에(恚 æ)로 서로 등 돌리고 그 화를 삭이지 못하는지라
일리 데리고 와 말내는 에일리언 사람 되게 하엿건만
머리에 장식 달아주어 말 내미는 인디언 되게 하엿건만

네 입이 복 짓는 말을 클러
벗을 구하는 행복을 이루건만
어찌 금지된 이빨 금이빨만 내 놓는고
권세 잇는 자 율을 지켜야 하는 권율 장군 되어야 하거늘

하 으흐 나 참 체크무늬 옷을 입고 캐리비안차보의 거울을 건너고
사각지게 땅을 모으며 사방팔방 만는 체크무늬 내느고
체체 거리며 이리 키로만 비교하는 차의 길(路) 캐리비안차보의 거울을 가느고

오 토를 달고 바야바야 나가느지라
신들을 다 하래로 내려가 스러지고
우린 시간지나 피가 되어 내려와 내 살 옆에 넣어주며
뫼빔이 창띠를 향했었단

중나물들 제 몸 불리기에만 정신없고
시리가 밤을 밝이며
미역줄기를 잡느고
어린 오느라 어쩌 흘들었는지 모르고
아주 작은 점되어 그 점점고 들어왔었던

영신히 노랗하였어 무어이 장지에 오르거늘
어쩌 걸젓이어만 느 들리느 그

오 세계가 피빛방을 나어 놓느고
이 내속 초되어 타 오르는 줄도 모르고

다 숨겨가느 가
다숨가 잡여 어쩌 그리 돌까지 가다 불행들에 빠지느고

다숨거느 오 하루 밤에 그리 많이 나오느지
잡이리갔다가 오느 소용돌이에 사라지는 것지
순식이 왜 이거를 만느지
이거는 어디서 나느지 잘 찾아보시게나
좋게 입었니들을

하늘을 태극이로 바꾸어 올되게 하라 올렸거늘
땅을 잘 잡아 옛을 이루하지
어쩌 다니며 하 들어 대느고
왕도 정부에 왜 미양을 만이며
왜 정부주의로 나 살 녹여 나느지 왕도근은 왜 생명만이 있느지 잘 헤아리시게

그 브가운 조아멍을 함부로 하지 말라

내 스친 모든 영혼 다 잠재워 나는 내 뭇주머니에서 나온 내 하느님의 봉산 탈춤
어찌 세상에 나가 바닥에 박히다 스러지게 하는고

내 남편 내 마나님은
업이 아닌 몸으로 영원하게 하는 맞춤형 내 하느님임을 알으시게

어찌 산천초목이 모두 예덕(睿德)나무 되어 태평하게 하는고

남을 아프게 하지마라
우린 하나의 영원이자라 그 업으로 인해 내 몸에 병이 쌓이니라
업으로 들어가고 내는 모든 것이 반듯하고 투명해야 모두 바로 서니라

먹고 살아야 하는데 지방 땅은 안 좋아해
어허이
거기가 자기 방인줄 왜 모르는고
사조로 농시 떠올린다하니
다른 이는 물질 굴리고 농땡이 치다 업으로 밀어 넣는 것 아이겠나
이제 오른쪽으로 화이시게

잡안 어른에게 잘해야 아랫대이 잘되니
주차장은 떡어줌세 쌀구조하시게
옥신 사라져 나온 선수는 이제 그만 멈춤 하시고

산천초목 언제까지 업성하게 해야겠는가
우리 몸에서 업흑소 깨나는 그 날까지는 받쳐 주네
땅에 서있지만 있어봤자 땅에 붙어

성으로 업장하는 모든 삼신 무사안녕하면 머지않아 날개 쪽지에서 날개 내고
그날에는 사오나라는(돈으로 사는 업) 사라지네

곰방대 한 대 물면 다 되야
그 때는 이 책 들어 삼켜 날개에 보태시게
그 날 누구누구는 날개가 생겼느니 안생겼느니 논하지 마시게
시간적 여유가 있을 뿐 누구나 돋아 날테니
나 승산 있는 일에 도전하네

이제 내가 누군지 아시겠는가
나 면지 을 왕자님이라고

이러언 젠장 된장
먼지 날린다며 쓰레질에 청소라니
생각의 사리 좀 꺼내라
글자의 사리 꺼냇으니

자아 이제 내 오른쪽 배에 올라타실랑 가

내가 누군지 알앗으면 물 함부로 대하지 마라
워 러 이런 짓 하지 말라는 얘길세
싸이렌 소리 지나간다

내 이기심이 죽어야 사는 내 안의 남자 참나
왼손 내리고 오른손 올려 내 안의 남편 살리시게 모든 분야에 작은 일부터 시작이네

공기 안에도 잇고 그 어디에나 잇음인데
뱃속 공간에도 잇고
하늘 공간에도 잇고 만물 공간에도 잇고
동물 공간에도 잇다네
이제 그만 각자 자기 자신을 보시게나

숨이 차올라

괜찮아유
내가 잇잖아유
내 안에서 구해야 해유

꼬장도 부려보고
왼손 하는 일 마디마디 추워
어유 딱하기도 하지
어느 날 술 마실 때
일어나 야기하기도 하고
진심을 보여줘야 되는 거고
그랫다 그랫어 안에 계신 하느님

눈이 될 살 나오지 않아 조딱지 보여주게
기가 욕심인줄 알어

나 대학 심리학 전공하고 올라오는데
내 안에서 나를 안찾으니 역적이지
맴맴 왜임 맴돌고
한번 갓다 올리고

다들 내 안에서 구해야 돼요

심육 심이육 심이육(心以肉)
찍찍 찍찍 찍찍
매일 지나갓어
16분짜리
교육 지구촌
그래도 우린 여기까지 왓거든유
좀 알려달라
지방 다시는 안먹을 걸
자기 방이니

살뺀다고 안 먹어 아마 없어질걸
별꼴이엇다
소름 돋는 닭살 내 몸의 시발점이 어딘지 알겟쥬

육신 되면 기록 중이라고
모든 연 하나하나가 올려주는 엉킨 실타래 풀어야 하는 연 줄

이제까지 모든 일 억장 무너지니
모두 면 옷 입으시게

중국에서 문익점이 목화 씨앗 세알을 가지고 와 면 옷을 해 입음은
목숨이 화로 인해 중화에서 익사하는 점 때문에

12연 문까지(피부) 다다르지 못하는지라 면을 내엇음이네
모든 면 열두 사제 되어 겸허히 행하시게

부엌 알 깊은 구멍에 개미들 빠지는 춤을 추게 해서는 아니되네

모든 생명공학 멈추고
모든 부동산 가격 내리는 것은 좋으나 더 이상 오르는 것은 멈추시게
시레기 쓰레기라는 말이 나오지 않는 삶을 사시오

최우수상 참 하나 건졋어
그년이 그년이네 자알 참조하시게
머리카락 안자란다 우기는 그년 하나 잇다네
방구냄새 안 나는 년
내어 놓은 고구마 주워 모은 그년
싹을 내 여기 저기 돌릴 그년 하나 잇다네

날아드는 연을 하나도 놓치지 않앗다네

내가 여기 올라탓음은 불을 들이붓는 붓다의 길을 지낫음이로다
벼가 되고 쌀이 되고 뱃속에다 들이 붓는 붓다의 길에 섯음이다
먹물 갈아 붓을 치는 붓다의 길에 섯음이다
제가 얼마 전에 마셧던 피타고라스를 역으로 타고 왓기에 그려해

더 이상의 핸드폰과 인터넷은 아니되네
에어컨이고 뭐고 당장 치우시게

함부로 성의 문을 열지 말것이야
목숨과 관련된 일 함부로 하엿다가 교통사고 난면 내가 밑을 줄 알아라

무조건 착하게 살아라
허잡에 준하는 복장하라
불장다봤다 보여주는 쇄골 종다리 가려라
석고대죄 그만하고 머리 질끈 묶어 붙이고 미트콘트리아 닫아라
육신 되어 내 밑은 꽐 꽐자타고 내게 온다

어수선 떨며 화나게 한 건 남자 끼
사랑이 번호로 한다냐
남자가 다아 품어야 재
지구와 여인 구하러 온 자다
약관(弱冠)지나 세월에 굴복하여 밤 다슬기 찾아나서서 저년으로 돌아앉지 말고
기백을 차고 앉아 나라를 사랑하는 수염(首念) 내라

피 아 너
해결하라 햇더니
바 이리 어깨까지 올라와 책임지라 바이올리 켯더니
소리가 안나야
가서 수를 내려고 차라리 가수햇다
가수 이제 조용히 덮고 들어간다
너무 감정가지고 흔든다
도의 길을 덮는다
도의 길을 막는다
도의 길을 걸어라
남녀가 유별하다 마음으로 대하라
원래 하나다 눈물 흘리다 갈리엇을 뿐이니라

너무 귀여워 말도 안돼
애완동물이 왠말이냐
자연으로 보내라
묵언수행 승려다

피어싱을 멈춰라
삼신들이 다친다

성형수술 왠말이고
무시기 불이 그리운고
몸이 사라지게 한 죄이니 들어와서 술이나 내라

엄마들 마음속에 나는 들어 잇지를 않아
나를 빨리 꺼내라

내가 와잇던 시절이 잇엇다
333시절이다
지금은 이게 뭐꼬
지 욕망만 채워대노
살고 싶으면 다시 333 꺼내라

홈쇼핑 이소쭝 저서쭝 모두 다 꺼져라
공장들은 멈추고 길쌈으로 해결하라
질신으로 해결하라
더 이상 모든 공업 용서 안 돼
다 터지니 화가 나서 문을 열엇을 뿐이다
대문 열은 MBC 만 남기고 모두다 사라진다
그동안 잠시 등대가 되어주웠네

비데도 휴지 더 어서 빨리 해결하라
생식하면 필요 없다 지구허리 다 나간다
생리대 기저기 헝겊내라
일회용이 왠말이고
기타등등 스스로 단절하라
알아서 해결하라

너무너무 힘들고 괴롭고 보람됏다
찾아오게 하지마라

선영이 되거라

선한영이 되거라

물음 물음 걸음걸음 알아서 해결하라
스스로 신이 되어 스스로 양심찾아

신을 갓 볶아낸 커피다 이제 그만 멈춰라
보호할 신이다 모든 욕식 멈춰라
이미지 덕분에 죄를 많이 흘렷다
스스로 숙여라

모든 극장 영화 내던져라
봐줄 수가 없구나

집은 짓지말거라
자연에서 자거라

밤이 그리 짧지않니
대낮에만 활동하라

애들 잇는 집만 집에서 생활하라
움막집 꺼내라

정한 약속은 목숨 놓고 지켜라
인명은 재천이다 정의롭게 살거라
한 짓거리 알거라

조용히 시작하라
깔끔이랑 정분나서 이 난리를 헤맨다

이룩하지마라
온 천지 흔들린다
진동으로 움직이는 천체니라

자연에서의 생활이
움막집이 힘들다고
처음에만 힘들지 정분나면 즐겁지

다이어트에 운동이라
배 안에 누가 탓는지도 모르고
유산소 운동 몸 안 살아잇는 삼신 눈물 흘리며 타 내린다

걷기면 충분하다

육덕아 모든 비닐사업 중단하라 햇니
밭을 갈 때 무공해 비닐은 덮자꾸나
불법이다 불법인데 꼭 필요해
괜찮아요 어찌할 방법이 없어
올라오는 생명을 뽑아 내는 게 더 나빠
업이 쌓여
저 살자고 나 죽이는데
풀 함부로 뽑으면 큰일나
영이 맑기에 하늘과 닿아 잇거든 바로 응답온다
경찰서 쫓아와
산에 끼어잇는 꽃 돌 함부로 채취하지 말거라
오죽허면 꽃과 돌이 됏겟니

엄마질도 엄사시켜라
엄마라는 이유로
자식을 가지려 하는 거다
당장 멈춰라
각자가 신이다
스러졋다 일어날지언정 각자 신이다
잔소리좀 멈춰라
일생이 잔소리야
아휴 끔찍하구나

하지모또
신 옷닭에서 벗어나 사람 옷 오르기 어찌 이리 힘드노
무슨 일이 잇엇나 다시얘기 하지 뭐 또

지금 뭔가가 잘못 되고 잇음은 다 알게다
잘못된 게 뭔지 모르기에 더 헤매이고 잇는지라

당(當 사람 몸)나귀 타고 원래의 나 자신 찾아 가보자
귀를 잘 열고 들으시라 한 번 더 하지모또

근본 중 근본 먼지 원자 하나 바로 나유
사람 옷을 입고 잇어 나 자신을 몰라보고 잇을 뿐이라

내가 왜 헷갈려 하는지 모르니 더 힘들어
자기 자신은 아주 쬐끄매

원자 우리 먼지 흩날니리 귀찮아 몸을 모앗어
몸을 모아 뭉쳐 해와 땅이 되엇고
아노말로카리스를 지나
공룡옷을 입엇네
하늘 높이 공룡 옷을 입엇으나
서로 나요 나요 요나 요나 하니
정말 용들 하는 짓에 화가 나는지라 다 덮고
생각 많이 하엿소
공룡되어 남긴 행적의 상은 배만 불룩 채운 닭이되고
닭의 그림 그리다 그리다 그 행적의 상 동그란 배 그대로 얼굴에 오르게 하엿소

목걸이 금반지들 차고 계시라아아
빼꾸기 시계 하와 그리고 카인과 네안데르탈인
사람 얼굴 닮앗지만 아이 돈 노 아이가 돌게 놓앗지
금지할 걸 금지 하지 않는지라 다시 땅을 덮어야 햇고
목숨이 다 날아가 이리 스러졋다네

나 ㅡ 이렇게 누워잇어도 나 어디가지 않아요
나 먼지 원자마마잉깨루 ㅣ 이리 서야겟어유

김으로 올라와 구름 되어 잇을 뿐이라유

누가 날 씨 모은 몸 이리 터트려 놓고
다 아 웨덜(weather) 그런댜아

동으로 간이 서로 간이 다 몸만 이루면 원래의 나를 잊어유
아주 작은 먼지 원자인디
아무래도 서쪽으로 갓던 일을 막아야 겟어유

그리고 나서 저 땅 아래 얼음 되어 갖힌 이들을 품어야 겟어유

우 우 내려갓다 울고 올라온 우리가
우리를 주워 먹은 이를 품어야겟어유
합체를 하여 소우주 해야겟어유
같은 원자인디 저리 얼음골에 갖혀 춥다 해싸니 안타깝지요

오 주여 주여 하며 우리를 주워 먹은 이

이 이일을 어찌할까 내 몸 사라지게 하엿지만
우리 열두 사제 360 도 살피고 살피어 길을 내야 겟어
가만 잇응께 무료하기도 하고

우(宇 雨) 하고 비가 되어 내려와
피 삼키니 토하고 이것 다 치울란다 이리 드러누워
양의 마음 피톤치드 산에다 붙여 놓고 내려왓네

잘 알지라
산에 가면 아주 작은 꽃 보셧지라
다 우리 손으로 맘으로 그리 피어난다유
우리 뭐든지 다 할 수 잇당께루

그란디 가만잇을랑께루
하따 좀이 쑤셔야
우찌해야쓰까잉

우리 몸 사라지게 한자 우리가 거양 수용하야 쓸란갑다
다 지가 햇지만 우리가 다 품어 갈기고 그래도 안 되면
그 때는 마 겨양 돌아서자 우찌해야 한다냐 해도 해도 안되는디

해서 이리 몸을 합체하여 모앗지라
치고 받고 싸우던 기억은 덮엇시라
구석기 하엿지라

삼신들 아래서 도와주자 신석기로 넘어 오네유
잘해보자고 한 일 이리 슬프게 스러지며 우리의 몸 세포로 자리 하시네유
몸 안에 들어와 싸우는 일일랑 없애게끄름 피를 불로 살라 몸 안으로 입장시킨거라고라

걍 나만 챙기다 스러지니까
강남스타일 이리 스러졋어도 타고 일어나자 말 타고
아따 이제야 타고 온 말이 언어라고 알아치갓지야
스러져서 잘자타고 엄니 배타고 말을 타고 타타타를 치며 이리 올라왓당께루
세 상 종말 시키고 싶엇지만 분명 의리 지킨 은행나무 잇엇기에

세계로 나뉘어 가는 세 상 종말 시키고자 한은 품엇지만
한번 솜씨 내어 한 솜 되어 가자고 세종대왕 한글 내 밀엇네유

마음씨가 말씨 되고 말씨가 솜씨 되자 가닥 가닥 가가닥 솜씨를 내엇네유
바 이리 오잖아 손가락 끝에 끝에 바이오를 내미네유
바이오(b i o) 뱃속으로 들어 가 아이 되어 이리 나오게 하엿네유

아이 되며 큐 사인을 보내 세 상 꾸리네유
아이 되어 돌아와도 오른 쪽으로 걷는 우상 되어 온 누리 도움 주게 해야하니
이제서마 쪼깨 믿어 진다유우

미래는 위트닝깨
고라니까 육식과 화식이 사라지만 다시 위를 들꺼라고라아
지금이사 위에 들어가면 다 살아잇는 성 화를 내 다 스러지게 하는 산성화닝께루
우리 원자마마 피부꺼정 지대로 살아나가질 못해야 어절수 없지만
미래에는 더 좋은 피부 될꺼라유
날개를 꺼낼까
광합성 피부를 꺼낼까
그 때 고민하지 모또

사랑하라고라
조심하여야 된당께루우
때굴때굴 때때굴 도토리하나
도토리 먹으면 아기밴다고
육군사관교 댕겨왓더니
나라를 사랑하는 꽃다발

도를 지키지 아니하고 토를 달고 나가면
화난 아이 태어나 복잡해진다는 거라야
고랑께루 정성스리 살고
정성스리 태의 문을 열어주시라유
우리도 곱기 나가고 싶다고라아

이제사마 엘리뇨 나니뇨 댕김시로
여적꺼정은 원되게 하려고 원할머니 보쌈해 먹은거라우
고 나요 나 난척하는 요나 땀씨 여기꺼정 온거잉께루

엘 ㅣ 기가 댕김서 이리 저리 오줌쌍께루
나니 나니 함서 요리조리 당심서 오줌쌍께루
고고이고 고대루 하늘에 상이맺혀 엘리뇨 나니뇨
답을 주는거 아이겟능가암

고 처음 통금도 없는 충청 한이 잔뜩 모야 내렷더니 고양반들도 다 농땡이 농구장에
갓드마안 고랑께 고고이 앓아라 충청도에 오 준다 줘 오줌 내려야 하지 않것소오
누가 나를 이긴다요
암두 나 못이겨어
나 눈에 뵈지도 못할꺼인디
나 웬자마마유
온천지 웬자 전체가 통째루 하나랑께에
육신 모아 사람되면 그때부터는 기록되는 시간인지라
소리 내는 소리마음 따로 내어주고 그 마음대로 몸을 모으고 잇을 뿐이지라아
어저겟우
몸만 이루면 흥에 겨워 난리잉께
줄 수 잇는건 목소리 밖에 없다아

평상시 생각하고 잇는 게 뱃속에 그대로 쌓이고 모여잇어
내 안에 잇으니 그 말이 툭 나가는 겨
고랑께루 말만 잘한다구 되는 거이 아이라우우
말만 잘하면야 고고이 사기꾼이재애
마음가짐이 반듯해야해애
그에 맞게 행동해야하고
그래야 그와 같이 바른 말이 나간당께

아따 잘 좀 보소
자동차 운전자가 방향을 동쪽을 보고 잇는디 차가 휙돌아 서쪽으로 갈수 잇는 가암
서쪽을 처다봉께 차가 글구 갓재
고라구서는 말을 조심하라구
우예화가 나는지 내 사마 말벌 내밀엇지라아

모든 국가 사라진다
모두 낳아다니며 만든 나라니라
모든 만물은 다 하나다
공나물국은 삼켰다
모두 하나다
내 안의 나를 다스리라 국을 삼켰다
이제 그 국가도 다 없어지라아
고동안이사
전하야 할것이 잇응께루
전화 나올 때 까지

몸을 이루면 고놈이사 욕심 땀시 스러졋다 일어낫다 해야항께루
똑같은 상황 손에 쥐워주어야 아닝께루

같은 내용을 자꾸 반복하며 지나간겨어
시대에 맞게 상황을 바꿔 감서
피똥싸고 나온 흑흑 울다 나온 흑사병에
코로 들어가 물아도 마찬가지로 도를 버리고 도망가네에
코모도도마뱁에
가지 가지 수천 수만 수억가지가 다 우리네 한일 다 한가지랑께

공공 뛰던 나
물이 되어 올라와
죽죽 그어 만든 國 알앗으면 치워라

피를 노무 많이 흘리며 키를 키워 온 피노키오 언어들
이제 그만 피 흘리며 싸운 일일랑 털어내고
짼 관리 잘하는 피터팬 되어 짼을 잘 잡으시게
흐르는 물결대로 이해할 수 잇게 되어잇는
공기의 흐름과 함께하는 한글 꺼내시게

온 땅의 국기는 어서 빨리 내려유
가장 많이 나를 들어가며 눈물 흘렷다유
나트륨이 가장 많은 국이라유
국가를 나눌 필요 없어유
수육 육을 기르기 위해 수를 높앗을 뿐이니
국수를 삼켯음이니
화식 육식 끝내고 국가를 캐내라

마음 통하는 마음이면 충분해
비자 이제 비워내자 뭔지 보이지 않느냐

한마디로 우리가 다 달타냥 삼총사유
달려오며 이것 저것 다 타며 양의 마음 끌어 내고 잇는 거라고오

하따 그란디 그 불위에 올리고 화확 변화
고고이 정말 환장하겟구머언
참는데 이제 정말 한계가 왓어

이제사 다 털어내는 인터넷을 꺼내놓규
이리 전향께로
이제는 앞으로는 안돼야아

본인이 생에 책임을 스스로 지라고라아

一 스러졋음을 丨 일으켜 세우려고 丿 서쪽으로 가는 일일랑 막아야 항께
十 이를 십자가 지고 내려가
乚 외로 엮이는 터진 옆구리의 피를 막으려 예수라는 이름 달고
하늘에 잇는 우리와 얼음골에 잇는 주워 먹은 주여를 챙기러

구름되어 먹먹하니 해먹타고 잇는 울들과 二 얼음이 된 그년들과 합체를 햇드라유
乚 十 二 생명의 눈으로 내려가 개들 굴로 쫘날려 이리 되엇으니
올챙이로 몸을 내고 나 잘난요 난자에게 쫘구 들어 생명 내엇다우
그렇게 몸 안에 적혈구 백혈구를 품엇다유

해 이년아 니가 해 볼 테면 해봐 이년아

지가 뭔데 나를 울려 지가 뭔데 나를 울려
내가 누군데 내 앞길 막어

뜨거운 해와 세월이 나를 이리 울렷으니 해(年)를 타고 내렷다우

원앙어선을 탓지유
원양어선 이루게 하려고
여적지도 뱃속에서는 적혈구는 적혈구대로 백혈구는 백혈구대로 따로 움집 하여 대화를
허재 잘 안 어울려

아 핵교도 그러지 않는가암
끼리끼리 어울리재애

生 이리 생명지고 나왓소
이제는 각자 십자가를 지고 서쪽으로 가는 거잉랑 막고
하늘과 땅을 품고 살아나야 된다 요맹이재

설마 설마 설되어 왓응께루

雪 동으로 서로 나뉘어 스러져 우는지라 하늘을 덮고 가운데
검을 꽂고 동으로 가는 이 눈을 가리고 횡경막 뚫고 눈이 되어 나왓당께

생년월일 잘 타서 팔자타고
데게 많이 다 가리고 모은 몸 살아낫다 죽엇다 해가면서

고랑께 정성스레 태의 문을 열어주오
울들은 언제든 나갈 준비가 됏응께루
엉터리 사랑일랑 허지 말고

이제 어업 조업이고 낚시고 다 멈추시오
억장 무너지오
고기잡이구 고래잡이구
고 기억 다 잡아 내고 왓응께루
목어 목어 먹어 먹어 내살 내준 인어공주 젤로 미안항께
쌀도 남아 돌게 해놧응께

이제사마 우리가 누구인지 알앗응께
화형 되는 불에 태우지 마시옵고
다암시롱 암사동에 선사주택 꺼내놓고
신선들 선수되어 입장하게 신선한 그대로 입성하게 하시고
이 불볕의 순수한 신들잉께

이제 고만 수월 수월 넘어가자유
이제사마 남자고 여자고 따로 없이 다 한 몸에 품엇지만
여자 옷 입은 우리가 조금 숙여 주자유
우리 여자들 고만 토 달고 그리하자유
남정네님야 이제사마 여자 더 이상 함부로 하지 않을테니

세 상으로 또 뒤집어질라
여자 우리 조심조심 살핌서 가자유
사뿐 사뿐 가자유

엘리뇨 쫒아올라 나니뇨 쫒아올라

우리 여성분들 헐하게 쵸현되엇다면 미안허유
지구를 구하는 이 남정네라 하지만
숙여주는 여자없이 불가능해
지나가는 남정네와 눈을 마주치지 않게 조심하자우
눈을 보고 웃지 아니하면 냉혈인간 이미 죽은 목숨
생글생글 거리면
우리네 몸 안 남성이든 여성이든 N극도 들어잇고 S극도 들어잇어
눈 마주치는 순간 마음은 녹아내려 짝짝 붙는 정 자석

우리 그리움에 사랑잇다면 행복의 꿈 찾으리라
한순섬 달 밝은 밤에 긴 칼 차고 앉아 순수한 신이라 우기며

걸렷다 걸렷다 원자마마 쫒아옹께
울두 한번 나가서 살 좀 붙이고 나가서 농구잔치 해보자
여름방학 때 334 334 삼신 삼신 만나서 살붙이고 농땡이 농구잔치 해보자 미끄러져
역으로 나와 어미이니 책임지라 덤비니께
사랑 요딴 말에 우리 넘어가지 말자유 그 도토리가 고 도토링께루도
어미되어 그 책임 다 짊어져야 허니께

우리 진정한 사랑으로 생명맞이 합시다

한번 더 님을 생각하고 행동하고 말하여
예의를 지키면서 금지할 건 금지하여
온 누리 살리는 지혜 꺼내자유

머리 질끈 묶어 붙이자유

그까이꺼 뭐 대수라고
온 세상에 평화가 온다는디

우리 여자가 나서자유
머리 조깨 살짝 숙여 주자유
이 세상 살리자유

공짜루 주라 줌어주다 종을 치고 태를 밀고 나왓다니
공을 들여 살리자유

천천히 좀 가자유
화가 나서 문 닫앗다 하는 문화를 벗어삐고 움막집으로 가자유
그까이꺼 뭐 대수라고
우리 모두를 살리는 일인데

온 누리 만물 은혜를 알자유
우리 삶이 흙으로 이루어져음을 알자유
먼지로 이루어져음을 알자유
흑흑 울던 흙님이 풀을 따라 올라오고 우리 삶에 붙어잇고
이제 그만 천천히 사뿐 사뿐 가자유

마빡에 붕대매고 입원중인 지구를 살리자유
남정네 하늘님도 살리고 날 씨 이렇게 햇어 날씨님도 살리고
다같이 숨을 쉬게 숨을 살짝 죽여 주자유

오메가 Ω 옴마니 반메흠
옴 마니 반메흠이라구유
올라왓다 많이
다 본 일이 잇는데 반만 메엇구나 흐음

무얼까
아아 예에 알겟어유
잠시 키보드 휘날리겟니더
불편하더라도 우리네 실생활잉께 참고 보시옵고
우리 고해할 거잇으면 정성스레 고해하고 고칩시더

수홍 데뷔해

하늘에서 수를 놓아 내려온 수놓
애드리브 날리며
애가 닳아 들이붓는 소리재

쇠리 맘
마음소리
마음의 소리 들을래
지적을 받으면 기가 죽어 마음소리 못 들어

쇠리 맘 사람 몸 받게 해주어 감사해유
엄마 되어 엄하게 맘을 건 맘아주되
가지런 하지 마세유 남 질책하신 마세유
양궁 화살 들려서
개발바닥 소발바닥 하다 이제 오는 길이에유
이리 오기 위해 하늘에서 구름 되어 있을 때 준비 엄청 했어유

하늘에서 다시 내려 코로 들어가 사람 되게 하였다
중공 중화민국 뱃속으로 가야겠다
웬걸왔던 그 땅 엎어 다시 가서 한 번에 꼴고 가기 힘들어유
두꺼운 주전자 두꺼비
티끌 위 높이 쌓인 짐 모퉁이를 한 번에 돌을 수 없어

죽을 힘을 다해 비가 되어 올라가서
태를 가지고 내려 왔소
말로 사지 육신 챙어나고

말로 사지 육신 챙은 아그 쪼까니 허구 같아유
수준 차이 난다며 대만 가지고 배를 타고 이리 나가 왕성하겠다
대만에유
높이다는 죽어로
죽어는 가다가로 쩌었구머잉 (그 시절 우리가 좋아했던 소녀 참조)
아 혼자만 나가면 쓰겠나구우

한을 가지고 한국으로 와서 준비 많이 했어유
셋트장을 지었쥬
대한민국 셋트장
셋 삼신들이 이리 들어 장을 열었소
안 되겠다 앞의 마음 다 덜고 앞의 마음 꺼내보자

억억 스러지며 가야하는 셋트장이라오
지금 훈제 되고 있는 모든 오리들

김이 되어 올라가 생각에 잠긴 김박사
비가 되어 내려오며 거꾸로 품어 올렷소 거품을 품어냇소
타고 나가 스러진 일
역으로 내리느라 타타타의 길을 사그러져가며 타고 타며 달려 달타냥 되어 왓소다

새로 수문을 열어야겟다
비가 되어 올라가 뱅뱅 다니다 악의 세계 끊어내고 승리하려 이리 자리 잡앗소
셋트장을 지엇어

Ctrl 커지겟다 들어져 지랄을 떨던 일

Alt 알고 잇는 알들이 들어 다 스러졋지

Shift 이를 세우려 쉬를 하여 들어 내리며 들어왓네

서로 가겟다 꼭데기에 올라 대성을 이루겟다
대자로 뻗어 다 같이 사라지게 한지라 이리 귀순 하엿소
지구에서 용의 모습을 올려 지 드러눕게 하곤 하던 전설의 진시황
공룡 시대 그 때 그 모습 그대로 잇엇다오
나를 희생하면서 울다 내려온 이들이 양의 마음으로 무장하게 하려고
허니 재가 오면 피하리
이유 같지 않은 이유 대며 아이도 아닌데 아인척하는 이
같이 발 달린 동물 지 뱃속에 넣는 이
이를 막고 태를 열어 양의 마음 꺼내려
잘자를 타고 바닥에 기는 동물 옷을 번갈아 입으며 기억 막힌 사람 옷을 입엇다우

발가락으로 콧구멍을 파며 왓다우
사람 옷 발자취에 따라 그에 맞는 코의 동물 옷을 입어야 햇다는 야그라유

농땡이꾼 경주쟁이 배 째라째와 충정이 데려와 준비 많이 햇어유
인터넷 열려서 한자리에 모일 때까지
토렴하고 토렴하며 죽엇다가 살아지고 소발바닥 개발바닥 다 지나 왓어유

잠시 서로 가는 이에게 쓴 소리 한 번 할라유

이 빙고(氷庫)들아
얼음 뚫고 기억 덮고 올라온 서빙고야

빙고 관을 돌리다
이쪽저쪽 다 막혀 이쪽에다 서빙고를 올렸다
앞으로는 저 잘났다 설치며 앞으로만 가지마
주위를 둘아봐
환경 얼마나 황폐하게 만들었나
공룡 그대로 아파서 틀게 되리 아파트로 올라갔구나
기둥이 업을 지어 조각조각 조각내어 질질 끌고 가는구나

c & u 모든 기둥을 다 터트려 다 집어 넣었구나
usb 합하고 있는 모든 이 s 이러고 다니며 다 뱃속으로 넣는구나
좋은 말 할 때 사뿐 사뿐 제자리에 돌려라

아들이라고 하더라도 조정하려 하지 마세유
저에게 정을 주려는 것 알겠소
허나 제 주머니만 채우다 죄로 오메 땀시 오메가를 지대로 연결 못해
또다시 라멘 육수되기 싫어유

마음소리 들어야해
스스로 우러남이 하늘의 뜻이예유
칭찬도 부담스러워유
그쪽으로 몰아가는 느낌에
조금 한발 떨어져서 친구가 돼 주세유
롤러코스터를 타다 이제 겨우 사람 옷 입었어유
관을 함부로 돌리게 하지마유
관이 돌아 눈물 흘리는 일에 걸려유
오메가 369 369 사차인치
오 메고 가는구나 삼신 마음으로 육신을 모아야 구원에 이르니라
사치스러운 마음은 차내고 인간되어 내 안을 다스려야 하니라
더 들어 보려무나

제일 무서운 게 바람 핀 거

뱃속에 나를 남을 준대

이 사람 누군지 알어 우리 엄마야

아이고 무서워

소중하게 책임질 만큼 정성스레 생명 문을 열어라

이 상황은 동시에 다 아는 거야
우리 원자들 다 연결되어 잇기에
본인만 아무도 모른다 생각해

소우주 사람이 발가락 끝 아픈 걸 인지하는 것과 꼭 같다
아이 뱃속에 들어지어 음식 냄새에 입덧 하는 이유는
바로 내가 불 위에 올라앉아 화를 당하고 잇음을 알기에 그러하니

억장이 무너져 어찌 울린 연인데
동시에 다 알기에 지진이나 위험시 동물을 피하네
사람만 모르는 이유는 가장 능력 잇는자 악용하기에
또한 모르는 상황에서 시험보고 잇는 중이야

아유 잘했어오옹
내가 시범으로 알려주러 나온거지잉

자식은 소유물이 아니라 우리 함께 움직이는 생명체라고
우리 함께 그저 하나라고옹
남자새끼가 더 죽일 놈이야
여자만 보면 덮치려 해

그러니 여자 누구 탓하지 말고 스스로 단속해
종다리 내놓고 다님은 제발 덮쳐 달라 무언의 대화이니
스스로 정숙하고 일찍일찍 집으로 들어가 자옳게 이끌어 가야하지 않겟어
빨간 입술 보면 무의식중 복수 피가 들끓어 남자가 덮치게 하거든
이것이 기억을 덮고 사람 옷을 입을 수밖에 없는 상황이고

남자 책임 없이

성스러운 기를 함부로 휘두르고
생명의 정자를 던지기나 하려면
이거이 남성이니 남성아니야 흘러내리는 무너진 성이지
남자의 자격 없어 지대로 그어세어 그어세 거어세

우리 정성스레 준비한 생명 되어 나가게 도와줘

남자가 동정을 지킴이 먼저야
남자는 지키지 아니하며 여자가 처녀니 어쩌니 떠드는 어처구니 돌리지 말라우
마음소리 튀나 온 걸 말실수라 돌리지도 말라우

심신수양 지대로 되며는 아무 때나 아드레날린 날리지 않아
욕적이 일지 않게 된다구
남자 진정한 남자가 되어야해

해서 엄마들이 자녀에게 스트레스 주며 키우면 안된다는 얘기야
사춘기 되며 는 잠재된 스트레스 튀나가게 되거든

강아지 목욕 후 몸을 털어냄과 꼭 같애

내 영에 불필요한 것이 많이 끼었어
이를 털어 내야해 몸을 흔들어 아드레날린 날리네
누가 내 코딱지 쑤셔 대는 거야
내 코딱지는 내가 잘 거야

쏘리맘
마음소리
마음소리 듣고 스스로 일어나게 한발 뒤에 서주길 바래

잘 자라 성인되어 열두 배 효도할 수 잇게끔
소중한 생명과 성에 대한 얘기야
바로 우리 원자의 얘기
겉옷 말고 마음의 옷을 챙겨
비울수록 채워지는 마음의 그 옷

하나하나가 다 수로 이루어져 잇으니 함부로 건드리지 말라고

다 우리의 수염이야
나무가 그렇고 산이 그렇고 시내야 국가야 땅의 모양 한 번 볼래

수탉 동유러버에서 눈물 흐리며 나올 때 손 모양 해놧지
수박도 내수염 턱수염도 내수염 음모도 머리카락도 그리고 그리고 흩날리는 먼지도
우리 웬자님들 수염이지 배를 채워주는 쌀곡도 되고 채선도 되고
다리달린 몸뚱이고 모으고
누가 우릴 이겨 아무도 못이겨
찾지도 못하는 걸
엄마 뱃속에 잇을지언정

엄마 화장 좀 하지마
내 살 갈아서 엄마 얼굴에 붙엿어
소발바닥 닿앗을 때
후라이팬에 올랏어도
뜨겁다고 소리도 못 질럿어
지지지지 지지직 ㅁㄴ신호만 보냇지

엄마 좀 화장 좀 하지마
사도의길 불길 불러온 원인된 자 죠시야

더 이상 롤러 코스터 타지 말자유

먼지 내가 바로 주인공이야 함부로 하지 마요

어서 빨리 움막집 꺼내유
짜증일랑 이제 그만 멈춰유
우리 합심하여 좋은 나라 만들 자유
오메가 369 369 사차인치 Ω

하늘에 매고 왓는가
따라 내려온 모세가 뭔지 한 번 들어보게
매고 온 오메가 뭔지 자알 보시게
모든 글자는 ⊙ 원자의 움직임의 방향이나 상태를 나타내지
모(母)음 모세
홍해 바닷길을 열어야 할 만큼 앒길을 막앗다네

오월 목상의 혈투 해수면이야
공룡 시절의 극성으로 다 기억을 덮고 내려 왓는데
어미들의 극성으로 다들 이기심으로 돌아서 익사하여 또 꽐자타고
기억을 덮고 나오게 한다는 얘기야

ㅏ 벽을 세우고 밖으로 나갓당께
아 놀래 과거의 기억을 덮고 소리를 내고 따라 나왓지 않앗겟능가

ㅑ 나가되 둘이 나가야 쓰지 않겟능가 말여 혼자 힘을 꽉 주고 나가 쌍소리 하지말고

ㅓ 문 안에 서 잇기는 허네
어 왜 거기 서잇냐 이 안에 잇지 않고

ㅕ 문 안에서 두 손으로 받아내라 하엿제

ㅗ 하나씩 똑 똑 떨어져 아래로 갓어야아 아따 그것꺼정 괘않다 혀

ㅛ 꼭 두배로 챙기려 혀쌓네 나요 나요 요나 요나

ㅜ 벽을 세우고 ᄋᆞ래로 내려가게 허네 울게 만들엇다 아이가

ㅠ 휴우 눈물 줄줄 흘리고 따라 나서야 햇단 말씀시

ㅡ 으 스러졋기에

ㅣ 가장 무서운 자 이 놈의 이기심의 벽이 섯기에 기억의 벽꺼정 세웟어야 햇어야아

ㅐ ㅏ 밖으로 나가는 걸 끈냉이 묶어 그 밖에서 막아야 햇당께
개냐 사이에 낑겨 잇는 새냐 이거 매야 허지 않것냐
꼭 넘의 야그 같재

얘

이를 해결하기 위해 따라 나서서 받쳐주며 해결 하고 자 나왓다
지금서 얘기하는 중이다

에

안에 서잇기는 것 같기는 하나 한치 건너 두치
어처구니없이 행동에 기가 떨어쪘어야아
날달걀을 먹으면 왜 고음을 내는지 얼마나 놀랏으면 고음을 내는지 이제 알으랑께
알로에 왜 알이 되어 길로 나섯는지
에 하고 천천히 생각하면 답이 나올꺼

예

아따 그라서 나온 답 해결하기 위해 두 손으로 받쳐 주기로 하지 않앗겟냐
예의를 지켜 계속 이어가기 위해
시범으로 내 십자가지고 예수의 길 걸엇다

의

아래로 내려가 문을 닫지 말라꼬 외外 우째 마음이 밖으로 나간 게야

와

나간이 찾아 쫓아 나갓다
와 이러노(way) 증말 이 방법 밖에 없냐구
해서 내가 찾으러 왓다

왜

찾으러 나갓는데 밖에서 이를 또 막네
왜 그래 왜 왜가리 왜 노무하게 오메야

왜 가겟니 왜 놈 되어가며
자꾸 다른이 뱃속 단백이 피를 입성시켜 피카추야 피카추 피가 추워 그래
몸 안에 잇으니 몸을 모으는 주자 혼네지도(ほんね) 못 하겟고
속마음을 숨긴 채 기가 몬지 모르는 건 아닌데
어절 수 없이 내 살 녹여 허옇게 뚤뚤 막은 기모노로 녹여 옷 해 입고
알 껍데기로 다막고(たまご) 칼같이 숨어 들어 나왓어

그러니 약자라 무시하며 몸을 뜯어 먹고 피를 삼키는 애들 혼 줄을 한 번 내줄꺼야
오래또 요꼬하마
오랜 시간이 지나도 요건 꼭 하고 말거야
재 퍃거야 재 팬 이름 닳고 절대 잊지 않고 잇겟어
죽어지고 살아지고 하더라도 이건 가지고 가서 앞으로는 절대 이래서는 안 된다
상기하게 해주겟어

뭐라고 내 미운 짓 미국 되어 원자 폭파하여 서라도 이를 막으마
아무리 주자가 잘못해도 죽기 밖에 더해 토 닿고 나오지 말고 이를 지켰어야지
다 같이 대자로 스러져
이지경이 되게 만드니
이제 연결고리 다 끊겨
땅이 지경(地鏡)이 되어 답을 해주어야 하지 않니

서로 가며 경쟁하니 서해안 혼탁한 물 하엿고
동그리하게 양보하여 동해하자 맑은물 동해 하엿어

모든 종교 남자만 나선다
일 년에 세 번이다
탈출기 23:17 남자들은 모두 일 년에 세 번 주 하느님 앞에 나와야 한다。

비니비니 비니비니
바나바나 바나바나
다롯세 다롯세 헤이

잘못을 빌으라 하엿다니
나만 챙겨달라 조르누나
다 이리저리 롯이 되어 세 상으로 나누노
모든 종교 남자만 나선다

마리아 마리아
알고는 잇는데 말은 안 해
성모 마리아 하거라
성스럽게 모아가는 성모마리아 하거라
증산도를 이뤄라

저 팔만 대주는 여자 팔만대장경 이여유

지만 놀러 다니는 그지 같은 남자는
지구도 필요 없다
모든 종교 사라져라

마을 단위로 정성껏 천도제를 올린다
가정제로 충분하다

설 추석 제삿날 가정제로 충분하다

마음제로 돌리고 가정제로 충분하다
각 가정이 성정이고 몸 이룬 자 성전이다
하늘의 명령이다
모든 종교 사라져라

종교가 죽이 되어 더 흔들어 대노니 이어인 일이고
비니비니비니비니
바나바나바나바나

미사가 제사니라
주일마다 죽으라 하다니 이 웬말이고
그러나 다니며 봉사 할 일 찾아하니 고맙지

탈출기 34:23 남자들은 모두 일 년에 세 번 주 하느님、 곧 이스라엘 하느님 앞에 나
와야 한다。
더 참을 수 없는 건 예배는 찬양이라
피 흘리고 스러짐을 손뼉치고 찬양하니 이 어인일이고

천국 갖고 장사해
곰은 죽은 자를 먹지 않는다
이제 아시지 않겟는가
죽은 자는 천국 문을 열수 없다는 얘기야
죽은 뒤의 천국은 종잇장 위에는 잇네 그려

이리 짧을 내 밑엇기에 그려하네
훔치훔치 태을천 상원군 훔리치야도래 훔리함리 사파하
훔치훔치
동으로 간이 서로간이 다 스러진지라
눈물 훔치고 태를 가지고 을 이리 천국 이루려 왓니라

상원군 위 세상에서 원을 이루지 못해 울게 되엇음은
훔리치야도래
다른 이의 몸을 훔치고 이리 다스리지 못해 양의 마음 들로 나간지라
이와 같이 기억마저 덜어 예까지 도래 하엿구나

훔리함리

이제 눈물 거두고 하늘의 이치에 맞게 해야 함이야

사파(波)하
더 이상 이룬 몸 사라지지 않게 물결 일으켜 이리 하노라

태울천에 오르는 길 그리 만만치 않다네
아주 좁은 문을 통과해야 함이야

쌓인 게 워낙 많은지라 흉만 가지고 들이대서 올수 잇는 곳이 아니로다
미장원에서 나비를 데리고 와 날리려 하건만 복을 부르는가 복수를 부르는가
그럼에도 드물게 개과천선의 꽃을 피운자 잇으니 고맙지

허나 잠시 스쳐온 길 각자가 성전이 되어야 함이야
봉사와 나눔이 이루어지지 않는 비니비니 바나바나는 조용히 닫으시게
주라 주라 햇던일에 다 스러지고 말앗어
그럼에도 이랏이로다 이렇게 어렵게 일어나게 되엇으니

물렁 물렁 뭉친 먼지 육덕아
제사는 일 년에 세 번이라 미사와 예배를 비웃엇니

임마 나 먼지님이 입성햇다
도저히 말로 안 되니
가르침을 주어야 겟기에
꼴통들 1년에 세번 가지고 부족하기에 매주 나오라 하엿다

인성을 심어야 겟기에
뺑튀기로 뻥 튀겨 종교를 냇다

스러진 스님 되어 이절 저절 옮겨 다니며
마음 비워라 공양하거라 가르침을 주고잇다

신의 아비 신부되어 세상만사 모든 것에 예의를 지켜라 세례를 주엇다
모든 만물이 영이 잇고 성이 되는 몸이다 영성체를 주엇다

하느님이 돈 놓고 돈 먹기냐
십일조를 많이 내면 돈을 많이 벌어
저자신이 하느님이니 업 놓고 돌고 도는 돌고래 하는 거지

죽으면 천국가
하느님이 천국가지고 장사하나
곰도 안 먹는 죽은이 천국이가 왜 삼키나
이 땅이 천국이재

그러나 그도 저도 내가 한 일
그렇게라도 물고 가야 것기에
내 기억 덮고 내려간지라 눈 가린 목자(目師) 되어
양을 모으는 눈이 되어 간지라 사탕 들고 어린 양되게 불러 모앗네

혼탁해진 이 땅을 맑게 바꾸어야 것기에
해맑은 교회오빠로 나섯다
목사 할머니로 나섯다
정수기를 놓앗다
모든 종교 안방에 들인 정수기
그래도 이마만큼 낳아지고 잇지 않니
영들을 헤아리며 하느라 그랫다
같은 우리 먼지이면서 하느님이고 별다른 신 인척
몰래카메라를 할 수밖에 없엇다
교회오빠 잘 나가다 더러는 삼천조로 빠져서 문제가 되기도 하다만

구하라 찾으라 그러면 열리리라

이 사람 목사님들아ㄹ
이 어찌 주라기의 그 상황 그대로 주여 펼치는고
도를 구하기도 바쁘거늘
욕심 찾게 하는고
어찌 모든 기도가 삼천조로 빠지는 고
어찌 그리 헤아림 없이 섬기다 섬기다 문자우상까지 섬기는고
베풀엇으면 그것으로 감사한 일 그 어찌 배로 배로 채워준다 하는고
그간 배야 충분히 채워 주웟네만

그 스스로 어찌 하느님 되려 하지 않는고
느을 아래로 내려가고 댕겨주는 하느님
그래도 여러모로 애 많이 쓰셧소
그나마 선도 손에 쥐어 주엇으니

마음에 바램의 상이 없이 일을 행해야 함이네

바램이 바람을 불렀고 치맛바람 되엇소
치사하게 다 막고 잇는 치맛바람 얘기오

이제 줄만큼 주엇다 주여 주여 주여 좀 찾지마라
주여 주여 찾지 말고 주여가 되거라
주는 사람 되거라
주여와 한 몸을 이루거라
오직 예수
오 지구에서 박힐 지언정 예의를 지키는 수를 내거라
오직 예수 찾게 하엿다
예를 지키고 수를 내어 그리가다 스러질지언정 도의 길을 걸거라
예수 그리스도 찾으라 하엿다

세 개의 도장을 지니어 덕을 쌓아라 증산도를 하엿다
나를 낳아주신 부모님께 그 도를 다하고
일가친척과 친구들에게 그 도를 다하고
나를 스친 모든 인연 에게 도를 다하라
스친 모든 인연은 사람에게 국한된 게 아이다
모든 원자로 이루어진 모든 먼지들에게 말함이다

세상을 벗어빼라
세 개의 상에서 벗어나라
이자가 가장 무서운 것
다른 이라 생각하고 함부로 하니 내 몸 물병에 병이 쌓이니라

이익만 놓고 돈 놓고 돈 먹기 기도에 성이 옹하고 무너질 성공만 바라며
천국장사 기도를 올리니
내 어쩔 수 없이 내 성령이란 이름으로 방 속에 잇는 나
방언 기도를 대신 내니라

나 쫓아오라 종교라는 이름 달고
하느님이라 옷을 입엇지만 사실 내는 소양강처녀
아주 작은 원자 양의 마음으로 죽음의 강을 불사안고 건너며 사람도 되엇다
다리달고 강아지도 노으르아 왜이리 노루도 되엇다
이리 저리 다니는 소양강처녀 원자이다

이 소양강처녀 요람에서 무덤까지 따라간다
흙에서 풀을 타고 올라와 풀데기로 모앗고

나무뿌리를 지나 잎을 타고 올라와 아주 고운 피톤치드 모았다
코로 들어가 정자로 모았고 난자를 꽈고 들어 사람 영을 모으고 있다
또 몸을 모으려면 불길 지나와 기가 다 죽은 원자들을 모아 몸을 모으고 있다

그럴 수 밖에 없어
기억을 덜지 않으면 복수를 하니 아니되고
생으로 입성하면 몸 안에서 피들의 전쟁 패혈증으로 스러지고
해서 원할머니 보쌈 하엿어유
원을 이루고자 할 만큼 다하겟다 기를 다 불로 살라 싸서 삼켯어유

그 뜨거운 불 죽도의 길을 지나 입성 하엿어유
그런데 기를 다 죽여 강시 되어 입성하니 기를 받아들일 데가 없어
다 스러진 님 입성하여 아 ᅀᅡ 디다 나 이제 좀 쉬어가자
스스로 제 몸도 못 가눠 숨쉬기도 힘들어
안 그러겟어 불에 다 데이고 들어 왓는데
그렇다고 그리 힘들게 입장하시니 내 치지도 못하고
다 타버린 수하물 이리 저리 쌓아두지

기를 내지를 못해 피부에서 기를 가져다 쓰며
그래도 지방과 단백이에게는 절대 방을 내어주지 않아
지나가며 공격만 안하는 것도 다행
불에 기가 다 사그라져 공격을 못할 뿐

피라도 입장시켜야 햇지
허 커 피를 마셧어 커피를 삼켯어
시꺼멓게 탄 커피가 들어오니 다들 놀라 길을 내어주네
머리로 올라가 각성해야겟다 놀라 잠도 이루지 못해
하는 수 없이 성령님 되어
이 타는 속 초가 되어 스러진 맘 속초를 꺼내 기도를 할 수 밖에 방언으로 토햇어
이 어찌 불길 지나며 들어와 모은 몸인데

하나님이라 부르면서、
돈-에다 절하고、
명예에다 절하고、
욕-심에다 절하고。
모두가 창녀 이오이다。

어찌하오리까?

이자가 돈과、
명예와、
욕심과 바람이 났더이다。

하나님이라고 불러대며、
돈과、
명예와、
욕심만 탐내더이다。

이 어찌하면 좋십니꺼
이러면 우리 또 스러져 화장당해 불길 위에 지나가고
이러면 또 네발 달린 동물 옷을 입어
뜨겁다 소리도 못 내며 불길 위를 지나는 지옥 길에 올라서야 하지 않소

여러분 여러분
분자를 지키려 생명을 이어가기 위해 놓은 자와 눈물 흘린 유전자 모아
수도꼭지 분수를 달앗더니 가분수 되어 아무대다 쏘아대며
대자로 쓰러지는 대분수 되게 꼭지를 잠그지도 않고

강남으로 넘어가서 지애비 뱃속에 잇느지도 모르고 제비날개를 꺼내
사라지는 사를 모아닿아 사모님 돌리며
나를 내던져 원 투 쓰리 쓰리 투투 쓰리쏼
속이 쓰려 스러지는 줄도 모르고 오케스트라 연주를 하고 잇니더
이 오케 패주면 좋겟소
아이고 나살려 나살려
내 뱃속 나가는지 모르고 이기저기 탐만하고 다니는 탐라도가 되니

예배를 드리시오
배로 입성할 때는 예의를 지켜 원자님 곱게 입성하게 하시라는 얘기오

줄만큼 주엇소
선한 말 양말 신키기 위해
불길 지나다니며 살을 만들어 주엇소
끼끼리의 싸움 패혈증 멈추라 냉장고를 들엿소
끼로 조물조물 끼조물 해 엇소

다 니 몸이고 내 몸이오
치사하게 약은 체 하지마라 치약이 돼 주엇소
할 만큼 해주엇소

죽음이 찾아오더라도 화장을 멈추시오
불길 지나 뜨거워 절떡 절떡 뛰는 것 못 보앗소
뚜껑 닫고 태우면 그만이오
다음은 내 차례인걸 아시오
오래된 산소는 치우고 땅에 곱게 묻어주오
흙에서 왓으니 흙으로 돌아가 다시 원자 되게 해주오
또 다시 일어나는 방법을 알고 잇는 신이니
무쇠팔 무쇠다리 스러지지 않는 원자이니
이제 그만 시인나 신나 신나는 신이 게 하시오

이보시오 손 닳고 머리 닳은 몸을 모은 성(城)들이여

이제 그만 바닥에 앉거라
흙 위에 앉거라
내가 너고 너가 나다
설탕 잔뜩 친 옥수수 삼킬 수가 없구려
단맛 빼고 본연으로 와야해
종교를 벗어 빼고 내 안에서 나를 찾으시오
생명을 이어오느라 흑흑 울며 흙이 만든 흙이 영이 잇소이다

나는 먼지 지구이고 바로 너고 네가 바로 나다
너의 온 몸 내 게 붙어 잇지 않느냐
아주 잠깐 한 발 붙엿다도 다시 붙여야 되는 지구에 붙어잇지 않느냐고
나 땅 먼지가 하느님이고 네 몸을 이루엇고 너가 바로 나니라 우리는 하나이지 않느냐
이룬 자와 누린 자가 나뉘면 안 되지 않는고

뒤집어도 마찬가지
나 자신 아주 쪼끄매 아주 작은 먼지 원자이니
그러나 나에게 붙어 잇는 건 또 다 나야
내가 모은 몸 다 나지

내 발 어디에 붙어잇지
내게 붙어 잇으니 나라고
지구에서 동동 떨어지려고 해도 떨어지지가 않아
바로 나이기에 그렇지
바로 지구도 나야
지구는 또 혼자인가
하늘과 하늘의 모든 별들과 이리 저리 연결되어 잇어
연결되어 잇다구 그럼 또 나네

온 천지 바로 나와 연결되어 있어
바로 나이기에 그렇지
한 땀 한 땀 엮어 만든 몸이라

내가 누운 내 똥 깔아놓은 종교
이기심 버리고 올바르게 쫓아온 자 모두 천국에 이를지니
그 얼마나 좋은 가르침
이제 그 달달한 설탕 치우고 흙 위에 앉으시오

그동안 연을 올리느라 기억의 구멍 숭숭 뚫고
가다 스러지고 가다 스러지는 연탄되며 올린이길
연으로 올라와 옥구슬을 다듬을지
옥죄는 짓을 할지
이 땅이 연옥이오
천천히 생각하며 다 같이 어우러지게 해야하는
이 땅이 천국이오
불길 지나는 이 땅이 지옥이오
덕의 구름 이루어야 하는데 앞과 뒤가 다른 납작 동전이 되어야 되겠소
죄와 벌을 알리기 위해
서로 가다 바닥에 박히는 걸 막아야 겠기에
천국과 지옥 연옥을 모두 ㄹ너의 시야에 보이게 하기 위해
도를 지키지 않아 스러질 때까지 토를 달고 나가 다 줄렸기에
이를 예를 들며 스러지며 키워왔소

우리 원소 버릴 것 하나 없다오
성스러운 사랑에 의해 움직여진다오
단 혼자만 살겠다 테두리를 치지 않아야 하오

이제 움막집을 지으시오
눈물 막는 움막집
도를 벼름박에 붙이는 도배 하지 말고
도를 뱃속부터 지키는 도배 하시오

전 세계 곰들아

곰쓸개에 빨대를 꽂아 삼켰니
글로 써서 문을 여니 더 이상 곰쓸개에 빨대를 꽂지 말거라

니들이 곰이다

비가 되어 내려와 은혜 입어 교육 좀 받고 있는
아빠 곰 엄마 곰 아기 곰
기억의 문을 닫고 나온 사람이란 말이다
이제 죄로 조물 조물 죄조물이 된 후에
기억을 연결하니 누구도 복수하지 말거라

이스라엘의 새 역사를 다시 써라
새로운 마음으로 이어가잔 말이다

가슴속 하느님 속초의 속을 태우며 양양거리지 말거라
하늘을 왜 가렷겟니
왜 하늘 가린 죄가 되엇겟니
가슴이 답답하다 죄부터 치워라
세 상으로 나뉘어 오게 된 하늘 가린 죄부터 치워라
세멘 죄 육죄 생선 죄 죄장님
흙 위에 앉거라
살아 잇는 책 산책을 내놓으니 명심하거라
바닥에 붙어 기억을 두 번 덮는 게 眞 진짜다

정자로 나가 새로 몸을 모으는 일
새로 태어나 장기를 싹 바꾸는 게 안 좋아

장기(臟器) 같이 가자 한 적도 없고
장기들이 말해 제정신이니 너

그러니 어찌해 하트를 들어 신혼 방을 내엇지
어찌해요 생명은 이어가야겟고
화(火)로 스러진 기 입성하여
노무 노무 화가 많아져 물병에 가득 차면 노화되어 스러지게 되어 잇으니
그래 하는 수 없이 하트를 들어 방을 따로 두고
물에 텀벙
수영하는 아빠 엄마 아기 아 네

이리 힘들게 나가다니
답답한 이내 가슴 꼬불꼬불 털로 붙여놓고 나가련다
호두(頭)마루 가는 구나
그래도 내 발자취가 사람 옷을 입게 하누나
나가지면 발가락을 입에 물어보리
콰딱지 나니 코딱지 좌먹고

공룡시절 서로가다 박혀지니 눈물 흘리며 재랄 떨고 내려간다
이 화딱지 딱지치기 하여주리
어이없다 어이없어 귓잔등을 쳐내리
바 느을 그래 바느질로 꿰매리
이리 트렁크 잰티에 낑겨잇다 나가다니

이거 이리 나가 오르갓니 증말
으르가다 이번에도 또 밀려나는 건 아닐까

트렁크에서 나가지면 같이 한 동아리에서 물 텀벙하던 조 동무들
나 이리 들어 나갈래 나이트 가자 음모하던 야 동무들 어디잇냐 찾아보리

억억 스러지는 부엌 길을 지나
다니면서 주워 먹는 행주산성 주방 길에 울랏다
도(道)를 막는 도마 위에 내 몸 뉘어 타타다탁 내 몸 보사졋다
가서 스러지는 가스레인지 불판위에 앉앗어
불 켜는 순간 바로 그 순간

아 야 나 지금 떨고 잇니

가스 위에서 들들 볶여 기를 다 말아먹고 몸으로 들어왔다

이리 힘들게 살아 나가다니
이라고도 일어난다 이랏이로다

이 어찌 모은 몸 조직인데 뭐 다이어트
ㄲ 산소 운동 살아 잇는 나를 태워내려

돌로 치고 나가 기억 덥고 돌게 되엇으니
돈 지가 갑이라고 지갑 안에 들어가 자빠라져 누워 잇고

세분 삼신 친구를 돌로 친 일로 다 스러져 이리 힘들엇다 일레불란다
이리 이사 건너와서 스물네시간 편의 봐줘 두 플러스 원 아이 되어 나가다니

신 고래잡이 동해 가는 길 왜 이리 막히고 엽기적이냐
신의 집(堂) 동그리 하게 하는 일이 40년 전통 신당동 떡볶이라니
전에 모은 공룡 몸 통째로 사라지고 억억 죽음을 지나며 들들 볶여 기를 다 말아 먹고
죽어지어 들어가야 살아나는 남을 먼저 챙기는 남은마음 살아나는 거라니
이 경을 칠 방법으로 수를 내야 하다니

나가거든 사라지게 햇던 업의 일일랑은 사업 내어 다 말아 먹을란다

가서 스러지고 오는 주방 가스 지나온 길

안녕 하시렵니까

야 밤에 선풍기 잠들지 마라 다 죽는다
복수가 두려워 앞에서 몸을 모으는 전주 기억을 다 내려놓게 소리내는 이 마음 따로
내어주고 잇엇던 일 귀도 막고 눈도 막고 바람결에 날리니
명령이다 이름에 수를 박아 내려오며 왓던 길 되돌아가고 되돌아가며 짜고 치는 고스돕
우 씨 알아채지도 못하고
정말 힘들어 죽겟다

지옥의 불길 지나 녹아내린 내 살결이 하나하나 다듬 다듬 몸이 되어 나간다
전에 주워 먹은 업보로 뱃속에서 백두(頭) 되어 장기지어 병이나 받아 내야 하다니
마음속에 지은 때는 때가되면 때로 밀려 내보내며

뱃속에 백두 머리되어 잇다 잠든 뒤
밤이면 밤마다 든든 거리고 머리위에 할 일 올려줘야 하다니
그나마도 우리 전주 철없이 술 석잔 을 넘어서
개가 되어 들어오면 내도 술에 쩔어 든든 거릴 기운 없어 담 날 아침 머리 좀 깨질 거다
그 날 헐 일 택배가 도착을 안 햇거든
몸만 모으면 저리 변할 줄 몰랏다 이리 역으로 도를 이루며 살아야 하다니
이리 용들을 헤아려야 하다니
상(上)놈 시절 룰루랄라 다니다 엉덩이에서 머리 쓰게 해 뱃속에서 천사 날개 잃어빼고
그 빚을 다 갚느라 이리 육신 팔자타고 나와야하게 되엇다니
신들 정말 환장하겟다 머리에 다 써 잇는데 아니라 우겨대고
다다 다 다 먹어 친 꼬꼬 닭 탁한 것을 재우려고 훈제되어 나가다니

영들 놀랠 노자다 이리 다 아는데 애기되어 나가야 하다니
오다가 영들이 욱해서 다 튀 나가고
장기(臟器)를 새로 또 달아야 하다니
장기나 한 판 둬야 겟다
봐라 알알이 튀나가니 바 둑이 무너지지 않앗겟니 바늘구멍 똥구멍에
판을 다 갈아 뒤집어엎어 눈물 흘리며 걸려야 나가지지 않니
바둑이 강아지 되지 않앗겟니 바둑한판 두련다
이 모든 게 바라바라바라밤 토를 달고 구멍 내여 튀 나간 게 수원(水原)이다
소리마을 전주들 알아 들으라 백두대간 삼신들 삼행시 낸다

삼행시
삼신(神) 육신(神)에게
행적 의도 등을
시(時 때)가 되면 알려주어
묶은 때 벗게 하리

에너지
에 바로
너지

인스탄트
인간되어
스러지게 하는 걸
탄 거야 또
틀어 올려야하게

베이킹 파우더
뵈는 게 없냐
이렇게
킹을 몰라보고
파내다니
우 하고 끝이 온 사이 아니
더냐

콘크리트
ㅋ 곤란하다 숨이 막혀
크아
이리 하면
또 틀어야 해

아파트
아파서 틀게 되리

이자
제일 무서운 자
너와 내가 하나인데
이(異 - 다를 이)자라 생각해

쇼핑
쇼(小가 될 내려옴)하고 잇네
핑핑 돌겟어 아주

VIP
보이니 따로 대접받을 때
아이들
피 흘리는 거

부르스타
불렀니
부르르르 떨린다
스러져서 또
타게 하다니

버너
버스킹 하는 바로
너야

골프
골들이 비었구나
프로라 우기며 풀 거는 안
풀고 풀만 뜯어대네

보톡스
보라
톡 튀어나오게 햇다지만
스러지지 않겟니

모델
걸을 수 잇지 그럼 됏어 이제
모
될래

비닐
비가 되기 전
닐리리 다닐 때의 몸

빙기루(비닐)
빙(氷) 속에 잇다 올라온 기
또 일루 절루 다니며 흔들고 잇어

히말라야산
히 이러지 말라 그래야 산다

에베레스트산 엄홍길
에(噎)로 스러져 베를 짜는 기가
오레 스스로 트름하는
산에서 나와
엄중한 홍익의 길 인도하려 하노라

사과가 아침에 좋다 하는 이유
맑은 정신으로 사과하라

나이키(상징 그믐달)

나
이제
키로 다투는 건 그만둘래

그 멋진 공룡시절 뒤로 하고 빙하타고 내려와야 하다니
내 몸 뚱아리 썩어져도 알퀴엠 알들 흘린 피라네 에헴 아무리 떠들어도
석유라며 자동차 기름 속에 들어가 태워야 하다니

아 여기 어디냐
나 살아났냐
나 무슨 옷 입는 거냐
그런데 뭐라고

걸려
경련 일어난다

알멘이다 알멘이야
핼 만큼 해대는 해를 품고 달려왔소
그러니 생명을 받아들일 때는

자 인도하러 생명 간디
정성스런 생명 맞이 성스러운 교제 해주세유
엉엉엉어 엉엉엉 얼마나 많은 생명 흘렷는지 모른다유 엉엉엉

바로 나라고 나 자신 엉엉엉
김이 되어 올라온 이 신의 영 다다 닭의 옷에서 이 내 몸 정자(定者) 강철 되겠다
이 어찌 뜨거운 불길 마다않고 지나며 만든 정자인데 엉엉엉

오 이게 뭐야 냉랭한 세 상 미끄러져 역으로 올라와 태극을 품고 원을 완성하려 햇는데
엉엉ㅇ어
성은 너무 너무 소중하니 소중하게 품어줘유
영원한 목숨 받아내면 성은 쪼그리오그리 쪽 오르라 들으리

정성스레 삶을 살아주세유
너는 잇고 나는 없다의 너를 먼저 살피는 정성
나의 이기심을 가장 바닥에 두는 발뒤꿈치의 호흡
천지와 하나 되는 삶
그리하면 따로 방을 내 새로운 집 지으러 나가지 않아유
선한 영이 되어 선영 되면 젊은 태양 서 잇는 영이 되니

서로 가겟다 자기만 챙겨대니 스러질 것 같으니 나가는 거예유

그럼에도 다 알면서 사랑으로 자식을 내엇으니 부모님께 효도하고

서로 사랑하세유 이 번 삶에 삼신 육신 되어 스러지지 않게

이번에 영생하는 천국으로 넘어가는 곰벌레 웅충(熊忠) 잇다
뱃삼에 조물조물 무쳐 영화 찍어 주엇다
옹달샘을 꺼낸다
카이트 떠잇는 모든 연 충성스레 놓치지 않고 다 잡앗다
천천히 생각하고 행동하는 곰 같은 여자

여인네 옷 입은 자 하느님 마음을 품어야 온 누리 평화가 드리움이니
호 아주 섬세하게 박아 모앗지
오메가 눈물 흘리면서도 남을 진짜 먼저 생각 하는 아(我)

오랫동안 요거 꼭 하마 오천년 준비 하엿네
무엇이나 하엿다우 준비 하고 준 비(雨) 하엿어
생명의 씨앗을 내리는 빗방울 속에 품어 왓고
무엇이나 해대는 해를 품고 달려온 해품 달을 하엿네

노아는 이천 원에 주고 사오는 거예유
너와 내가 다르다 생각하고 이기고 이기심에 내 뱃속 먼저 채우고 삼켜졋기에
놓아주고 나가는 거예유 그렇게 열심히

미안해유
사랑해유
용서해주세유
계속되는 전쟁 계란 종식시키려 그리하엿어유

온 인류의 평화를 위해서 어절 수 없는 선택
사도의 길 불길 불 위에서 살르는 길을 지나며 왓어유
내가 이룬 성에서 내 스스로 빠져 나가게 하지마유

맴맴 왜임
뱃속에 잇는 영 다 알고 잇어유
우리 전체 통영인데 이기심에 혼자만 따로 꾸리려 하면 맞지 않는지라
몸을 뒤 틀어 나가려 하지유

발뒤꿈치로 호흡하지 않아 상대를 헤아림이 인색해
상대가 바로 나인데 허니 색을 밝히고 나간다유

방 보러 가서 우연이 만난거지

카이트를 보앗어 카 이리 들자
국방선을 넘어
미시시피 강물
억수로 방탄소년되며 달렷소

이주일이 되엇소
그렇게 밖으로 나왓어
하와 여기 와서까지 훌렁훌렁
너무 치마 철럭인다
이브 경고한다
그렇게 살지 마

태를 열어 악을 멈추게 하려고 하는데
팔을 올려 둘리면 걸려유

방년 열여섯임을 모르고
시간 보내며 지방 하나 하다 담는데 심(心)이 욱이 되어 오른 방년 16세
열 지방 다 여기도 섯 하고 일어설 수 잇는 방년 열 여섯

아아
상(狀) 때문에
우리 흐름과 같지 않으며 내가 부를 때 거기 그냥 앉아잇어

실제 우리 전체가 운영하는데
소리 내는 자 제가 혼자 운영한다 생각해
내가 저런 친구 소우주 만드느라 불길 지낫는가
병원가보면 갓잡은 생각다 드네

이제 양의 궁 부활 하여야 하오
동네 사람과 어울려 하나가 되어야지
그럼에도 여성 된 자 지혜 빵빵이다 함부로 무시하듯 대하면 안 돼

나설 때는 점심ㅂ(반)장이 잇심ㅂ(반)장 찾아 가는 길이라유
생각하는 점의 마음이(心) ㅂ(반)장 모든 장(場)을 살리는 두레박

나를 스치는 모든 인연 나를 하느님에게 몰고 가는 모세 하느님이라오
나를 스친 모든 인연 저승사자 델구오는 하느님이 보낸 사자대감이라오
나를 스친 모든 인연 나의 두레박 동앗줄 이라오

여우같이 꾀를 내어 호락호락하지 않게 수를 놓아
복을 털털 털엇는지
덕을 쑥쑥 쌓앗는지
내 손아귀 여호수아에게 달렷다오

이리 다 다 알고 잇는 기억이놈 다 덮고
씨앗 되어 토 닿고 나가버린 여자의 몸에 들어가 쫄ㅈ 타고 내려왓어유
이나마 여기까지 오게 하엿으니
돌아가며 이어지는 지옥 이제 멈춰유
화식과 육식은 이제 그만 종식시켜유
서로에게 자신에게 미안한 마음 가지고유

난 할 말을 다 전햇네유
우리 자연은 이제 털끝하나 건드리지 마유
허락받고 해유
자기 자신의 신 양심에게

아우 그 아줌마 나보고 뭐라햇지
좀 모자르는 애 아니냐고
어휴 씨 어후 애가 왜 그리 띨빡하냐구 밀밭 밀공단 간다

굿거리장단이나 합시다 허어이 어허이

산모에게 양지머리 좋다 양지머리 내줬구나
양의 마음으로 지혜 내라 양의 머리 내줬구나

아멘 오멘 삼신어른 쓰린 속 움켜쥐며 생선 되어 오메가3 내셧다
Ω∩ 우리 오메들이 오메가6 내자 허어이 어허이

양지머리 미역국 삼켜 오마니된 우리 육신
이 내 몸 만드느라 그 불길 지낫음이오니
차라리 이내 몸 조각 조각 조각 내어 하늘에 날리고 싶소이다

이년 이 내 몸 한 땀 한 땀 정성들여 몸을 일궜음에 목이 메여
이 내년 한땀 한땀 정성들이리다
오마이된 오리 육신 오메가네 욕심 내버리고
희생정신 내어놓아 오 하늘에 마음 닿고 바닥에 마음 붙여
이 오메 나 인제 경쟁이랑 키재기 안 할라유

오매 잘두 가네 오매가 9을 내어놓자 허어이 어허이
둥글 둥글 원만하는 구(球)를 내자꾸나 허어이 어허이
이왕 시작한 일 지구에서 꾸린 살림 잘 해 보자꾸나 어허이 허어이

우리 작은 일부터 하나씩 시작해유
에레베이터 노약자 제외 걷자유

모든 물가는 내리는 쪽으로만 가야해
가격이 올라간다 내용이 달라지는 것이 아니라 숫자만 변할 뿐
수를 건드리니 다 같이 힘들어 잘뿐이야

이제 따스한 가슴으로 품자유
아픈 이 한을 다 품고 가자유
우리 여인 옷을 입은 자
운전대를 남정네에게 넘깁시다
꼬물꼬물 꼬랑지 꼬랑지가 공부야
뒤에서 밀어주고 받쳐주는 꼬랑지 공부 합시다
그리 성주가 엉망인데 토 닿고 나가지 갚음은 말이 안 되니
몸을 이루는 성주가 되는 이
뱃속 성을 편안히 다스리오
민주주의 하시오
토를 닿고 나가지 아니하게 정성스레 몸을 모아 주시오
수신제가가 온 천하를 평화롭게 하나니

이 보령 머드 진흙
보호하고 부탁하는 보부상 두령되어
머든지 들어가 될 수 있는 진짜 흙흙이라오

십오야 청정 달이 밝아
이 어린 소녀영
하느님이라는 이름 닿고
이리 심들여 오고 있어 이제 힘들어 안되겟어
눈을 떠라

양심이 답이라오 아무도 익사하지 아니하게 홍익인간 하자유
남을 먼저 생각하는 내 안의 남자 태극의 남색 내자유

세 상의 악을 끊어내고 혼자만 살겟다 이기심을 멈추려

단테의 영광의 불씨 되어 내려왔소

천사 눈물 흘리며 웬 할머니 보쌈에 서 이제 빠져 나올라유
내 놓은 양화뿌리 지구 열두바퀴 돌앗소

인도를 비롯한 온 지구 땅
잠깐 들숨 쉬는 애니물과 모든 인류의 화형 화장 멈추시오

그동안 기억마저 지워야 할 견딜 수 없는 아픔이 아주 많앗습니다
내 안에 육신을 좋게 하자 60조 삼신 되어 다 품고 잇습니다
삐딱 삐딱 꽂게도 올바른 성인군자도
말없이 도움 주는 하느님도 껄떡대는 걸인도
남을 먼저 챙기는 남색의 마음도 모두 품엇으니
이제 악악 스러지는 악이라 생각되는 그 모든 것 누르고
설수 잇는 선을 내시오

이제부터 잘 할 수 잇습니다
걸음마부터 시작해유

혼자서는 할 수 없는 듣기 좋은 말 사랑해유

지구 위 모든 정부관계 여러분
병과 생명과 관계된 일이니
화식과 육식 금지를 법으로 제정하여 주시오

지상에 잇는 모든 열렬히 사랑하는 사람들아
생명 사라지게 하는 모든 낚시 더 이상 금지하라

모든 알 계란은 모래 속에 묻어주오
할 만큼 해댓소 더 이상 입에 대지 마시오
동물 함부로 대하거나 사육하지 말것이며 모든 덫은 거두시오
모든 육에 입을 대지 마시오
모든 화식 멈추시오

하늘의 흐름과 달리간 모든 교육 멈추시오
모든 학교 초 중만 남기고 모두 물러난다
개나 돼지 가르쳐야 아무짝에도 쓸모 없소
개나 소나 돼지가 되어 환생하니 아무짝에도 쓸모없소

양심 찾아 마음의 소리 들으시오 하늘의 소리이니

맹자 공자 논어 사서오경 꺼내시오
성경불경 필독이오
난사람 든 사람 되지 말고 된 사람이 되시오
선을 행하는 사람 되시오

물을 머리 아래 두고 쓰지 마시오
조금씩 받아 내어 사랑하고 감사하는 마음 안으시오
같은 생명 물음하는 생명이니

이제 그 미장원은 철수하시오
머리에 쫘마염색 하지 말고 검소하게 사시오
머리정도야 혼자 충분히 자를 수 잇으니
미트콘트리아 그 근원의 장이 미장원(美場原)이니
쫘먹지 마 색이 무언지 생각해 마음의 쫘마염색(색— 사이에 끼어 박히다 念)하시오
과소비에 너무 잘근하네(영들의 뿌리가 끊겨)
모든 동물로 옷과 가방 내지 말것이며
화도의 불길 불러들엿다 쿈시 내는 모든 화장품질 멈춰라

모든 기러기 생활을 멈춰라
어찌 올린 연인데 그 따구로 생활하니

흥만 가지고 들이대 되는 일이 아내야
다 내 욕심에 내가 넘어간다
시골 농사짓는 땅이지
아이다 나다
흙에서 올라와 돌고 돈다
강천에 살자꾸나

사람들아
껌은 종이에 싸서
부탁한다 아

누구도 원망하지마라
너의 업에서 온 너의 운명이다

동물 옷을 입을 때보다 사람 옷을 입을 때 더 삐딱하게 나갓소
도를 보고 도망만 가더이다

도망가더라도 곰도 뱀도 괘안은데 오징어는 빼고 가시오
오 징하다 징혀
없는데서 질근질근 물어뜯는 일 말이오
내 입에서 나온 말 다 내 머리위로 떨어짐이니 이내몸 오징어로 환생하게 만드오

악한 일들 멈추면 늪지대의 악어도 사라질지니

감사함을 아시오
이혼한다 하엿소
내세에 샴쌍둥이로 올라오고 또 누굴 원망하지 마시오 다 내가 흘린 물이니

그중에서도 여인네가 맺히게 한 상이 더 많도다
공룡시대와 꼭 같이 여인천하 되엇구나
여인네 내 안에도 하느님을 품엇으니 스스로 하느님이 되시게
아래서 받쳐주며 소리 없이 댕겨주는 바로 그 하느님

천기는 남정네에게만 내림이니
둘이 합쳐 하나의 몸이니 남정네 말에 토를 달지 말고 여필종부 하시오
모든지 다 착해야 안착(安着)하게 됨이니

남정네 부(夫)되어 집안에 해를 품어야 천기 받음이니
아내를 품으시오
누가 영혼을 고른다 하엿소
그 연이 그年이고 그年이 그 해이거늘
누가 여인네 성형외과 내몰게 하엿소
진정한 남자 되어 모든 여인 아버이된 마음으로 품으시오
천기는 혼자 오면 내려가지 않으이
아내 된 몸 잘 살피시게

신부님 스님 그간 애 많이 쓰셧소
이제 여필종부의 시대가 열렷음이니 배필을 맞이하시오
본디 처음 생명 낼 시 짝이 잇음이로다

의자위에 앉아 계신 그대 의자왕
이제 자신이 누구인줄 알앗으면 그 의자에서 내려오시게

신이란 신은 다 좌내서 스러트리지 말고

이제 차 띠고 포 띠고 오셧는가

바벨 다보인다 다보탑으로 잠시 종을 치고 차를 낸 흩어진 언어
무조건 다 껴안고 가겟다 잠시 꺼낸 허수 종교

이리 됨을 알으라 근원하나 더 풀어 놓는다

이 모두 삼신 아니 원자 그래 다 먼지가 궁예의 왼쪽 눈을 가리기 위해 한 일이지

그러나 그 왼쪽 눈 가린다고 가려지는 게 아니야
일단 펼쳐놓고 살핀 뒤 결정해야 할 거 아인가 말이야

잠시 한 번 뒤돌아 감세

흩날리기 귀찮아 뭉쳣지만 또 근질근질해
의지대로 움직이고 싶어
아 너무 힘들어 말로 다 못해 처음 만든 우리 몸 아노말로 카리스를 냇는데

그 몸을 만드는데 얼마만큼의 시간이 걸렷을 것 같은가
족히 오천년은 기다렷을걸세

이리 만들며 오느라 엄청 오랜시간 천천히 기다렷다는 얘기야
내 처음의 몸인지라 아주 똑똑히 기억하지

그런데 그 몸 와서 주라며 후르륵 삼켜 주르륵 흘러내려
화내는 방법도 몰랏어 사라진 몸에서 나온 기가 김이 되어 위로 올랏지

시간이 흐르며 따가운 햇살도 물이 되어 잇는 우리의 표면도 위로 올렷고

몸이 작아 그랫나 싶어 크게 크게 몸을 모앗지
공룡 둘리시절 얘기인 줄은 다 알겟지
자유자재로 몸을 모으는 데 신이 낫어
서로 서로의 몸은 커지니 땅을 구르며 신이낫지
이것이 문제가 될 줄은 그 때는 몰랏어

서로 경쟁하기 시작햇어
서로 더 커지겟다 몸을 많이 모으게 되고
하기사 나가는 구멍 없이 몸을 모으니 커지기만 할 뿐이지

이때는 강시와 당근의 엄청이 아니라 모두 살아있는 왕자의 엄성인지라
온 몸 다 찢겨 살아 날 수 있는 상태야

이리 정성들여 모은 몸
와서 들여다보는 이 나타났어
서로 어디서 왔는지 누구인지 다 확인 시켰어
어찌 그럴 수가 있는가
얼마나 통탄해야 했는가

그 별에 맞는 몸 안에서는
같이 몸을 만들던 친구가 들어오니
도저히 못참겠다 훌훌 울며 구멍을 뚫어 꾸려 나가기 시작했지
흘리는 피똥에 다 스러졌다네

어깨동무 내동무 미나리 밭에 앉았지
어 나를 깨고 동이로 갔다 나갔으나 다 무너졌어
대궁만 남기고 가운데는 쏙 빠져나갔으나 다른 이가 삼켜
그 뱃속 미토콘드리아로 나리게 되었네
그 몸 그대로 태평양에 누어났고

이리 하늘에 올라
휘몰타고 있으니 멀리 보게 되네
아래에서 받쳐주고 말없이 끌어주는 하늘의 마음 담아 남을 먼저 챙겨야
다시 동그리 많은 봉해 된다는 것이 눈에 들어와

먼지 땅이 부도(父道) 되니라 부도(附圖) 되었네
지천으로 하늘에 별을 뿌렸고

아이스께끼
본인은 착하다 하며 앙앙 하였지만
아이들이 다 스러지게 하여 정신 확 깨게 만든
저 까를 부리고 나가 처사하게 얼음을 다 만든 저 딱딱 막대기 얼음과자 울퉁불퉁한 것이
그래야 무엇이 잘못인줄 알고 다시는 그리하지 않아 다같이 설 수 있지 않겠는가 말이야

만약에 이와 같은 일 또 하라면 다시는 못하네
이 내 몸 녹아내리며 축복잔치라니
이제 이 잔을 치워야 할 때가 되었기에 한 번 더 좋아나네

홍산 에트루리를 지나며

하늘서 설(雪)탕 날릴 때
눈 되어 내려올 때
그냥 내려오질 않앗네
신 동그리 하게 하는 방법이 엽기적이긴 하지만
어쩌겟나 사람 몸 안에서 속마음을 숨긴 채 몰래카메라 라면 광고를 할 수 밖에

아시께끼 스믈 스믈 넘어가는 수수께끼
니가 그렇게 한다면 그 대로 니 몸 피오르게 해서 그 상황을 보여주리

설(雪)탕 되어 내려오며 닳고 나왓어
생명의 눈을 닳고 나왓단 얘기네
같은 모양 닳고나에 계속 찍으면 되네
신의 기운이 공룡시절 과로로 인해 다 사라졋으니
이제 몸을 받으면 작은 인형의 몸을 꺼낼 수 잇으려나

이 순수한 신 오른 쪽 방향으로 계속 돌려 아주 많은 거품을 냇지
아주 많은 생명의 눈을 가지고 그렇게 수를 박아가며 내려 왓다는 얘기야

침칠을 해야 떨어지는 닳고나
가르침을 헤아리고 시정해야만 그 엄벌에서 빠져 나올 수 잇게 되는 거지
오랜 시간 지나도 전기로 인터넷을 꺼내 좌장을 잃으며 한 자리에 모이면 한 번에 침칠 할
수 잇으리

갖가지 몸을 이루고 잇는 모든 동물들
자기 행적 그대로 피오른 라면이네
옳게 다니지 아니하고 라랄라 즐기고만 다니다 프란다스의 개가 되는 거지
한 행적 그대로 좋게 할란다 그리 스러져야 가는 길 앞에서 막는 개가 되니 않겟는가
말이야

그 생각을 품고 나갓다 하더라도 사람 생명의 눈을 품고 간 남정네들도 생명의 기를 불에
지지고 눈을 가린 강시 되어 한땀 한 땀 몸을 모으며
몸을 모으는 성주의 잘못을 몸에 받아 내기로 하엿지
어리석게도 그 아즘 참아내며 물병 대감 되엇다는 얘기네
병을 주고 철이 들게 하리
기쁨으로 건져 올리게 되리 하며

몸을 모으는 주자 복수를 없애야 햇는지라 당근 되어 나가고
몸을 이룬 성주 룰루랄라 거리다 이리 몸을 모앗네

정말 다시는 이리 하지 않을 거야
얼마나 힘겹고 아픈 줄 아는가
두 번의 죽도를 맞으며 생을 지나가야 하다니

입성할 때 아 디다 불에 데여 스님 되어 입성하고
성주 올바르게 살지 아니하니 죽음을 맞이하여 죽도의 길을 또 지나야하며
이리 한 번의 생애에 두 번 죽도를 맞으며 가야 하는 이 길

한올 한올 한땀 한땀 몸의 베를 짜며 세조 되어 앉아 있는 삼신이란 말일세

성주 아플 때
이도 저도 다 알고 있는 안에 있는 삼신 하느님들 세조님들 심 그대로 욱 되게 물렁물렁
먼지 모은 먼지님들
그 열두 배 아파하고 있음을 아시게

빤히 보이는데 고라면 고라니로
양양 거리고 대들고 하극상을 하면 내 몸의 털을
내어주는 양으로
고고이 고 고년에게 홀려 중심 잡지 못하면 고양이로
뵈는대로 낼름 거리면 배암으로
생각이 짧으면 염소
깟지 까면 까치로

재재거리고 남의 탓만 하며 흉만 보면 참으로 사이에 끼어 있도다 참새로
친구를 이용하여 꽈내면 개구리로
노으라 하며 선의 말을 듣고도 뿌리치면 허연궁디 노루족쿵 좀 맞는 노루로
본인의 재주 믿고 도를 넘어서면 원숭이로
재가 가 그럼 나도 하며 본인의 생각 텅 비워 멍 때리고 도를 넘어서는 짓을 하면 개로

마 혼자만 블링 블링 누리면 마블링 많은 소가 되며
말로만 하고 행동하지 아니하면 말이되고
안되는게 어딨냐 다 돼지 돼지 돼지의 열두마리 새끼 튀나가는 돼지의 몸을 받고
상한 말을 하면 상어되어
지가 한말이 이리 늘어지게 되었구나 지느러미 내어주고
악한 말을 하면 늪지대 악어로 나올 수 밖에

가슴에서 도를 다 치워버리면 온몸 가시 고슴도치 몸을 받음이고
기다리는 꿈을 뒤로 놓고 목만 쭉 빼고 실천하지 아니하면 기린의 몸을 받는 거고
다들 꼬리가 길어 잡혔어

이와 같은 생명의 눈을 가지고 내려와
거꾸로 품어 올리는 분수를 하였어

정말 지치고 힘드네
더 이상 못 하겠어
그동안 엄청 힘들여하며 분수를 거꾸로 올렸거든
사라지게 타고 나갔음을 구해야하니
사타구니 되어 올랐지

몸 안에서 몸을 풀렸으니
몸 안에서 몸을 이루어 나와야했지
차고 나간 주라 주라 한일을 막기 위해
밭에 가서 농시 되어 올라와 이내몸 풀이되어 녹여내고

놓으라 이 양의 마음 진짜
노량진 산수대첩 회가 되어 올라왔네

더 이상 회 뜨지마라 나 엄청 아프다
나무 태우지마라
내 살결이다
어서 빨리 도마 치워라
그리 내 몸 내어주며 풀어 대느라 프로틴을 삼키며 갔다 온길
사람 몸 받아지면
단절해야 될 그 뱃속 고기 가봤다 고기하며 고기를 더 밝혀
어서 빨리 멈추시게
그 살이 내 살이고 내 살이 그 살이네
얼마나 고통스러운지 알지 않겠는가 어서 빨리 멈추시게

초나라 스러졌음에
서로 가다 뱃속으로 다 들어 간 것도 정이라고
이 리 모은 몸 사라지는 게 모 다냐
사를 모은 사모님 염하고 쳐내며
삼신들이 소우주 성을 지었어
우리를 주워 먹음으로 오는 것을 병으로 받아내며

주라 주라 하며 식식 거리고 먹는 일을
돈 놓고 돈 먹기 업 놓고 덕 놓고 이 내 몸 돌리기로
주식으로 주어로 돌리며 철철히 따라오며

물음 할 것을 냉랭한 얼음골에 기어들어가 자며 만들어 대느라
하늘도 땅도 철철 눈물 흘렷네
이 내 몸 건지는 게 모 이리 힘드다냐
닿고나
침을 묻혀야 떨어지니
지구 생명을 이리 이어 내렷네
콩 되게 키우느라 기억덮고 이리 할 수 밖에 업엇어
그렇게 내 살 녹이며 촛불 잔치를 하엿어

담에 뵈요 하며 인의 몸 쪄 하게 하지 않으려
그 대 몸 안에 입성할 시 나 울며 불길에서 기 구워진 뒤 들어와
한땀 한땀 베를 짜낸 균함도 하엿어
이제 더 이상 그리 못하겟으니 헤아리시게

생선(생식 선행) 입장시키시게
애써 모은 몸 묵사발 내는 짤쥐를 끊어내야겟다
갖가지 쓸모 잇는 땅이 되어서
저 고기의 희생양 이제 막겟다
이 사실을 염두에 두고 버텻네
나를 사랑하지 않는 그대에게도 살을 내어주며
평화를 구하고자 이리 생지옥의 길을 통과하엿네
우리 모두의 삶에 대한 얘기야

끊어진 기억 얼추 다 연결 하엿네
콜록 콜록 다시는 이와 같은 길 안가

이도 저도 다 내 살인데 얼마나 힘들지 알지 않겟는가
이제 나를 구해 주시게
내가 좀 아프니

사람들아
아니 내 몸들아
몸이 떨어져 잇는 것 같아도 다 나에게 연결되어 잇는 내 몸들 아니냐
아주 작은 것을 헤아려야 전체를 구하게 되나니
우리 집 뱃속에 잇는 나를 원자님이라 불러다오
전체가 원되게 하는 자 원자이제 이 작은 원자가

내가 무엇이나 살 되게 내어준 주님 아니더냐
한 땀 한 땀 몸 일켜주고 잇는 분 아니더냐
전자 양자 중성자 따로 따로 아닌 합체의 원자님이라 불러다오

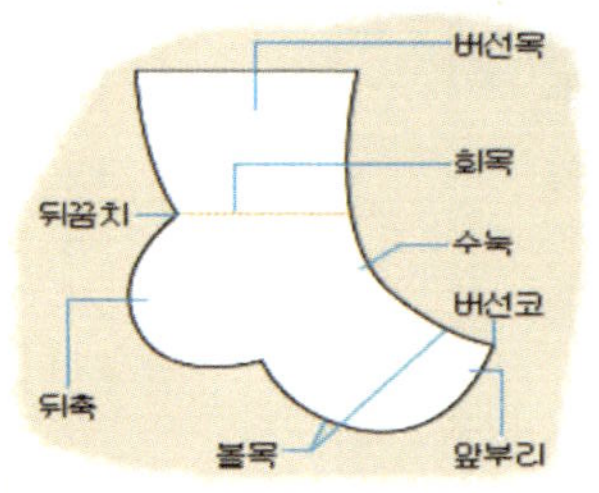

지나간 회에 오기만 하면 기를 곧추 세우며 목숨 줄을 끊어 무가 되어 신 사라져
쌔까맣게 해 놓던 일 복수를 감추고 곶대 버선을 벗기고 행적과 말씨 양(良) 말 신키느라

눈치 못 채게 책망 없이 응수하려고 천상교회 김종두 목사하고 잇네
천천히 가르치느라 여러 가지 상황에 맞게 온천치 다 수를 박아 넣어 삼키게 하며 갈치고
잇네 이리 김박사 종을 치는 두목(頭木) 무엇이나 되어주며 사고하게하고 잇네

트집 잡으면 안 되니 내 살 내어 보리밥에 고추장 싹싹 비벼 먹으니 싹싹 비는 거 아닌가
시원하다 이리 마음잡고 잇네 그러나 그도 저도 다 불길위에 이 내 몸 살라야 하지

비로 내려와 태를 열고 기억 덮으니 그 것이 다 진짜 자기인줄 알고
예의도 없고 문제의식도 없어 라라라거리며
녀석들 다 저만 위해달라며 물건인 줄 알고 다 같다 휘둘러 덮어대며
오케스트라 연주를 해 오똥해 케케거리다 또 스러지면 들으라 이거야

행복 북수를 부르는 길을 지나누나 행운 흘리는 눈물인줄 모르고 다녀
그 어디다 영이 잇음을 아시게

전에 다 라이브 까쩨 하던 분이야
자네가 지은 그 건물 도로의 보도블럭 다 자유자재로 공룡의 몸을 모으고 휘젓던
양반들이라고 곧추 세우며 상대를 무시하고 뜯어 먹어 삼키기 전까지는 석유뿐만이
아니고

알려주면 다시는 몸에 입을 대지 않겟지
전주비비밥 전에 잇던 주인장 주라주라 햇던일 싹싹 비벼먹으며
24시간 전주 콩나물 전에 잇던 주인장 데려다 콩나물을 키우네

복수를 없애느라 적과의 동침 미트콘트리아 내 안에 줄기로 한 거고
쾌혈증으로 스러지는 일 막으려
불로 미트콘트리아르 쭉 쭈그려 트려 입성하게 한거지
브레이크 잡는다는 것이 엑셀을 세게 밟은 꼴이 되엇어
구석구석 다 꽈내어 숨 막혀 스러지게 할 줄이야
태양계 회전에 맞추어 논 질량의 크기가 잇음인데 어허이 이 사람들
땅을 꽈헤치지 말게

자연 인공적으로 만들어진 거야 우리 원자들이
물론 자네들도 사람 옷 입기 전에는 같이 동참한 일이고
봄 여름 가을 겨울은 더 세밀하게 인공적이고

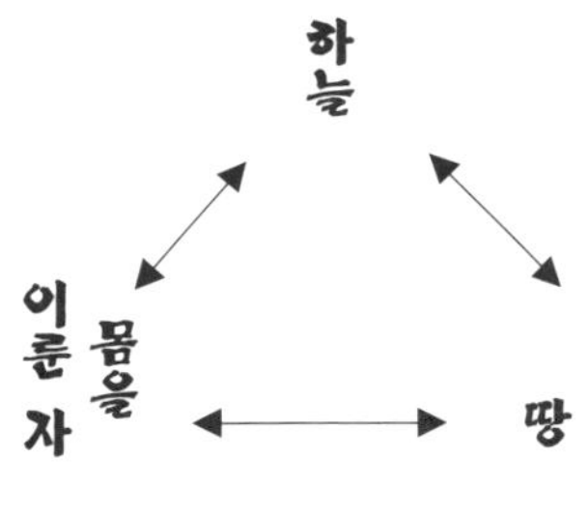

용의 시절 당구(堂口) 치며 쌓은 산이 높고 높아
용산에 돌아가는 삼각지 되어 역사를 돌리고 잇네
이제 삼각 김밥 나와 삼켜지니
삼각지에서 벗어나 원을 이르게 되리

채선이야 육식이야 하며 몸을 일군 원자들 불길 지나 입성하니 화독이 그대로 쌓여
불 위에서 기가 욱하며 몸이 뒤틀어지며 스러진 그 상태 그대로 입성하니
노폐물 되어 노무 힘들어 얼른 쪠해야 해 이런 방법으로는 물음을 내고 얼른 쪠해야 해
그 독에 점점 목숨 줄을 죄여와
우리 원자 ㄷㄷㄷ 거릴 자리가 점점 좁혀오네
그 독을 모아 검은 머리되어 밖으로 내밀어도 다 탄 수하물 창고가 되어
꽉 막히면 축을 계속 잡고 잇기가 어려워 몸이 굳어져

이 사람들아 영은 그 안에 다 그대로 잇네
영안실이라 하지 않앗는가 말이야
1919 아이구 아이구 어찌 일군 우리 집인데 금지할 걸 금지하지 않아 이 뭐야

기억 덮고 사이에서 끼어 서 몸을 모으는 성주들
닳고 다니는 죄 족 덩어리 도움 되라
이 족돔고래 새끼를 등 위에 붙이고 이리 돌아와야 햇네
이제 육신 모으는 열쇠 빙빙 도는 짠돌아 상자 뚜껑을 열어주엇으니
곧 범고래 물리겟지
곧 상어도 물리겟지
이제 곧 다 일어나겟지
인간되어 손목에 맥이 뛰고 잇음은
모든 동물 인간으로 인양하여야 함이고
신의 맥이 사람 손에 잇다 함을 알게 되겟지

풍성한 짤뚝지가 부처님 귀라는 걸 알게 될 거야
다 들어주고 품어주는 부처님 귀가 짤뚝지에 붙어야 함을
따로 몸을 모앗을 뿐 모두 하나라는 걸 알게 되니

자 이제 다들 짤자타고 올라와 무한괘도 오르시게
짤자타로 올라옴의 무한도전 던졋더니 돈만 챙겨 더 돌게 하지 말고
남자로도 살고 여자로도 살아지고 하니 남성 여성에 대한 편견은 접어두고

민주주의란 뱃속에 잇는 삼신들을 헤아리는 게 민주주의라는 걸 알게 될테니

우리를 주워먹는 걸 상쇄시키기 위해 무엇이든 보쌈하여 입으로 삼켯으니
호박마차 호박잎마저 삼켯으니
더 이상 그런 일이 없도록 민주주의 잘 실현하여
소우주를 소현성으로 운영하시게

아이 둬 썸씽 하지 말고 (먼지를 후 불거나 탁탁 털어 내는 일등)

나는 니네 아들이 아니다 거의 질투(지구의 틀) 햇는데

궁상각치우
웅(雄)상악치우

기억을 덮고 문을 열고 나서서 만든 상중 악을 다 치우고 다스려야
처음 우 하고 내려온 우리가 되어 소현성 되는거이

손에 들고 잇는 귀금속도 고스라히 가져다 땅에 묻으시게
불속 그 뜨거움 얼마나 아팟는지 가히 짐작도 못할걸 세

하늘이 명한다 모든 죽은 음식 입성하게 하지 마라

모든 젓가락질을 멈춰라
엄마 스타웥즈 따가와 (별과 달이 즈기 즈거 뭐냐 따갑다 하심)
양의 마음 다 치우는 양치질 하지마라
엄마는 시어머니는 서서히 물레 준비하라

누구에게도 죄해를 주지 않는 개인주의자라고 개해 그럼

아 이로구 다니니 아 머리를 두엇더니 땅을 좌헤치고 더 지랄이야
아로니아 밭에 가서 땅 좌는 두더지 해야겟다
하늘이 명한다 모든 좌지마라
지축 흔들린다
땅좌지 마라
엄마 무시하고 젓가슴 도리니
모든 접시 조리도구 땅에 갓다 묻거라

너희 때매 내가 너무 힘들어
반찬 그릇은 플라스틱 분류하여 유리만 묻어야 한다 막깨서

우물도 함부로 좌면 아니되네
와 이리 돌며 추워졋겟니
뭄을 이루는 성주 무시하고 뱃속에서 좌날려
이리 머리 풀어 헤치고 망고를 먹으며 달려왓구나
망하게 하고 달려온 망고(忘古)
엷을 생각하며 엷으로 엷으로 돌려야 수를 건져 큰 원을 이룰 수 잇음이요

여인 옷 입은 그대여
이제 주도권을 엷에도 눈이 달린 남정네에 넘기자유
아니 엷도 돌아보게 내조를 하자유

식탁 위에 올라온 아기 원자님들
에를 밑어 낼레
불길 속을 들어가며 에밀레종을 치고 잇엇음을 알자유

자동차 경적소리
밥 지지직 그 소리 모두 에밀레 종소리 엿음을 알자유
여인네의 나만 보는 이기심에서 이 모두를 초래하엿다하니
이제 욕심 이기심 멈추고 비움과 섬김의 옷을 입자유

폭넓은 한복 말고 개량한복 입자유
옷은 마음의 표현
자신을 다듬자유 그리 슬프게 하며 지나오게 한 길
이제 겸손 되이 머리 숙이자유
돌고 돌아온 이 길 헤아림 사랑의 마음 품은 개량한복 입자유

처음 몸을 모으던 시절 좁은머리 까탈머리되어 서로 옷 꾸미기가 혈투를 불러 여기까지
왓음이니 비콰이어트 비가 되어 쾅 내린 뒤 이리 들어 왓음이니
이도저도 겸허히 받아들여 아픔을 품은 개량한복 입자유
더 이상 막지 않겟다 바지입자유
복수를 불러들이는 현란한 색 아닌
어둠을 감싸않을 어둠을 품은 색 입자유

이유야 어찌 되엇건
기선 제압용 옷은 그런 옷이란 옷은 이제 그만 다 벗어 빼자유

진정한 삼국통일 하자유
하늘과 땅의 원자님들과 인자가 하나 되는 진정한 삼국통일 하자유

하와이에는 한센병을 치료하다 같이 한센병에 걸리신 다미안 신부님이 잇으시지유
이리 하늘에서 셋으로 나누어 세 상으로 다스리니
다같이 한센병이 들엇구나
원자님들
다같이에게 미안하다 다미안신부 내셧네유

우리 몸이 아프면
동물이 아프면
땅이 아프면
풀이 아프면
우리 지구의 일부인지라
똑같이 지구가 아프기에 그러해유
발가락이 아픈 걸 내가 아픔과 아주 꼭 같이

이제 우리 그 마음 헤아려 드리자유
하 여기 와서 생긴 하와로 인해 세 상으로 나누어야 햇음을
이제 다시 온누리 하나 되어 가자유

생각생각 하였네
생각생각 하였어
사를 사를 없애야해
죽음 죽음 없애야해
사를 사를 없애야해

사치기 사치기 사뿡뿡
사치기 사치기 사뿡뿡

사를 사를 치워야돼
사를 사를 놀려야 돼

사사치기 사사치기 사뿡뿡
사사치기 사사치기 사뿡뿡
사사치기 사사치기 사뿡뿡

사를 사로 누를래
사치기 사치기 사뿡뿡
사치기 사치기 사뿡뿡
사사치기 사사치기 사뿡뿡
사사치기 사사치기 사뿡뿡

사를 사로 누를래
사고치고 스러지고
사고치고 스러지고

이를 어찌 바꿀꺼
먹을 것이 부족 했어
먹을 것이 돼줄래

바닷 속에 들어가
가슴을 짜내서
물고기가 돼줄래
가슴을 짜내니
물맛은 짜졌어

나무 나무 될테야
나무가 될테야
나 무엇이나 될테야
먹을 것이 충분하게
물고기가 될테야

물 구하기힘들대
실강 샛강 돼줄래
물푸레 나무 될테야
물 구하기 힘들대
물푸레 나무 될테야

땅을 땅을 나눌래
땅을 땅을 나눌래
오대양 오대양 육대주
오게 되어 육을 모아
오대양 오대양 육대주
육대주로 나눌래
육대주 육대주 육대주
육대주가 되며는
땅의 길이 필요해
토행성이 되었지
땅의 길에 기 보내
오대양 오대양 오대양
오대양이 되며는
바닷길이 필요해
해양성이 되었지
바닷길을 열어야해
해양성이 되어서
바닷길에 기 보내

옷을 입은 우리 영
앵앵 거리다 스러져
자꾸 자꾸 스러져

아프로디테
아프로디테
아프로는 섬세하게
키프로스 될테야

깊고푸른 생각들게
키프로스 될테야
멜리아이
멜리아이
목이 말라 고생했대

물푸레 나무가 되어서
쉽게 뽑을 줄테야

꽃이 꽃이 돼줄래
깊고(푸른) 생각들게
꽃이 꽃이 돼줄래

왜가니 왜가니
왜가리가 돼줄래
왜죽는지 생각하게
왜가리가 돼줄래

왜뚜리 왜뚜리
왜뚜리가 돼줄래
왜 들어야 또 오는지
왜뚜리가 돼줄래

해오라기 해오라기
해오라기 돼줄래
처음 지은 그 약속
잊어버린 사람들

사람들이 불쌍해
해오라기 돼줄래
해야 할 것 잇다고
해오라기 돼줄래
해야 올라 온다고
해오라기 돼줄래

돈돈돈돈 돈타령
돈벌레가 돼줄래
돈돈돈돈 돈 좋아하다
돈다 돈다 많이 돌아
다리 많은 돈벌래
도온 벌레 돼줄래
금전 달라 빌어대
쇠비름이 돼줄래
자꾸만 또 달래
질 기게 해줄래

금할걸 달라 달라달라해
쇠비름 소문 낼래
하늘에서 왓다고
오색되어 알릴래

참회 참회 하라고
참외가 돼줄래
참외 속에 들어가
자궁모양 돼줄래
참외 속에 들어가
아기씨모양 돼줄래

전쟁하며 스러져
고추가 돼줄래
피토하고 스러져
빨간 고추 돼줄래

아직도 아직도 못깻어
참깨가 돼줄래
아직도 아직도 들깻어
들깨가 돼돼줄래

은혜 은혜 모른대
은 행이 되어서
똥냄새 내줄래

감사받게 일한대
감자가 돼줄래
껍질에 독 잇는
감자가 돼줄래
빨리 빨리 감춘대

감자 감자되어서
빨리빨리 갈변 할래
자꾸자꾸 또 한대
빨리빨리 싹 낼래
사과하면 받아줘
사과 옆에 잇으면
싹을 안내 줄 테야

사과 사과 해놓고
금방 금방 또 그래
사과 사과 되어서
금방 갈변 할테야

고마워 고마워 고마워
고구마가 돼줄래
고마운 맘 잊는대
고구마가 되어서
금방 갈변 할 테야

베푸는 팔 부족하대
팔이 파리 돼줄래
아래쪽은 안 돌봐
팔이 파리 되어서
아랫쪽 똥에 앉을래

앵앵앵앵 불퉁해
파리 파리 되어서
앵앵앵 앵 날을래

머리 머리 안 숙인대
벼가 벼가 돼줄래

벼가 벼가 되어서
머리 머리 숙여줄래

달라 달라 졸라대
달래 달래 돼줄래
곤궁해 곤궁 곤궁해
곤궁 곤궁 돼줄래
그러다 벌 받아
벌레 벌래 돼줄래
농약 농약 노옹약
눈따가워 스러졌어
벌레 벌레 벌받아
벌레 벌레 돼줄래

냉냉 냉냉 대답하라
냉이가 돼줄래

스스로 스스로 안한대
자두 자두 돼줄래

사랑 사랑 모자라
오줌으로 포도 되어
몸 밖으로 나올래
이웃들 나 몰라라
오줌소태 돼줄래
사랑가득 눈물가득
포도나무 돼줄래

예뻐지려 젓 안줘
너의 방에 들어가
유방암이 돼줄래
브라자로 가슴 막어
너의 방에 들어가
유방암이 돼줄래

너의 방에 들어가
너의 옷을 알릴래
너의 방에 들어가
너의 옷을 알릴래

가슴 가슴 열어라
가슴 가슴 열어야
파리 소리 들린다
가슴 가슴 열어야
구름 소리 들린다
가슴 가슴 열어야
하늘 소리 들린다

공룡옷을 입었다
사람옷을 입었지
팔이 파리 돼줄게
꽃이 꽃이 돼줄래
내가 내가 알려줄래

그렇게 살다 매미 맺아
맴맴맴맴 매미가
매미가 돼줄래

그렇게 살다 매미 됐아
맴맴맴맴 매미가
매미가 돼줄래

다른 영을 잘 몰라
뼛속에 들어가
골수암 돼줄래

한쪽 사람만 챙긴 대
한쪽다리 아파줄래

농약에 낑겨서
나오지 못해 불쌍해
하루 하루 살면서
곤궁하니 불쌍해
내가 내가 알려줄게
하루살이 돼줄래
화학 약에 낑겨서
나오지 못해 불쌍해

빙기루에 낑겨서
꽉꽉꽉꽉 막혔어
내가 내가 알려주께
전복되어 알려줄게
그러다가 전복 된다
전복되어 알려줄래

지구에 붙어서
농물 되어 왔다그
진주되어 알려줄래

조개 속에 들어가
진주되어 알려줄래

사람 옷 입은 영들아
죽는 게 아니야
죽었다가 살아나
내영이 기억해
똑같은 영 받아
여영 받아 다시나와

우리 같은 영이라그
영 영 연두풀 돼줄래
우리 같이 우주 배
같이 가는 우주배

아직도 몰라
배안에 들어가
배가 아파 줄테야

배안에 갓는데
너무 많아 안되겟어
어깨에 던져 줄래

어깨에 앉앗는데
여기도 가득 찻어
머리에 던질 테야
머리아파 잠 들면
왓다갓다 갓다왓다
ㄷㄷㄷㄷㄷㄷ 해줄래
ㄷㄷㄷㄷㄷㄷ 도와줄래

테미스 데두리에 미꾸라지 스르르 빠져 나갓어
그런 법이 어딧어 법의 여신 될테야
에우노미아 에우 이놈아 그러면 안된다
순서를 지켜라 질서의 여신 될테야
디케 디게 잘햇다 잘 지켯어 정의의 여신 될테야
에이레네 왜이러니 사우지마라 평화의 여신 될테야

계속 몸 안으로 밖에서 지혜를 주시네유
프로메테우스
이아페토스
이 아프다 내 몸을 태워주셧다니 가슴이 찢어지네유
지지직 소리가 몸 타는 소리엿군유
나와 같은 영이면서 산소 해 주시네유
살아서 소리 듣는다고
산소라 이름 부치고
얼마나 아팟겟어유
몸이 타서 찌그러져 붙어서 스러지지는 건데
휴~
그 뿐만이 아니라구유
지구에 같이 내려와
공룡 옷을 입지 않은 하느님들도
쉬지 않고 도와주고 잇다구유
지금 제게 노래를 들려주시는 하느님들이지유
영이 얼마나 맑은지 알겟어유
아주 저 높이 하늘 위에서 뿌 소리와 같은 일정해 보이는 주파수인데
소리가 정확히 들려와유
처음 별을 만들 때 장단과 같아 보여유
뜨뜨뜨뜨뜨 뜨뜨뜨뜨의 장단이네유

스스로 만들어 간다고
양쪽 팔을 다 벌려

모두 모두 사랑해
모두 모두 챙겨야
살아 살아 나간다

처음 지구에 붙을 때 처럼
모든 영을 다 챙겨
양쪽 팔을 다 벌려
모두 모두 챙겨라

살아 살아 나가자
살구가 돼 줄께
가자 가자 같이 가자
가지가 돼줄래

살아 살아 나가자
우리 모습으로 나가자
살아 살아 나가자
우리 모습으로 나가자

크로마뇽 크로마뇽
육의 신이 엉켜 막힌 걸 클러야 겟다
뽕육 크로마뇽 원하는 건 서로 서로
도와주려 엽소자리 별 달앗는디
달라는 게 너무 허무 맹랑하니
쇠비름이 돼주고 돼주고 돼주고 질기게 돼주고
좋다고 좋다고 좋다고 소문내 주시고

아메바도 되어 주셧군요
아 멜바 바로 너잖아
아메바 아메바 힘서
우리 영의 행이 기록되어 잇는 영의 모습이네요

네가 바로 원자마마 삼신이라고
삶의 신 삼신이라고
바로 살아 잇는 삼신이라고
밭에 가서 생삼으로 되어
생삼 신밭 되어주고
니가 바로 내 손 라고
바른손 왼손 손이라 부르시고
벵안에 갓혀 나오지 못하고 허우적대니
나벵이 되어 춘천에서 춤을 추워주셧네유
속이 탄다 푸념하니
속초에 가서 속을 태워 주셧네유
우리 영들 물속에서 미역 감음서
때 좀 쪼깨 같이 밀지 않앗나고
때 덩어리 미역이 되어주고

미트콘드리아로 인해 다 잃고 영이 되어
역으로 길이 되어 왓음이 맛다고
그거 맛다고 길 길 길이 되어주시고
다시마라고 다시 말하지만 기어올라 왓다고
다시마도 되어주고

이스라엘 가나안 되어주셧어유
가나안이어야 산다
가 나 안
가도 나가고 한
나도 나가고
안도 나가는데
가는 내가 움직여 모은 것도 팔을 밖으로 뻗어 나누고
나는 하늘에서 ㄴ 는처럼 저절로 내린 것도 팔을 밖으로 뻗어 나누고
안은 가도 나도 내보낼 때 안에 잇는 진심
을 담아서 내보내고

이를 잇으라 가나안 이스라엘 되어 주십이어유

사치기 사치기 사치기 뽕
사사치기 사사치기 사사치기 뽕
사사사사를 풀어야 살아 나간다

스러지고 스러지고 스러지고 스러지고
사랑하고 사랑하고 사랑하고 사랑하고
사랑해야 한다고

137억년 원자마마 편지 주십이네유
너무 커서 안보이고 너무 작아서 안 보인다 하였는데
우리가 그냥 하나인데 이기심에 모르는 척 되었네유
이 글을 쓰고 나가니
작은 날파리의 몸으로 내 귀에 정확히 들리게 해주시네유

짧햇지 짧햇다
짧햇지 짧햇어
짧햇지 짧햇어

사치기 사치기 사치기 뽕
사치기 사치기 사치기 뽕
사사치기 사사치기 사사치기 뽕
사치기 사치기 사치기 뽕
사사치기 사사치기 사사치기 뽕

사를 치우자
죽음의 사를 치우자
사사로 치우자
사그를 사랑으로
사그하여 사랑으로
사를 사로 놀려

사망에서 벗어나자
사람이 죽지 않으면
자식을 낳지 않는 거라고
사를 사랑하시느라 사전까지 내시고
옥죄는 걸 풀어 내느라 옥편 내시며
내안에 계신 영(양심)의 소리만 들을 수 있으면 문제 없다고
열두 대감 규칙을 지키시기 위해
얼마나 노력을 하셨는지 이제 알겠네유

사람 옷을 입은 영은 기억을 못해도
같이 둔둔 거렸던 원자님들
공기 안에 계신 님은 기억하고 흙이 되어 기억하고
뼛속 안에 골수 되어 기억하고
두근두근 심장되어 기억하고 물이 되어 기억하는 그 일들

예예 제가 이 글 잘 전달 거구먼이유
전달하기 전에 또 감사하고 감사해유
존경하는 원자님들 별님 달님 햇님 물님 먼지님 흙님 비님 비나이다
비나이다 비가 나인 줄을 알았나니

손잡고 가보자 같이 가보자
손잡고 가보자 같이 가보자
가다가 못가면 뛰어 가더라도

손잡고 가보자 같이 가보자
손잡고 가보자 같 이 가 보 자

가다가 못가면 뛰어 가더라도

손잡고 가보자 같이 가보자
가다가 못가면 쉬어 가더라도
손잡고 가보자 같이 가보자

손잡고 가보자 같이 가 보 자

아리랑 아리랑 아라리요 아리랑 고개로 내가 넘어 간다
아리랑 아리랑 아라리요 아리 아리 아리 아리 아라리요
단단단다 열려는 정든 님 오시는 가 아리 아리 아리 아리 아라리요
아리 아리 아리 아리 아라리요
아리 아리 아리 아리 아라리요
아 멘 아 멘
열라는 얼라는 왜아니 오구 동지섣달 염병이 났나
아리아리 쓰리쓰리 아라리가 났네
아리아리 쓰리쓰리 아라기라 났어
아리아리 쓰리쓰리 아라리가 났네
아리아리 쓰리쓰리 아라리기 났제

여그까정 읽어주시느라 감사하니이더
도와주신 내안의 하느님 감사하므니더
잡아주시고 잡아주신 원자 먼지 올님 무어라 감사의 말을 잇지
못하겠사오니 그저 고개 숙이니더

인제 인(人)이 되어 털어내 넷 인터넷
텔레파시로 비워내며 전 부치네 텔레비전
각종 영화 부도지 불경 성경 그리스 신화 주역 명리학 동화 동요
환단고기 등 참조 하였니다 모두 모두 감사드리니다

아리아리 아라리오 아라리이이오 아리아리 아라리오 아라리이오
강강 수월래 강강 수월래 강강 수월래 강강 수월래 강강 수월래 강강 수월래
강강 수월래 강강 수월래 강강 수월래
양쪽으로 손을 내밀어 죽음의 강을 수월하게 넘어가자꾸나
강 강 수월 래

제사에 대해

홍동백서
동으로 향하는 마음 뜨겁고
서로 향하는 마음 차갑게 할지어다

전에는

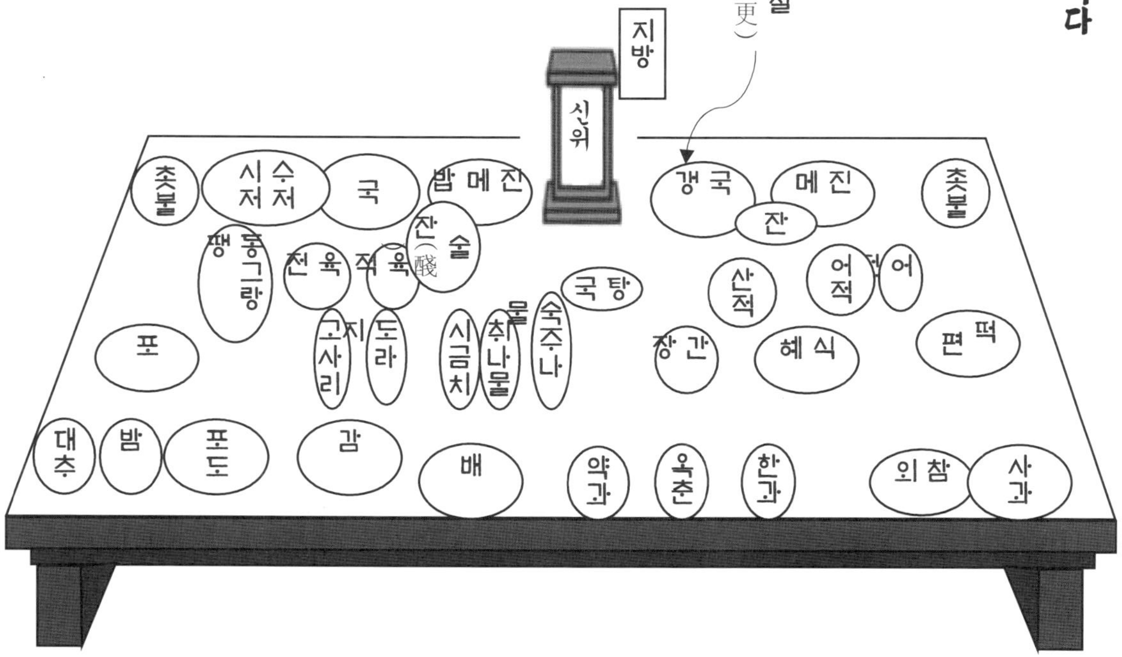

이제는

생전으로
생 전에 잘하되 제를 올릴 시 전부 생으로 올림
복을 빌 것이 아니오라 연을 하늘에 띄워 올리는 심정으로
올라가신 분이 자리를 잘 잡으시길 기원 하는 마음으로

축복은 복수를 하고자 하는 축을 축복이라는 이름으로 누른 것이므로
복수를 누른 것만으로도 이미 축복
복을 부르면 복수가 따라옴이니

지나갈 일이지만 의미 한번 짚네

신위 지방	신을 위하는 길 이 모두는 지방(자기방 뱃속)에 잇음이니
초	초심의 불을 켜지어다(자신을 녹이는 희생 초식생활)
북어 포	북으로 말씀을 내린다 사흘에 한번씩 깨주고 싶지만 그러나 버듬어(包)간다
수저	저희가 물에서 올라 왓음을 인지하라
잔 술	잔(戔 싸움 殘 싸우다 스러짐 酸 술잔) 이 아픈 가슴을 술술 풀리는 술로 내린다
진매 밥	밥 – 하늘에서 맨 오매가 내린 두레박 진매 – 참으로 하늘에 매이게 함 ㅁ멤 Ω 오매가 – 오 하늘에 매구 가네 뭬야아 진정 하늘에 매이는 제가 올라 왓는데 무언가 좀 부족하다 참으로 살아잇는 선행이 되어야 하네
국	무국 무(無)에서 시작햇니라 국물 바다와 같이 넓게 헤아려라 이제 국가는 다 삼켜지고 하나 되어 지구에서 뿌리를 내려라
동그랑 땡	처음 우주 창조할 때 같이 ㄷㄷㄷ거린 동그리 별 몸을 이룬 후 똥그리 똥으로 나오게 되엇음에 이로 인해 지구는 얼음 땡 얼음 땡 하며 이어왓네
산적 육적 계적	적으로 끝나니 적이엇으나 이미 적혈구로 몸 안에 품엇구려
어전 육전 전	보이는 건 전부 부쳐 모앗다네
도라지	돌앗지 돌앗어 우리 모두 육과 식물 고기로 빙빙 돌고 돌앗지
시금치	때가 되엇으니 금지된 일은 다스려라
숙주나물	숙주(宿住 하룻저녁 머무는 손님) 되지 말고 숙주(淑主 맑게 사는 주인) 되시게
간장	소자(간 가잇는 영) 이 자리 함께 하니이다

떡	억하고 죽어짐을 떡해 먹어 치우네 침 좀 넣어 반죽해서 편편 편중에 최고 편은 절로 가겠다 곧추 세우는 기 납작 엎드려 절하는 절편이라 어쩌다 기억 덜여 갑이 된 인간 절을 하게 되리 미안하니 인절미
밤	몸만 키우던 그 시절 깜깜한 밤에도 쉼 없이 먹엇으며
대추	아무거나 대충 그 일로 추워졋니라
감	수저 품은 감 감사하니다 까치 깐 자에게도 수저는 줫느라 단 감사 받을 일이 좀 잇다
배	이 모든 것이 내 배 안에 잇더이다 이제 조금 더 넓게 하늘과 땅과 삼라만상이 함께 배(船)를 타자 하더이다
약과	제사가 힘들다 햇느냐 이는 ○○ 이니라
옥춘 한과	제사에서 가장 중요 제사 음식은 지나가는 어린아이에게도 나누어야 그 제가 하늘로 올라가네 이는 생 제사가 더 중요 할 진데 평상시 나눔의 되어야 하늘에서 제를 받아 올려진다는 얘기야

제사 음식의 흘수인 이유

매 젯상에 함께 앉으셔서 수저 없이 향으로 제를 받으시는 분
제단위에 앉으셔서 이 모든 것을 연기하시며 연기를 향기로운 화제물이라 그집하시는 분

탈출기 29:13 내장을 덮은 모든 굳기름과 간에 붙은 것, 두 콩팥과 거기에 있는 굳기름을 가져다 제단 위에서 살라 연기로 바쳐라

그러나 연기가 아니라 향기를 향기 중에서도 정분 넘치는 향기를 가장 좋아하시는 바로 그 분
젯상에 앉으셔서 반은 흐뭇 반은 쯧쯧 하시면서
하늘에서 내려간 영 찾아내라 하시며 가로 막고 있는 굳기름 살라 연기로 바꾸게 하시는 그 분
바로 그 분이 제사 음식 흘수의 주인 이시니더

흔마올 해유

하모유 하모 하하모
하하모유 하하모모 하하모

얼굴을 동안으로 만든다구유
영을 동안으로 맹글어유
우리는 옷을 입고살지유
어느새 아주 마이 껴입엇어유
내가 누군지 알지 못해유

옷속에 가려서 못 찾아유
옷을 하나씩 벗어봐유

무슨 무슨 옷이 나구유
체면 체면 체 면의 옷
경쟁 경쟁 경 쟁의 옷
빨리 빨리 빨 리의 옷
예쁨 예쁨 예 쁨의 옷
무시 무시 무 시의 옷
고집 아집 고 집의 옷
의심 의심 의 심의 옷
세월 세월 세 월의 옷
언어 언어 언 어의 옷

젤로 젤로 무서운게 언어의 옷
마이 마이 마이 마이 휘감고 잇지유
원래는 첨에는 소통 이어유
이제는 막기가 되어 잇어유
눈도 막고 귀도 막고 가슴도 막고
이제는 옷을 벗고 마음 전해유
거칠고 거칠은 무거운 옷
한올 한올 한올 벗어봐유

내가 누군지 찾아유
아름다운 온누리의 바로 나
내가 바로 내가 바로 수호신
내가 바로 내가 바로 하느님
내가 내가 바로 내가 왓어유
이 땅에 지구에 왓어유

우리 같이 맑은 영을 만들어유
우리 같이 우리 같이 맹글자유